U0902580

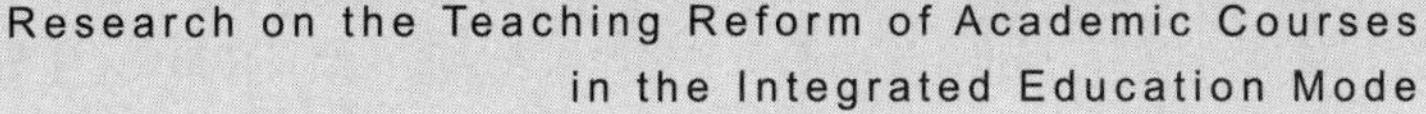

Research on the Teaching Reform of Academic Courses in the Integrated Education Mode

融合培养模式下
科学文化课程教学改革研究

主　编　杨世军　沈延安

副主编　王　敏　钟　毅　张云云　迟权德

参　编　许道军　韩佳佳　张　强　潘保国
张　辉　黄文静　董　燕　王婷婷
朱勤芹　储冬叶

中国科学技术大学出版社

内容简介

本书对新时期、新形势下军队院校科学文化课程教学改革的现状、形势与任务、路径与方法、人才队伍建设等做了系统的研究。结合大学数学、大学语文、大学英语、大学物理的教学实际，提出了军队院校文化课程教学改革的具体措施，对军队院校科学文化课程教学改革有重要的参考价值。

图书在版编目(CIP)数据

融合培养模式下科学文化课程教学改革研究/杨世军，沈延安主编. —合肥：中国科学技术大学出版社，2020.5

ISBN 978-7-312-04824-1

Ⅰ. 融…　Ⅱ. ①杨…②沈…　Ⅲ. 高等学校—课程改革—研究　Ⅳ. G642.0

中国版本图书馆 CIP 数据核字(2019)第 274729 号

融合培养模式下科学文化课程教学改革研究

RONGHE PEIYANG MOSHI XIA KEXUE WENHUA KECHENG JIAOXUE GAIGE YANJIU

出版　中国科学技术大学出版社
安徽省合肥市金寨路 96 号，230026
http://press.ustc.edu.cn
https://zgkxjsdxcbs.tmall.com

印刷　安徽国文彩印有限公司

发行　中国科学技术大学出版社

经销　全国新华书店

开本　710 mm×1000 mm　1/16

印张　12.75

字数　264 千

版次　2020 年 5 月第 1 版

印次　2020 年 5 月第 1 次印刷

定价　42.00 元

前　言

当前，军队院校教育教学进入聚焦实战、创新驱动的新时代，人才培养模式调整优化为学历与任职融合式培养。近年来，科学文化课程理论研究、实践条件、师资队伍和资源建设取得明显进步，总体上理论教学质量在改革调整中稳步提升，实践教学效果在创新驱动下更上层楼，取得了一批代表性成果。我们通过深入研究，集智攻关，积极探索，在实践中总结出“4S”教育理念，即国际视野、文化素养、军事素质和创新思维相融合，研究提出了“三边”教学方法：以“高等数学”“大学物理”课程为代表的理工类课程形成了“边讲边推，边推边练，边练边研”的教学法，以“大学语文”“大学英语”为代表的人文类课程形成了“边讲边诵，边诵边演，边演边论”的教学法。

“大学数学”课程改革，站在指挥员能力素质和思维创新培养的高度，对教学内容、教学方法、课堂质量保证进行全面深入的改革，充分运用军事数学建模这一实践平台，注重培养学员分析问题、解决问题的能力及团队合作能力。“大学物理”课程先后构建了基于学院 MOOC 教学平台的大学物理课程内容体系与大学物理实验创新实践平台，加快推动教学观念向现代化发展，不断加强课程建设与军事化对接，积极将文化因子和军事元素融入课堂教学。“大学英语”课程着眼全面提高学员的英语综合应用能力，根据国家和军队的大学英语教学要求从多方面进行立体改革，重点领域包括注重个性化、自主型和交互式的课程建设，以知识学习与交际运用相结合为导向的教学实施，以及面向全方位、规范型和立体化的管理与评估。中文课程坚持以文化人、精神成人、全面育人。具体来说，就是以习近平强军思想为引领，注重高素质新型军事人才培养实践，关注军人气质的培养和指挥能力的形成，突出军事职业岗位指向性，确立具有军事特色的课程建设目标。一方面坚持传统的语文教学本色，以厚重的文化积淀确保教学有内涵地展开，培育学员深厚宽广的人文情怀和深邃的历史文化视野；另一方面，要体现军事特色，让红色基因得以传承，让语文教学催生文化战斗力，使爱国情怀、战斗精神等正能量在人文课程中得以潜移默化，滋润学员心田。

融合培养模式下的科学文化课程教学改革，需要实施科学技术与人文的融合创新，重视科学导向，强化人文素养，形成科学合理的科学文化课程标准，才能促进教学质量和人才培养质量的全面提高。

编　者

目　　录

第 1 章　引言——改革创新的需求

当今世界新军事革命深入发展，武器装备信息化不断推进，战场空间大幅拓展，战争形态和作战样式加速演变，世界各主要国家因此纷纷调整安全战略和军事战略，不遗余力地进行军队体制创新，着力构建现代军事力量体系。为适应新军事革命特点要求，各级指挥人才和参谋人才必须具备战略思维、联合意识、信息素养和更强的军事综合应用能力。军队组织形态现代化的一个重要因素就是军事人才现代化，新一轮军队院校改革，重在加速推进兵种专业人才、战役指挥人才培养向联合作战聚焦。当前，军队院校改革任务全面落实落细，院校教育教学和人才培养工作进入新时期。科学文化课程教学作为军队高等教育的基石，对培养新时代新型军事人才具有重要的支撑作用。面对院校教育转型发展和大学教育与首次任职培训一体化融合培养的新形势，只有及时转变教学理念，系统优化科学文化课程教学内容，加强教员队伍建设，构建基于人工智能支撑与军民融合模式的教学信息网络，才能保证基础教学质量的提升跟上院校转型发展的步伐。

近年来，军队院校科学文化课程理论研究、实践条件、师资队伍和资源建设取得明显进步，总体上理论教学质量在改革调整中稳步提升，实践教学效果在创新驱动下更上层楼，取得了一些代表性成果，打造和充实了优秀教学团队，培育了若干教学名师和教坛新星，构建了教学相长的良性互动关系。但对照新型军事人才培养需求，还存在弱项或差距。

1.1　现状与问题分析

新一轮军队院校改革深入贯彻习近平强军思想，对院校高等教育教学和人才培养模式进行规范设计，为新时代军事教育和人才培养指明了根本方向，明确了“政治建校”根本方向、“三个面向”总体要求、“三位一体”培养体系、“四个从严”治校方略、“军民融合”发展战略等一系列带有方向性、全局性、根本性的重大问题。相关培养模式也由“合训分流”调整为“一体化融合式培养”，即本科教育与首次任职培训一体化融合培养，随之带来了学制调整，学时有所压缩。如何在学制调整和学时压缩后保证人才培养质量，实现人才培养目标，是现阶段值得深思的重大现实课题。

目前来看，教学实践中存在以下四方面的问题需要我们加以解决：

一是科学文化课程的教学改革理念与新时代新型军事人才培养目标吻合还不够紧密。我们人才培养的目标定位是新型军事指挥人才，基本方式是本科教育与首次任职培训一体化融合培养，科学文化课程教学不能仅仅停留于传播基础知识和基本方法的层面，更要重视学员创新思维、优秀品质和健全人格的培养，这一点在教学工作中还存有认识和实践上的差距。传统科学文化课程以学科体系为本，以知识为本，而不是以学员为本。从科学文化课程的功能来看，自然科学课程重点培养学员对问题深入的分析能力和严密的逻辑推理能力，人文社科课程则可以开阔学员的知识视野、培养学员强烈的民族责任感。严格扎实的科学文化课程教育对学员逻辑思维能力的培养、求真至善品格的培育和健全人格的塑造，是其他专业课程所难以达到和无法替代的。应当说，基础教学在现代化的教育思想和教育理论学习上还有待深入，新的教育观念树立得还不够牢固，基础知识在培养学员创新能力和创新精神方面的“载体”功能发挥得还不够充分。传统课程一般是静态的内容，存在问题有：人才培养目标不能完全适应时代发展的需要；部分课程内容陈旧，课程结构过于单一，学科体系相对封闭，难以反映现代科技、社会发展和军事变革的最新内容，难以做到“面向部队、面向战场、面向未来”，课程实施过程基本上由教员、课堂、书本组成，交互、启迪和探索环节偏少，难以培养学员的创新精神和实践能力。传统的基础课教学与创新人才培养是有脱节的，与新型指挥人才文化素质教育、思想素质教育和科学研究教育缺乏有机融合。所以科学文化课程改革的理论性和系统性要求高，科学文化课程的改革和建设水平表明了一所学校在教学改革上的深度和水平。

二是科学文化课程的构建与新时代新型军事人才培养任职指向存在一定偏差。按照国防和军队现代化建设发展战略，未来将逐步构建新型武器装备体系，兵种武器装备也将迎来更新升级，这对指挥员的知识结构提出了更高要求。近些年来，教学内容偏旧、方法单一的问题仍然存在，有的教学内容没有及时针对现代科技发展的新发现、新技术和新知识进行补充调整。此外，受到传统高等教育培养认知定位的影响，基础教学的内容往往注重“高等性”、偏重“理论性”，职业指向性、应用性相对弱化，理工类课程教学内容向军事方面延伸得不够，贴合作战融合武器装备不紧，人文类课程教学内容贴近部队官兵工作生活实际、激发学员战斗精神不足，基础教学融合军事特色仍不够明显。

三是实践教学的软硬件环境与新时代新型军事人才的培养需求还有差距。科学文化课程创新性改革的基本趋势是加大人才培养体系中实践课程设计的比重，促进学员较早地接触研究性学习和科学研究实践。通过调整课程设计比例，可以增强学员对科学技术日新月异的发展和部队建设需要的适应性。然而实践教学对教学软硬件要求很高，随着教学规模的扩大以及实践课程比例的提高，现有的教学条件远不能满足需求。硬件方面,比如实验室规模问题,不少大学基础教学实验器材严重老化,大学化学等实验无法开展,英语听力训练设施也十分有限;软件方面,人才培养方案中还缺乏对学员科学有效的评价机制,对实践培养的目标、项目和时间无强制性的规定,政策激励作用发挥不够。

四是人才队伍的集聚效应相对新时代新型军事人才培养需求存在滞后。习主席高度重视创新驱动,深刻指出:“抓创新必须下大力气抓人才聚集”。目前,我们的人才集聚效应还不够明显,吸引和培养的力度不够大,主要是缺乏名师培养的系统性方法和超常性办法,中青年骨干流失也比较明显。与调整改革之后的教学规模任务相比,目前师资队伍中骨干数量相对不足已成为较为普遍突出的矛盾,中青年骨干占比偏低,退役离岗人员年龄不少在30～45岁。教学力量的匮乏直接导致人均教学任务量的激增,甚至原先的小班教学也不得不改为大班教学,影响了教学效果。文职人员作为基础教学主力军,职业空间有了拓展,但保障供给仍有不足,影响了人才集聚效应,需要继续加以完善。

1.2　需求分析

1.2.1　教学理念需要更新换代,把握科学文化课程教学改革方向

学习型组织理论要求我们做好新时代基础教学工作,需要善于系统思考、改变心智模式。传统的教学模式和理论已经不能适应时代环境变化,科学文化课程教学改革只有着力把握关键性的问题,才能推进科学文化课程现代化进程。科学文化课程不能仅仅作为服务性课程而开设,其作用不仅在于为专业课程提供一些必需的基础知识和基本方法,更要突出思想、方法和创新意识的培养。因此,科学文化课程教学改革,必须以现代化的教育思想和教育观念为指导,既要突出科学文化课程教学的根本地位,促进科学文化课程教学向任职教育靠拢、向专业领域延伸,为学员的终身学习和后续发展打牢根基,又要把培养学员的思维能力和创新素质融合在其中,确立科学文化课程真正的“基础”地位,做到既注重知识、方法与技巧的讲授,又强调科学文化课程本身的基础理论和所蕴涵的思想、方法的传授。

科学文化课程教学有其自身独具的特征与规律,教学手段和教学方法也应与知识特点相匹配。在教学实践中适度的多媒体教学手段是必要的,但只能处于辅助的地位。例如,数理知识侧重于通过对逻辑、原理和步骤的分析,展现知识形成的思维过程;生化学科则要通过对现象的观察分析,探索现象背后的原因和规律。这些对基础知识的掌握、理解和灵活运用,都需要教员的启发引导。

1.2.2 教学内容需要更新优化，适应新型军事人才素质培养要求

近年来，随着信息技术的迅猛发展，我军机械化信息化复合发展取得突破进展，兵种部队编制体制和作战力量调整优化、新型武器装备不断列装、作战打击任务发生重大变化，相应地对科学文化课程教学内容提出了更高更新的要求。科学文化基础课程教学改革虽不断深入，但科学文化课程教学缺乏时代气息和信息含量的问题却日渐显露，因此需要按照培养新型军事人才的要求，实施文化基础与专业基础、兵器基础的整合融合，引入最新技术成果，按照统一的计划和要求，系统优化科学文化课程结构，充分发挥数学、理化和外语等主干科学文化课程作为其他学科基础及背景知识的作用，从适当压缩经典理论和充实高新技术内容两个方面入手，调整更新现有的教学内容。事实证明，将“引力波”“量子通信”等热点发现和技术引入教学能极大地提高学员学习积极性。

新的人才培养方案优化了学时结构，采取“贯通式”结构设计课程领域与非课程领域，科学文化课程从课时占比上依然最高，学时减少有限，英语、计算机等工具课程采取达标制，达到国家标准即可免修后续课程。基于“三位一体”新型军事人才培养体系办学育人考虑，需要利用有限的学时把毕业以后再没有机会学习的科学文化基础打牢，将学员自我发展意识、学习能力、品行特质、行为习惯等浸染强化，既让学员终生受益，又为终身教育奠定基础。

1.2.3 师资力量需要更新充实，提高科学文化课程教学实力水平

改革没有完成时，改革永远在路上，院校教育也是如此。总体上看，改革现还处于新旧体制“过渡期”、新旧制度“转换期”，当前正值院校改革落实和政策制度出台密集期，机遇与挑战并存。由于调整改革，院校不同程度存在退出流失与供给补充不足的矛盾，特别是科学文化课程骨干教员。解决这一问题，一方面要准确理解和有力执行有关政策规定，将完成精简任务与保留教学骨干协调安排，将当前需要与长远发展统筹考虑；另一方面要积极作为、创造条件，大力营造拴心留人环境。用足文职人员政策，下功夫选好管好用好和最大限度调动其积极性、创造性。要适应院校转型发展的需要，借鉴国内一流高校“名师名课”建设模式，采取超常措施着力推进名师工程和优秀教学团队，聘请军内外科学文化课程的名家名师指导任教，通过传授示范名课、共建共享精品课等新型形式，带动学院科学文化课程教学创新发展；按专职教员、兼职教员、外聘教员相结合的方式，构建开放多元的教员队伍体系，着力改善教员的经历、知识和年龄结构，破除封闭单一的培养方式，预算专项经

费鼓励教员交流学习，教学骨干每年至少参加1次学术交流；科学文化课程任课教员实战实践锻炼不够，到部队任(代)职力度偏弱，这就需要教学骨干定期到部队代职或调研学习；教员任期考核办法待完善，需要调整任期考核和职称评审标准条件，注重考察教学业绩和教学研究成果，晋升中级职称实行课堂授课能力专项评审。

1.2.4　教学制度需要更新完善，规范科学文化课程教学管理机制

创新教学模式，规范教学秩序，是保证教学质量的前提。聚焦人才培养中心，紧贴学院调整改革实际，围绕完善人才培养方案和提高教学质量这两个主要矛盾，紧密结合科学文化课程教学任务、职能责任、业务分工，紧盯科学文化课程教学工作全程涉及的教、学、管、保、政治工作、人才队伍、育人环境等要素，完善规章制度。如教学督导制度需要重指导弱检查，加大科学文化基础课程教学督导专业化队伍建设，既保证督导听课全部覆盖，更重视督导队伍专业化水平，强化建设性点评和指导，科学管控备课试讲质量关；组织教学活动需要重交流轻评比，突出教学资源建设和科学文化课程教学方法、手段交流，定期组织教学观摩和竞赛交流，定期进行教学形势分析，定期通报基础课教学情况，把好的教学方法和教学经验及时共享。

1.2.5　教学条件需要更新升级，建成科学文化课程教学优质环境

现代化教学要求教学方式由被动灌输式向自主探索式转变，使学员在学习知识的过程中逐步地养成自觉分析问题、解决问题的能力，这种身体力行的实践行为将成为他们优秀素质的一部分。然而，新型教学理念的运用需要信息化教学手段和配套资源，加快建设和完善基于智能化的教学组织运行模式，可以根本性地改变一般性的网络化教学模式。2017年7月，国务院发布了《新一代人工智能发展规划》，提出要发展智能教育。智能时代，学员的学习方式会发生重大变化，因材施教、自主学习将有力地推动教学由被动灌输式向自主探索式转变。依托智慧校园建设，完善网络教学平台，突出智能反馈和交流共享功能；加强示范性基础实验中心建设，加强教学仪器设备的检查维护，满足实验教学要求；加改装多媒体教室功放和音箱，改扩建英语语言实验室，改善语音教学条件。引进地方大学优质基础教育资源，建立与国内学术机构和知名学者的长期交流合作关系，鼓励并支持教员开展教学。

第2章　科学文化课程教学改革创新面临的形势与任务

2.1　改革创新面临的形势

融合培养模式是基于人才培养一体化设计理念提出的人才培养思想与人才教育方式。着眼最大限度发挥整体战斗力和保障力，紧紧围绕岗位任职能力生成，科学设计各专业横向结构设置，有机衔接各层级岗位目标，将人才培养的着力点放在发挥整体效能与注重可持续培养上，以实现各专业类别和各层次之间的相互衔接与逐级递进。从着手分析人才培养体系改革面临的形势与任务开始，经统一思想认识、创新教育理念、理清发展思路，同时有效结合院校办学思想大讨论工作的理论成果，初步构建与培养目标相匹配的培养标准体系，紧贴实际推进教育改革工程，既致力于培养晓于实际的师资队伍，又重在培养适应现代化建设需要的高素质本科生学员。

在上述现实背景下，大力推进科学文化课程体系、结构和内容的调整与改革，是与融合培养模式相适应的一项重要创新举措。为切实贴近高等教育发展和现代化需求，深化教育教学改革，深入推进科学文化课程教育现代化建设，以新修订的人才培养方案预案、新的教学大纲和新的课程标准为依据，依托数字化校园建设架构的网络化和智能化的信息技术平台，研究并确立了本科生学员通识教育阶段的科学文化课程教学改革创新计划。

科学文化课程教学改革包含本科生通识教育阶段数理类、人文类、外语类等课程的主体单位，肩负着以下三个方面的使命与任务：

(1) 创新设计和组织科学文化课程，完善教学内容与知识结构，使之与融合培养模式相匹配，包括在教学内容中选择教什么，用何种方法手段怎样教，教会学员如何学才能凸显出教学效果等。

(2) 通过完善教学途径，实施教学改革，促进形成创新型的教学基本组织形式。

(3) 在改革实践中培养本科生学员的基本能力和基本素养，使之适应现代化战争条件下人才培养的需求。

2.1.1　科学文化课程概念的界定

概念是反映事物本质的思维形式，揭示概念就要弄清楚它的内涵和外延。从广义的角度来说，科学文化课程是为学员继续学习提供基础知识与基本理论、培养学员基本能力与基本素质而设计安排的一系列课程或一个课程群。

1. 从外延的角度看

广泛意义下，科学文化课程是指与科学、文化、教育、社会等相关联的各类课程，是科学与知识的载体，倡导科学和人文相结合。在院校教育意义下，科学文化课程是与科学教育和技术领域相关联的全部课程的总和，有时候也特指基于人文关怀的科学课程，传播某种课程理念以提升素质等。

从对科学知识进行阐释和建构的角度来说，融合培养模式是全部有关科学文化课程的系统规划，在其顶层设计中，建立了体训基础、通识教育、专业背景、岗位任职的“四维”课程体系，岗位任职是牵引，专业背景是支撑，通识教育是基础，体训基础贯通全程。在这样的宏观课程体系框架下，一般的科学文化课程涵盖了工程技术、信息技术、装备技术等多类本科专业课程，总的目标是以本科专业为支撑，工程技术对应机械化，打牢机械、电工、电子基础；信息技术对应信息化，打牢信息、通信、智能基础；装备技术对应装备化，打牢机械装备制造基础，最终目标是实现本科生学员的知识与技能体系构建和人才成长。融合培养模式的培养标准之一是在课程设置上保持通识教育中的科学文化课程地位绝不动摇，绝不降低此类科学文化课程的含金量。从以上角度看，通识教育中的科学文化课程是与一般的课程既相互联系又相互区别的一类课程，二者存在部分与整体的关系。

2. 从内涵的角度看

本书涉及的科学文化课程主要指的是通识教育阶段科学文化课程中的数学类、物理类、人文类、外语类、实验类等课程，隶属于科学文化课程责任单位管辖范畴，因此，不妨冠以“通识科学文化课程”的名称，来与工程技术、信息技术、装备技术类的专业基础课程加以区分。这些科学文化课程相关的各类别主干及分支课程，都是可以分别作为一个整体过程展开的、有规律可循的教学实践。

通识科学文化课程的“教”为“学”服务，要能对学员进行有效的指导，充分发挥“教”的主导作用；“学”是在“教”的指导下自主学习，要能充分发挥“学”的能动作用。在军队院校通识科学文化课程的相关概念中，科学文化是军校学员心智发展和能力生成的主要平台，科学知识是打赢战争的工具，科学精神是批判思维的源泉。组织好“通识科学文化课程”教学活动应以教学论的基本理论为依据，正确掌握和科学确定教学目的与教学内容，恰当选择教学方法，合理组织教学实施，以达到有效提升基础教育教学质量的终极目的。

对于本书涉及的“通识科学文化课程”，可以相对合理地从三个层次来界定，以实现与一般科学文化课程的区别对待。

第一层次，抓住院校一切通识科学文化课程教学任务的共性。

通识科学文化课程一般的任务及功能是传授知识技能，此外还要体现理性思维和人文素养的训练培育过程，这与各门类课程规定的目的、内容和方法等密切相关。

第二层次，把握此类科学文化课程与其他类科学文化课程及非科学文化课程的区别。

以发展智力、能力、体力方面为例，尤其要关注对学员的知识、智能、品德、素质等的培育方面的区别，通识科学文化课程的首要目的是促使学员形成科学的世界观、养成良好的作风、培养强健的心理素质等，肩负着帮助学员全面发展的重任。

第三层次，理清通识科学文化课程的基本特点和适用范围。

通识科学文化课程是有目的、有计划、有组织地进行的一系列教学活动的总和。适用于本科生学员一、二年级夯实科学文化基础，能够为三、四年级开设专业背景课程创造有利的知识条件，能够达到强基的目标。

在本书中，总以“科学文化课程”特指提及的“通识科学文化课程”。

2.1.2 现代战争发展对军事人才科学文化素质跃升提出新要求

1. 能力素质培养着眼军事科学技术发展前沿

1) 新时代背景下信息化、智能化技术发展迅速

21 世纪的军事教育是以现代信息技术为基础的新教育，信息技术的快速发展极大地促进了教学空间的拓展、教学内容的拓宽、教学方式的更新和教学理念的提升。新时代背景和现代化战争条件下的战场环境及作战模式都发生了巨大的改变，突出表现在武器装备的信息化、信息系统的有机嵌入和信息网络的无缝联结等方面，面对各军兵种联合作战的复杂战争环境，面对武器装备高技术化、指挥系统自动化、部队管理科学化以及海量战场数据与众多的部队协同需求，新时代的本科生学员应具备的条件是：坚定的政治立场、清醒的政治头脑、高度的政治觉悟，强健的体魄、旺盛的斗志、敏锐的洞察力、坚定的意志、机智勇敢的作风、良好的纪律意识，强烈的责任感、荣誉感和爱国主义精神，不畏艰难困苦、不畏流血牺牲，具有丰富的科学知识以及操控高新武器装备的任职能力，精通现代军事技术及高超的现代战争指挥艺术，能够综合协调、统一运筹现代军事复杂独特的崭新规律，自如驾驭和指挥现代战争。这些都需要军队院校毕业的本科生学员具备足够的理性思

维、人文素养和创新能力，具备正确的情感、态度与价值观，并通过通识科学文化课程教育教学过程培养出来。

2) *军事教育信息化、智能化助力能力素质培养*

(1) 基于多媒体的新型教育技术日益普及

近年来，多媒体技术不断拓宽课堂教学方式，军队院校通过开发与应用大量交互式的多媒体课件广泛实现了教学过程中的人机交互、教学互动等。为贯彻落实教育部《教育信息化十年发展规划(2011～2020 年)》和《教育部关于全面提高高等教育质量的若干意见》精神，军队院校科学文化课程教学还组织开展了微课程、翻转课堂、慕课等新型教育技术和教学手段的创新尝试。通过充分利用这些新的信息技术，教员能够更好地控制教学节奏、调动教学气氛、掌握教学效果；学员能够以自己感兴趣的方式积极主动地参与教学过程，并从自己的需要出发选择学习内容和学习方式，自我控制学习时间与学习进度，还可以通过考核评价系统自行检验学习效果，从而真正体现学员的自主学习过程。院校教育技术在传统多媒体教学的基础上开发了新的方向，有了进一步的扩大与发展，使院校教育能发挥出更多的信息资源优势。

(2) 全新的网络环境和教育技术平台的产生

随着互联网技术的进步，出现了教学网站和大量的教学数据，在丰富的教学信息资源支持下，纸质教材不再是教学内容的唯一载体，教员可以根据教学目标，充分利用教学网络环境提供的教学软件、电子图书和教学资料确定教学内容，重新组织安排教学内容的排列次序。举例来说，有些教学内容可以由教员提出问题和相关资料，交给学员解决和查阅，再由教员给出策略指导，从而突破传统教育的局限，拓宽教学内容的选择范围。

在架好校园网的基础上发展网络教学，一方面为教学创新铺通了网络通道，实现了通过网络信息传输与共享为教学提供服务，另一方面也可以通过适时更替、随时纳入新的资料信息进行教学资源整合。网络教学的运行渠道可以是专门的网上教学平台，也可以是特色的专业教学网站，都能为网上教员教学和学员自学提供优质的信息服务，实现课堂教学的延伸和补充以及教学手段的改变，更主要的是实现包括新的技术手段在内的全新的教学思想、教学内容、教学组织与教学方法的转变，融教与学为一体，使二者真正成为一个独立的完整过程。

2. 个体学习能力提高和智能化工具有力推动科学文化素质提升

教育工作需要以人为本，就是以人的全面进步和发展为出发点，关注人的个性、独特性和创造性，这也是教育理念的核心内容和基本价值取向，学员是教育目的的体现者，是学习活动的探索者和反思者，在科学文化课程教学中要创造一切有利条件确保学员主体作用的正常发挥。

信息时代，学员个体获取、利用和加工信息的能力日益提高，学习观念也发生变化,科学文化课程教学仅仅依靠传统的学习途径和方式会制约和影响学员的自我发展,需要教会学员在知识与信息发展的基础上逐步树立起新的学习观。无论什么样的教学方法和教学手段,最终目的都是要把知识传递给学员,让学员接受并主动获取有用的信息,愉快地学习,从而缩短学习过程和学习时间,提高学习效率。在学员已经顺应信息时代趋势并已具备一定自主学习能力的时候,更要从教的角度,以现代信息技术为基础促进教学创新,除传授完备的知识技能外,要更加注重学习能力和素质的提升,科学选取教学内容,优化配置教学环境,合理使用教学手段等。利用信息技术优势,营造良好学习环境,调动学员的主观能动性和学习内驱力,已成为科学文化课程教学改革创新的首要任务。

2.1.3 融合培养模式对科学文化知识技能体系构建提出新标准

1. 当前科学文化课程教学存在的不足

1) 对科学文化课程教育在人才培养过程中的贡献度认识不够

科学文化课程是科学技术的共同基础,是理性和感性思维的工具,忽视它们将影响到其他所有课程知识的学习。但是学员对这一点认识不够,自我感觉将来到部队带兵打仗训练,数学、物理、人文、外语等基础知识没有什么用处,只要有军事思维能力就够了,对科学文化课程的学习提不起兴趣。其实军事思维能力与理性和感性思维能力密切相关,尤其面对现代化战争的人才需求,科学文化课程教育在人才培养过程中变得更为重要。

数学、物理类科学文化课程是培养本科生学员思维条理性、严密性、科学性和创造性的重要工具。军事理论的发展表明,有时理性思维深入到军事科学,将与军事思维产生融合,在特定情况下不仅会引起军事技术的巨大变化,甚至会引起军事思维的根本性转变,促成技术与战术的高度统一。数学及物理思想方法在军事思维中,无论是战时战略、战术的制定,还是平时的训练、保障,无处不用。理性思维可以克服军事直觉经验的不可靠性,在理解和解释军事现象方面呈现出功效,理性素养较高的指挥员在应用军事思维过程中,理性思维习惯将自觉不自觉地与军事思维原则相耦合,进而提高思维效率。

人文、外语类科学文化课程是培养本科生学员思维中的理念、情怀、习惯、价值观、洞察力、想象力、认知力和创造性等的得力工具。军事领域一直都是充满不确定性的领域,要想高瞻远瞩地对战争发展态势和军事斗争发展前景做出科学的预测,就要善于借助感性思维,或出奇制胜,或剑走偏锋,卜未然于先知,勘破战略决策中的疑云迷阵,牢牢抓住军事斗争的主动权。感性思维中的“应时而动,顺势而发”就与战争艺术休戚相关,战争中难以把握的感性思维往往稍纵即逝,指挥员如果能锻炼出高超把握感性思维的能力以及独特的感性表达风格，在战术的运用上将会更加灵活自如。

2) **对本科生学员应该具备的科学文化课程知识结构认识模糊**

一个卓越的本科生学员应该具备足够的基本知识素养和知识应用能力，这是武器装备高技术化、指挥系统自动化以及部队管理科学化的要求。基本知识素养包含思考能力、交流能力、学习能力及理性严谨求实的个性品质等，而这些都应该通过大学的基础教育进行培养，但是在以往，教员及学员并没有充分思考如何培养这一问题，教员以讲授完多年不变的教材内容为目的，学员以能通过考试为目的，对本科生学员应该具备的科学文化课程知识结构认识模糊。本科生学员的知识结构应涵盖理论知识及实践能力两个方面，以数学为例，除了传统的微积分、空间解析几何、微分方程、线性代数、概率统计以外，还应增加数学建模、数值计算、线性规划、大数据处理、最优化理论等。总的来说，军队院校的科学文化课程教学应是“强化基础，淡化技巧，突出思想”的教学，要加强创新与实践应用能力的培养，充分体现基本知识素养在培养本科生学员中的作用。

3) **科学文化课程的教学内容、教学方法与教学模式不能与时俱进地适应培养目标**

首先是科学文化课程的教学内容难以满足现代军事指挥员应具有的知识结构的需求。计划内开设的课程，多年来仍是一些经典课程，现代理论的发展成果很少涉及，与西方发达国家相比存在着一定差距，例如美国的西点军校早在20世纪60年代开设的数学课程就有15门之多，且随着集合论、应用数学、计算数学等的出现和发展，丰富多彩的现代数学已渗透到各个科技部门，这些知识在我国军队院校数学课程教学中有所缺失，直接影响了本科生学员基本知识素质与能力的培养。

其次在教学方法上，科学文化课程过分偏重解题技巧，没有充分强调知识体系的完整性，忽视了数理科学逻辑和人文科学逻辑作为一个理性或感性思辨系统的内在统一性。数学、物理、人文的辨证性特征决定了其运用的思想方法具有培养学员辨证思维能力的功能。在科学文化课程的学习活动过程中，处处伴随着辨证思维的开展、训练和强化，处处体现着归纳与演绎、分析与综合、抽象与具体、逻辑与历史的统一等辨证思维的基本方法。但在目前的教学中方法单一，针对性不强，大容量的满堂灌使得学员只能被动接受知识，失去了思辨的能力，学员很难感受到学习是培养思辨能力的过程，基本知识素养也无法提升。

进入信息化时代，随着在线开放课程的兴起，教学模式已经发生了变化。基础知识在各领域的广泛应用以及信息技术对教学的全域渗透，使得更多前沿的、专业的知识点需要下移到本科教育中。但是军队院校学员训练任务重、学习精力有限、学习时间碎片化、有效学习时间少，且科学文化课程的教学过程主要表现为黑板化与幻灯化，同时军事体能好、综合素质高仍是对本科生学员的必然要求，因此，传统的教学模式已经不能适应现代新军事变革对人才培养的需要，难以充分解决学员学习训练时间紧张的现实问题。

4）*教学途径尚不完善，迫切需要促进形成创新型的教学基本组织形式*

军队院校教育是军事、科技、人文相结合的全面素质教育，是适应未来高技术局部战争发展的新型教育，军队院校科学文化课程是专业课的先导课程，是解决许多现实问题不可或缺的工具，具有明显的奠基性和应用性。当前传统的基础教育过程却多注重基本知识的讲解、基本方法的分析、基本结论的推理等，对科学文化课程的奠基性和应用性认识不够，思想上重视程度不高，学员的学习兴趣缺乏、学习意志薄弱。教学需求的变化要求科学文化课程教学必须要找准切入点，将知识传授与能力素质培养过程相结合，完善教学途径，提升学员的创新意识与能力，使军队院校人才培养更加丰富多样化。

习主席指出："教之本在师，师资队伍建设直接决定人才培养质量。要全面提高师资队伍整体素质，以教学水平不断提高促进人才培养质量不断提升。"一支师德出众、堪当重任的教员队伍，必定是由一批讲学习、重品行、担责任、强作风的人来组成。经过长时间反复论证教学的整体架构和思路走向，科学文化课程的教研团队迫切需要广泛开展新的教学模式和教学方法改革，明确教学任务与安排，跟踪课堂；开展课程教学研讨，重新领悟教学内涵；精心设计教学内容，组织启发创新思维过程；加强和学员沟通，积极展开教学实施与总结等工作，通过更新教学理念、改进教学方法、创新教学设计、提升教学能力，逐步打造出"梯度推进、整体提高"的教学团队，促进形成创新型的教学基本组织形式。

2. 科学文化课程教学布局有待集约优化调整

1）*科学文化课程教学连接战斗力生成*

未来战争将同时在海、陆、空、天、电、网六维领域展开，是各军兵种的联合作战，面对强大的武器装备、海量战场数据、复杂战场环境、众多部门协同，要求战斗力生成模式发生相应的转变。为紧跟转型节奏，以打赢能力培养为导向，适应人才培养方案与教学方式方法的转型需要，院校教学要从学科建设、专业建设、人才培养、课堂教学、教学方法和模式改革等诸多方面积极探索人才培养过程中如何深化科学文化课程教育改革创新与实践的有效方法和高效途径。

在科学文化课程建设实践中，不能违背通识与专才的辨证统一，要贯彻知行结合的基础教育理念，重新审视课程的教学定位和教学设计，既重视"基础"又重视"综合"，融合运用精义、均衡、进步等教育理论的优点，提升教学质量，持续突出培养对人文、社会、军事、自然科学等知识领域见识完整的学员，推动战斗生成模式转变。

2）*新的融合培养模式是大势所趋*

课程是体系布局人才培养方案的核心，也是院校教育改革的基础。军队院校本科教育的学制设置现状与培养目标跃升的矛盾要求科学文化课程需要对教学进行优化设计和布局调整，改善当前教学中存在的效率不高、效益不大、效果不好等问题。融合培养模式的学制缩短，同时要提高教育含金量，由此推动科学文化课程教学布局的总体思路要从系统性与完整性向指向性与支撑性调整，紧紧围绕降知识总量、调教学结构等主要方面集约集优展开设计，有效避免学非所用、用非所教等问题的出现。

(1) 降知识总量，不降有效知识

在新的融合培养模式中，一方面要求降低知识总量，保证在有限时间内完成新的教学大纲规定的课时总量及内容；另一方面并未降低对学员知识技能的总体要求，也不能降低对学员能力素质的培养水平，这是培养本科生学员的根本所在。融合培养模式下的人才培养方案中，通识教育和专业背景，统一归类为科学文化课程，学时比例与传统的“四年一贯制”及“合训分流”人才培养方案相比均有所不同。相比而言，变化的科学文化课程占比主要是过时的、简单的、非核心的、后用的知识。因此，基于当前融合培养模式的形势需要，科学文化课程布局设计的核心目标就是淘汰过时教学内容、精简简易教学内容、调整现下不亟需的后用教学内容，并解决在降低知识总量的同时保证人才培养质量不下滑的核心问题。

科学文化课程囊括了数理类、人文类、外语类的基本知识，包括基本事实、基本概念、基本理论、基本规律、基本方法等等，这些都是本科学员认识能力发展的生长点。学员接受的基本知识越巩固越有效，思维力才会越强，接受新知识的速度才会越快、质量才会越高，有效知识的学习决定了教员传授内容的多少和能否激活学员的思维。在保证人才培养质量的原则要求下，科学文化课程教学布局调整的首要出发点就是：在教学实施过程中从观察、记忆、想象和思维等不同的角度切入，通过综合性、实践性强的教学活动，保证基本知识中“有效知识”的教学量。

从人才培养的知识技能要求来看，科学文化课程“有效知识”主要指的是基本知识中除过时的、简易的、后用的教学内容以外的内容。大幅度地精简调整简易的教学内容，淘汰过时教学内容，就要重新修订课程教学目录，整合同类项形式的知识点，改变当前科学文化课程学时投放不精准的劣势。从人才培养的能力素质要求来看，科学文化课程“有效知识”更准确地包含了数理类、人文类、外语类课程的方法类知识。知识转化为智慧，需要依靠教授方法来实现，越是方法特点明显的知识覆盖面越大，越具有深刻性、稳定性和共通性，是知识的最高提炼，更是最有智慧价值、最活跃思维的知识，没有学会方法的学员通常不会去主动掌握知识、钻研问题，不会对态势做出预测决策等。因此，方法类知识通常是学员后续课程乃至第一岗位任职都亟需的，利用有限学时把这部分学员毕业后很难有机会学的核心知识技能基础打牢，着重培养相关的意识和思维，将能使军队院校基础教育更好地融入新型军事人才培养体系。

(2) 各类科学文化课程教学结构调整

调整科学文化课程的教学结构是融合培养模式的重点，首要目的是保证学员有更多的自主支配时间。通过挤出学时,既确保教员对主要科学文化课程有辅导时间,又确保学员对较难的基本知识有足够的消化时间。

对于数理类课程,理论性强一些,要想更好地实施这类课程的教学,满足人才培养要求,可以借助开展"模块化"教学,结合微课程、慕课等新的教学方式,调整课程结构,该加的加、该减的减、该挪的挪、该整合的整合,不仅要贯通设计,也要有实践类设计,力求做到因课而异、因人而异,并力争与相关专业课程交叉融合展开。

对于人文类、外语类课程,调整的主要是学时结构,该升的升、该降的降、该改的改,有些人文类课程可以开设选修课。此外,数学类课程中的"数学建模与数学实验"也以选修课的形式组织教学,这样可以通过"挤"学时,实现增加学员自主学习时间的目的。物理实验类课程,主要是"改",例如开展"翻转课堂"教学改革,采取"教员导学、学员自学、集中研讨、开放考试"的方式,让学员带着问题学习与思考。

2.2 改革创新面临的主要任务

推进科学文化课程教学改革,要提高认识、统一思想、凝聚力量,更新教育理念,创新教学模式,优化教学内容和课程体系,改革教学方法和手段,构建应用型和实践型人才培养体系,促进军队院校基础教育内涵发展,形成与新型人才培养体系相契合、与本单位培训任务相吻合的办学思想,为部队培养更多卓越的新时代本科生学员。

基于以上认识,科学文化课程教学改革创新的总体目标是:以促进教学方式与学习方式变革为目的,以学为中心,设计模块化知识与教材体系,设计科学文化课程融合教学模式,内化应用与创新能力为素质,拓展在线课程和条件建设,改进和完善教学评价机制,充分利用搭建的俱乐部平台和现代信息化教育技术平台,科学地优化安排教学过程的各个环节和要素,探索新教学规律,构建创新资源建设与创新教学应用相促进的教学生态环境,实践军队院校科学文化课程微课程教学、翻转课堂教学和慕课教学等,提升学员的实践能力和创新能力,提高教员的教学能力和研究能力,最终取得良好的教育教学效果。

2.2.1 设计模块化知识与教材体系

1. 优化重组课程教学内容和知识结构体系

当前院校的人才培养目标是完成普通本科学历教育和岗位任职培训,培养德、智、军、体等方面全面发展，适应建设现代化军队、打赢现代战争需要的高素质本科生学员。而目前军队院校的科学文化课程教学与一般的本科院校没有太大区别，使用传统教材，讲述的大多是17～19世纪的经典内容，难以满足现代战争对本科生学员的知识需求，必须进一步优化课程教学内容和知识结构体系。

1) 优化重组课程教学内容，加快形成知识结构的模块化体系

教学内容与知识结构决定着人才的知识能力及素养结构，如何找准科学文化课程教学与军队院校特点相适应的突破口与着力点，通过教学探讨充分挖掘教学内容与人才培养目标的结合点，推动系统权威进教材、生动有效进课堂、刻骨铭心进头脑，尤其是把基本知识素养及知识应用能力的培养作为构建课程教学体系的主要依据，都已成为人才培养的主要问题。

首先，近几年，通过组织大量的数学、物理、外语等课程的示范课观摩学习，科学评估了当前的科学文化课程结构，并根据人才定位导向进行大力调整，论证了知识结构模块化体系的可行性。

其次，整合优化科学文化课程教学内容，完善知识结构，编写具有较强实践性和可操作性的教学实施方案，实现科学文化课程知识结构模块化体系创新设计。

科学文化课程的知识结构体系模块化设计，以军队院校本科各类科学文化课程教学基本要求中关于科学思维能力的要求为依据，以能力培养为导向，打破传统教学内容的组织形式，突出课程开放性和灵活性的有机结合，实现教学内容的适度组合，强调与其他学科(特别是军事学科)的交叉渗透，并将军事理论和学科前沿知识有效糅合到教学中，加强科学文化课程教学与专业课程的融合，扩大学员视界，增强其学习主动性，提高其学习兴趣和知识应用能力。

为此，拟开设四个模块的必修及选修课，先建立模块化的课程体系。

数理类基础理论模块:“高等数学”“概率论与数理统计”“线性代数”“大学物理”等。

人文类课程模块:“大学语文”“逻辑学概论”等。

外语类课程模块:“大学英语”“军事英语”等。

实验类课程模块:“数学建模与数学实验”“大学物理实验”等。

在上述课程体系模块化的基础上，再具体梳理与设置每一门课程的知识结构模块化体系。打破学员重结果轻思维、重技巧轻概念的传统学习习惯，从思想方法、逻辑技能、应用能力等不同角度切入，主要将每门主干科学文化课程模块化为预备知识模块、基础知识模块、能力训练模块、拓展提高模块等4个模块，其中数学类另有建模训练模块，物理类另有实验训练模块，外语类另有军事英语模块。每一模块下具体为各章节独立知识点的再重组和再整合，主要实现转换思维方式、丰富教学内容、拓展军事应用案例与经典理论课程的横向融合等，强调现代科技基本思想的渗透、知识点之间共性的提炼、抽象性概念的训练等，概念力求统一，对庞杂易混的概念注重区分，对复杂较难的内容注重理解，对繁杂量大的计算注重技巧，讲

授力求高效实现知识体系的优化重组，简化问题结构，剔除冗余信息，强调内涵，充分发挥基本工具的潜质，克服科学文化课程的知识点在传授过程中的碎片化现象等。

课程知识结构体系模块化是优化重组教学内容的一种有效可行手段，通过教学内容和知识结构的优化整合，能够主动适应军队现代化建设、军事训练方式转变和军事院校教育转型的迫切需要，紧跟教学飞速发展的步伐，突出军事职业教育特色，贴近军事斗争准备要求，进一步满足本科生学员能力培养的需要。

2) *建立教学内容动态更新机制*

科学文化课程的教学内容一般都是依据特定逻辑顺序组织起来的有结构、有层次的有机整体，过时陈旧的内容势必打破这种整体的结构性和层次性。因此，有必要组织专家对科学文化课程的课程标准进行定期的、全面的制定和修订，及时反馈部队作战的新理论、新技术、新训法和新战法，并融入充实到教学内容中去，只有增大知识信息密度作为教材的补充，才能实现传统基础理论和部队前沿实践的有机融合，使教学内容超出认知水平，拓宽学员视野的同时，也能使学员处于有知可求的兴奋状态，继续认真学下去。

以物理类课程的教学内容为例。物理课教员不仅要精通教材内容，还要关注学科发展的动向，适时将有关前沿技术的新知识、新成就引入课堂，结合教学内容向学员介绍科学的新发展、新成果，引入一些军事应用案例，如新兴材料的研制应用、火炮的弹道曲线、铀浓缩的气体扩散法、枪械消音器、测距仪、电磁轨道炮、探雷技术、超导技术、纳米技术等等。物理类课程的课程标准与教学实施应使物理教学具有时代的气息，要多向学员讲解与现实生活密切相关的理论和技术应用，如在动量定理中讲解飞鸟对飞机的威胁，在电磁学中讲解高压电下的人员安全、雷电对机身的影响、核磁共振的应用、电磁场对人体的影响，在学习波的传播时介绍声音在海洋中的盲区及声呐探测等等，鼓励学员运用所学的物理知识参与重大问题的研究，如环境保护、能源危机、噪声污染等。通过这样的方式动态更新教学内容，做到既注重物理学科与其他学科的渗透和交叉，又拓宽学员的知识面，激发其学习兴趣，培养学员的科学思维方法，激发其创新精神，使学员既增长了科学知识与技能，又增强了社会责任感。

2. 加强教材建设，构建科学教材体系

以往的科学文化课程教材对知识编排得比较细微具体，较注重知识学习，在很多章节中缺乏理论联系实际的内容和实例，学员觉得抽象难懂、枯燥无味，容易失去兴趣。这就需要跟踪当前新形势下院校发展的新情况、新变化、新理论、新观点，推动新的研究成果进入教材，精编现代科学文化课程教材及案例教材，将军事学内容与基础知识有效糅合起来，适应人才培养需要。实际上，目前科学文化课程中自编教材的选用已经占到了一定的比例，这些教材与选用的地方教材相比，更加具有

军事特色。教材内容的调整给教员教学和学员学习提供了创新空间，同时对教员教学提出了更高的要求和挑战，促使教员充分挖掘教材中的相关内容，找准渗透点，梳理调整好新的科学文化课程教学大纲与课程标准并展开试用，在此基础上，进一步设计开展结合自编和选用教材、配套主要和辅助教材、衔接理论和实践教材、增加文字和电子教材的新一轮科学文化课程教材体系建设。

1) 突出背景，重视科学文化课程的知识应用

新的教材体系应该更多地强调理论与实践的结合，应用问题可以涉及金融、经济、建筑、医学、生物、军事、政治及社会发展诸多方面，最好与时俱进地来源于不断发展的各个领域的实际数据，以帮助学员理解课程需要用到的不同技巧和方法。应用举例的数量可以尽可能的多，习题也可以据此增加类型，并层次分明地编排，从最简单的概念性问题到难度各异的计算、应用、讨论、证明、论述，再到综合性较强的探索研究题，或与计算机技术相结合的习题等，都可以纳入每一门科学文化课程的考虑范围。

2) 重视课程思想理念的传递，展现科学文化价值

在体系化的教材创建过程中要重点建设主干科学文化课程教材，加强实验实践类教材建设，创设本科生学员知识应用能力培养条件。为满足培养需要，依据教学研究成果，整理编写与军事特色密切相关的专著教材，使现有的教材体系更加立体化，课程的教学更加符合信息时代的现代教育理念，更加有利于培养学员的自主学习、协作学习和探究学习能力，实现内容的现代化、应用性和思想性。通过学科的交叉性、习题配置的丰富多样性，在吸收引进的同时丰富提升，揭示知识背后的精神世界，助力教学的全局改革。

2.2.2　设计科学文化课程融合教学模式

1. 创新设计科学文化课程融合教学模式

1) 创新尝试科学文化课程教学方法

从科学文化课程本身共同具有的特点与性质来看，要在当前融合培养模式总体设计框架下达到人才培养预期目的，一方面，需要对教学内容进行创新设计，得出新的科学文化课程知识结构模块化体系；另一方面，更要适时地创新设计出新的教学方式方法和融合教学模式以针对新形势、解决新问题、完成新任务。

科学文化课程的教学规律常体现为：教学形式服务于教学内容，教学内容服务于教学目标，这也是教学活动遵循的基本准则。多年来，为组织好科学文化课程教学，举办了经常性的课堂教学观摩活动、教情学情联系会及课程系列讲座，积累了丰富的教学方法实践基础。日常教学中，每一类科学文化课程都更加注重将问题探索与课题研究等融入课堂教学和课外实践中，尝试将课堂讲授的被动学习转变

为问题导向学习、实践学习、探究学习、项目学习、从做中学、自我学习、互助互学等，贯彻“边学边研边实践”的教学策略，摸索研究“三边”教学方法，并开展案例式教学、在线教学等，多样的教学形式同时也延伸产出了教员的多种教学特色。

启发式教学法中很常用的一种就是案例教学法，它体现了人本思想和建构主义心理学认识论思想，能适应学习者先建构知识再接受知识的内在认知秩序。过去，案例教学主要用于普通院校法学或医学课程，由于军校科学文化课程教学内容增加了大量的军事实例，所以可以尝试使用案例法实施教学，如数学类课程可引入案例“弹药物资运输路径选择优化模型”“军用物资存贮模型”“武器装备可靠性模型”“无人机路径规划算法”等，通常按每组5～8人对学员进行分组，让他们从军事案例中寻找规律，自行提炼数学思想，提高数学学习兴趣及自信心，锻炼合作精神等。案例式教学法以培养学员的能力为核心，与传统教学中只突出教员单一主体地位、强调单向交流、教材多年不变等大有不同，通过促进师生教与学方式的转变，改变了现阶段“以同一要求、同一内容对不同层次学员实施同一方法，不重视学员学习兴趣、思想情感和学习能力的培养”的科学文化课程教学模式。

2) 创新设计科学文化课程融合教学模式

乔伊斯和韦尔在《教学模式》一书中提出：“教学模式是构成课程和作业、选择教材、揭示教员活动的一种范式或计划。”因此，教学模式可以认为是在一定教学思想指导下建立起的稳定教学活动的结构框架，通常包括一系列程序和要素，如理论依据、教学目标、活动程序、教学条件和教学评价等。

科学文化课程融合教学模式具体是指：不同科学文化课程的教学组织单位，围绕整体统一的教学目标，针对各类教学对象，打破界限，相互协调和融合，共同实施教学的一种教学模式。融合教学模式作为一种新的结构框架，要从宏观上把握各类科学文化课程教学活动整体及各要素内部之间的关系和功能，突出教学活动的有序性和可操作性，更容易地实现：在课程体系与教学内容体系上强干削枝，在教学力量和教学组织上科学统配，在教学资源上集约共享，既遵循科学文化课程教育的客观规律，又能适应融合培养模式的需求，更加有利于提高人才培养质量。

设计实现融合教学模式主要包括以下三个方面的融合过程。

(1) 融合教学内容

科学文化课程教学内容应着眼于适应战斗力生成和模式转变的需要，侧重培养学员的组织指挥、谋划决策和对知识的理解与实践应用等。在深刻把握现行科学文化课程教学内容设置存在信息化含量低、核心能力培养不突出等问题的前提下，准确认识到数学、物理、外语、人文等课程各具特色，建立适应现代化作战、训练、管理等需要的科学文化课程体系，优化课程编配，着眼提高能力素质设置课程内容，选择紧贴作战任务、结合任职岗位标准的教学设计主题，突出综合性、应用性和实践性，既根据教学目标和课题特点确定要融合的教学内容，又定量分析各内容的比例、学时安排和先后次序等，从思维能力和人文精神两种角度，将教学内容与能力需求充分对应，实现科学衔接和精确融合，突出人才培养方案规定，凸显教学内容对于本科生学员任职能力的针对性和有效性。

在以往的科学文化课程教学训练活动中，各教学单位相互独立，相对封闭，教学效果并不理想。通过组织教学内容的融合式教学打破了各单位的界限，可以从机制上很好地解决这一问题，促进单位之间的沟通顺畅和衔接紧密，使不同类别的科学文化课程围绕共同的教学目标和教学任务紧密融合为一个整体，使分散的教学训练有机融合，促进训练内容的有效整合，进一步提高并保障教学整体效果。

(2) 融合教学力量

科学文化课程教学力量融合的第一步，是成立融合各类课程专家教授的教学督导组；第二步，是成立融合骨干教员力量的融合教学组。通过两者结合，根据教学内容的融合需要，在一级督导组的带领下，召集承担教学任务的各单位领导和骨干教员，组织统一课和观摩课授课，一起研究论证，确定出合理的教学内容分配和教学方法实施方案，可由督导组专家或教研室主任担任融合教学组长，负责统筹、管理和协调各项工作。

(3) 融合教学资源

教学资源的有效整合是实现教学保障必不可少的一个环节。科学文化课程的各个相关单位都有各自丰富的教学资源和网站资源，例如数学有建模实验室和资料室，物理有物理实验室和数值模拟实验室，另有生化实验室等，但是在资源利用方面这些教学条件往往各自发挥，共享不足。如果统筹协调、融合互通这些教学保障条件来组织教学活动，将有利于教学实施、管理与考核，实现资源共享。

融合教学模式绝不是简单的教学活动的叠加，而是系统的教学实践，既讲究方式方法，又要认真组织和全面统筹，科学制定出教学计划，既做到各单位互不影响，又能发挥所长，是教学内容、教学力量、教学资源的全方位融合，以教学内容融合为前提，以教学力量融合为保障，以教学资源融合为支撑，既能发挥整体功能，又能增强综合效果。只有建立规范的融合制度，统一思想、统一教案、统一备课、统一授课，再经过统一研究、统一讨论，并加强统一管理，在教学进程的组织实施各环节都达成一致，才能真正实现统一协调和紧密融合。

2. 强化基础，淡化技巧，增加实践性教学内容

教学内容是人才培养目标的具体反映，所以在适度组合科学文化课程教学内容、强调与其他学科交叉渗透的同时，还要对教学内容进行大量的增减，尤其是增加实践性教学内容，紧密结合实际，从科学文化课程教学服务后续专业课程教学的角度，讲述基础知识在生活实际及军事领域中的应用，在保障有力的教学条件下创造性地应用案例式教学法等，将军事案例教学与基础理论教学有机结合起来，给学员提供综合性、创新性、真实性较强的学习环境，突出军事院校特色，实现拓展教员知识结构、培养学员应用能力、提高服务部队质量等目标。

实践性教学内容的合理安排,要做到在经典内容少而精的基础上,渗透进现代科研成果,加强实践性教学训练。例如在数学课程实践性教学内容组织方面,就有一些较为典型的案例:在微积分基本公式等定积分的教学中突出积分思想的讲解,精简定积分的计算技巧培训,通过定积分的数值计算及上机实践弥补传统计算的不足;在全概率公式的教学中,引入航母舰载机着舰事故风险分析的典型军事案例,增加学员应用数学解决军事问题的兴趣;在格林公式的讲解中增加南海热点军事问题,利用数学方法计算重点海域面积,立意知识发现和认知规律;在多元函数极值的教学中增加求解多目标打击最优解问题及蜂巢模型,增强学员的数学应用能力;在方向导数与梯度的教学中,加入解决鱼雷攻击路径选择问题研究;在概率统计分析中对经典的二维概率分布函数的计算进行削减,增加炮兵实弹训练中炸点的概率分布计算;强调数值计算的重要性,如微分方程的求解、线性方程组的求解大量使用计算机计算,等等。此外,还可因势利导地融入数学文化与数学发展史的熏陶,带领学员进入神秘又有趣的数学世界,使学员了解数学理论知识的起源与发展,了解蕴含在公式定理背后的数学思想,增加数学课堂的趣味性,更好地培养学员的科学精神和实践创新能力。

与此同时,实验教学也是实施素质教育的重要渠道,是学员开展探究性学习、培养研究能力的有效途径。例如,“数学建模与数学实验”教学可以为学员创设亲身参与实践的情境,使学员获得熟练的实验技能,又能培养学员观察、分析、解决实际问题的能力,培养学员实事求是、严肃认真的科学态度。此外,物理也是一门以实验为基础的科学。物理学是自然科学的基础,物理知识在生产、生活、科技中有着广泛应用,已渗透到能源、环境、生命、材料、军事等多种前沿科学中。物理课程教学也需要整改消除以往封闭灌输、单一狭隘、不利学员个性发展的弊端,优化“大学物理”及“大学物理实验”等课程的教学结构,更新理念、精心筹划、主动作为,增加实践性教学内容,推动物理教学的现代化进程、信息化转变和军事化对接,促进素质教育在本科生学员物理教学过程中的落实。

2.2.3 内化应用与创新能力为素质

按照人才培养方案中对本科生学员知识、能力、素质的要求,优化设计科学文化课程教学,一方面要形成针对不同培训对象的融合、衔接、递进的新层次,另一方面要形成突出理工知识应用性和人文知识塑能性的新体系。

1. 实现知识塑造价值

知识是基础,素质是知识的升华和内化,能力是素质的一部分,能力的生成依赖于知识。而唯有智慧价值高的知识才能升华与内化为价值、能力和素质。学员是学习的主体,要促进学员广泛参与教学活动,在每个教学环节都要把学员当成学习的主人，以学论教，以学员的发展为中心，充分发挥其积极性和创造性，培养其个性发展及学习能力，促进全面发展。

只有通过教学内容的优化重构、融合教学模式的设计、新教学资源条件的创设，增添前沿科技的新观点、新素材，使学员有所得、有所感、有所获，着眼提高有效知识量，形成强大的求知渴望源，使学员的思维处于最活跃的状态，才能做到门门精品、堂堂优质，推动理论与实践、课内与课外、线上与线下相结合，塑造学员正确的人生观、世界观、价值观，挖掘教育深度，提升教育效果。

2. 实现素质塑能岗位

在现代化战争中，科学文化课程知识的应用处处可见。例如，现在各国军队都非常重视演习，如沙盘推演、网络对抗和实兵演练，其主要目的之一就是检验战法在逻辑上的严密性。比如美军《作战纲要》中对坦克同反坦克导弹交战距离的设定以及“星球大战”计划的五层防御体系，都是经过严密的数学推理而确定的。在现代新军事变革环境下军事指挥员如果没有足够的基础知识应用能力，不仅对新技术、新装备掌握慢，也无法完成对现代化条件下体系作战的指挥与保障，难以满足现代战争对军事人才能力的要求。

在科学文化课程教学实践中，要注重获取知识的过程，着重培养应用与实践能力，不但传授知识，还分析知识产生的过程，把教学过程当作研究、探索、感受的过程。努力实现课程体系与教学内容的优化整合，做好科学文化课程与大学后续课程的双向衔接，将基本的思想方法融入教材与课堂教学中，将实践性知识的学习穿插在教学内容中，突出思想，通过多角度描述来加深学员对内容的理解。依托俱乐部实践、数学建模竞赛、物理实验教学、英语演讲比赛等平台，以丰富多样的教学资源和网络学习工具为辅助，应用现代信息技术创新教学模式和教学方法，注重知识、思维、方法和语言的运用，有效服务学员自主学习，帮助学员培养求知精神，提升学好科学文化课程的信心和兴趣，提高学习独立性，提高学习成绩，使关于知识、思想和方法的科学文化教学内化为学员能力、素质和素养的培育。

2.2.4　拓展在线课程和条件建设

1. 加强教学条件建设，促进优质教育资源共享

目前，多媒体教学在院校教育中得到了广泛应用。如何继续优化多媒体教学，并发挥多媒体手段的辅助教学作用，提高教学水平，逐步实现基于现代信息技术的网络化教育，是当前面临的重大课题之一。院校教育中科学文化课程教学应使多媒体手段与教学内容和教学环节有机地结合起来，实现无缝对接。当前已经开展智慧校园建设试点，推进信息化技术的教学保障配套和教学资源共享优化。因此，科学文化课程应以能力培养为导向，精心准备、统筹考虑、分工合作、逐步推进，从依托资源提升能力、依托平台推广应用等角度出发，合理拓展教学手段新视角，加强教学条件建设。

2. 尝试微课程、翻转课堂、慕课等在线实践，保证学员的自主支配时间

线上线下的教学融合促进了微课程、翻转课堂、慕课等教学模式的形成。

1）*在课程建设方面*

组织军内外微课程、翻转课堂、慕课等的示范课观摩学习，并召开教学研讨会分析比较不同教学方法的优点、特点和适用性，研究如何将教学内容聚焦、整合、深加工，以及如何合理分配教育资源，开展新的教学改革探索。

开展“微课程”实践教学，打造精品课程和资源共享课，探索“微课程”建设和教学实施的有效方法。将教学内容、教学活动和教学环境有机融合，借助教研室网站和不断更新升级的数字化教育技术平台及录制的微课视频教学资源，尝试开展“微课程”“慕课”与课下辅导相结合的教学形式，提高信息化教学对教员教学和学员学习的实际辅助效果，促进大批优质教学资源在课程教学中得到较好的应用和共享。

2）*在课程设置方面*

基于对科学文化课程教学内容的整合优化重构，抓住基础，推进应用，分类分层次设计教学改革。结合知识应用能力培养，有效利用学员的创新实践能力，结合课堂提问、课后作业、项目训练和章节测验等多阶段过程，使得教学可操作性强，在过程中既灌输知识应用的思路和意识，又教会学员用基础知识解决简单的军事问题和实际问题。在为学员夯实基础的同时，总结归纳出效果好的模式方法，通过教学网站面向全部学员推广，丰富数字平台，快速更新，为学员的个性学习创设空间，完善在线开放课程资源建设与推广应用。

加强深度融合，精炼课程内容，丰富数字平台，认真搭建在线课程。为体现因材施教特色，教员和学员充分寻找时间用好微课视频资源，达到学以致用、用以促学的目的，力争在每门科学文化课程的每次教学中时刻关注每一堂课每一个知识点对提高学员解决复杂问题能力的贡献点。充分利用微课“短小精悍”的特点，整合优化教学内容及实施方案，进一步完善知识结构，完成若干重点章节主要知识点的微课视频录制，初步完成“微课程”建设。

3）*在实践性环节方面*

为进一步扩大信息化教学广度，以俱乐部为建设平台，对部分科学文化课程的部分章节实施“翻转课堂”教学改革探索，通过俱乐部开设教学实验班，基于教研室网站和信息化教育技术平台的网上学习环境，建立教学内容重构、微课视频授课、翻转课堂进度跟踪、随堂测试与作业评判、课程考试与实践、教学效果评价与教学质量保证的规范教学体系，集理论知识、实验教学于一体，并具有面向全体学员的

普适性。

“微课程”与“翻转课堂”等新型教学手段的采用使得科学文化课程教学除黑板化、幻灯化外呈现出了崭新的可视化与平台化的特性，符合学员学习时间碎片化、有效学习时间少的现实情况。学员在线上充分利用零散的课余时间学习知识模块，在线下及课堂上能及时反馈问题，教员跟踪课堂，加强沟通，及时给予指导，在课上课下和线上线下最大限度地实现教育互动性，通过实施协作式、专题讨论式、问题驱动式、案例分析式等多种教学方法，保证学员拥有更多的自主支配时间，提高教学效率和学习效率，优化课堂教学，激发学员作为学习主体的内驱力，以充分适应军队院校融合培养模式的内在需求。

2.2.5　改进和完善教学评价机制

1. 改进考核评价和教育监察，组织制定新一轮教学评价标准和实施办法

目前的科学文化课程考核还是以学期结束时的考试为主，以一些小论文的撰写及平时小测试的成绩为辅，这种方式严重影响本科生学员的培养。毕竟考核制度是一个指挥棒，如果指挥棒不加以改进，改革就很难落到实处。如何培养学员的知识应用能力，促使学员理性思维习惯养成，都需要考核制度来进行引导。

对学员的考核应从书本知识向应用能力转变，将现在的考知识记忆转变为考知识的灵活运用、考实际应用能力、考思维方式和分析解决问题的能力；增加课程总评成绩中平时成绩的比重，以学员在学习中的基本知识素养及知识应用能力的培养为导向给出综合评定成绩。某些科学文化课程系列及实践课程系列的成绩评定不需要利用试卷考核，可以借助案例答辩、实际问题求解等方式考核。

建立完善的课程教学评价机制对课程教学具有重要的引导作用。在培养创新型本科生学员时，课程教学评价体系要以能力培养为评估取向，评价教员教的内容是否具有前沿性与动态性、是否教给学员科学思维方法、是否发挥学员主体作用、是否有利于知识应用能力培养等。

2. 有效利用现有的军队院校科学文化课程教学质量保证体系，并建立人才基本知识素养及知识应用能力跟踪制度

在科学文化课程教学的管理过程控制中，利用已经建立的科学文化课程教学质量保证体系，通过点面结合，以“面”为重点，从教学内容选定、学情调查分析、教员安排、备课、试讲、授课、辅导与作业、查课、考试与分析等方面实施全程监控，并使控制过程具有标示性、监督性、可追溯性。此外，还有教学各环节的质量标准和教学要求，以及完善的评教制度、量化考评细则，专业的学情调查和分析评价机制，

学习困难帮扶机制，完善的青年教员培训机制，良好的教学设施管理、维护和更新建设机制，信息资源建设机制，这些都能够保障科学文化课程教学改革实践的有效性和完整性。

此外，对学员毕业后在部队任职时能力素质的需求变化以及所培养的素养和能力能否胜任未来战争需求进行跟踪反馈，以便对教学改革适时进行调整。

第 3 章　科学文化课程教学改革创新的路径与方法

着眼新一轮军队院校教育改革的新形势和新任务，科学文化课程教学要能够同时完成两项任务："既在掌握知识和技巧方面达到高质量，又在学员发展上取得大进步"，最终做好教书育人、打牢学员科学文化知识基础、拓展学员创新实践思维能力的工作。为此，在充分研究论证的基础上，围绕教学科研改革的总体思路，着力在人才培养目标调整优化，教学内容体系化设计，教、学、管多要素融合一体，教学资源更新升级和教学评价树立正确导向等五个方面做足功夫，通过集智攻关，积极探索实践了"三边"教学方法：以"高等数学""大学物理"课程为代表的理工类课程形成了"边讲边推，边推边练，边练边研"的教学法，以"大学语文""大学英语"为代表的人文类课程形成了"边讲边诵，边诵边演，边演边论"的教学法。努力在教学内容、课程体系、教学模式、科研攻关、教研融合、人才培养等方面再上新台阶。

3.1　人才培养目标调整优化

目前，军队院校本科生教育的人才培养目标是完成学员本科高等教育和首次任职培训，培养具有大学本科学业水平，德、智、军、体、美全面发展，听党话、能打赢、善管理、有潜力，适应建设需要，胜任任职岗位的本科生学员。融合培养，既强调本科高等教育，又强调岗位任职需要，实际上是强调了应用性的高等教育。融合培养不是简单地将两种教育相叠加，而是融合成为一种崭新的教育类型，主要体现在教育理念、培养目标、培养过程和培养本位几个方面。因此，科学文化课程的教学也要从这些角度深入探索与改革，从顶层设计到末端落实，都严格落实要求，体现军事教育特色，下大力夯实本科生学员的通用科学文化基础，增强发展潜力，为未来的成长进步奠定坚实基础。

3.1.1 契合岗位,合力育人

1. 转变理念,增强科学文化课程的人才培养指向性

本科生学员培养由“合训分流”模式改变为“融合培养模式”,使得科学文化课程的培养模式也不能只是简单的学时调整和内容增减,首要的是转变教育理念,坚持以创新教育为指针,以学员发展为导向,以学为中心,以能力素质培养为本位,坚持强军为战,适应调整改革发展大势所趋。要将任职培训阶段必要的通用基础知识在通识教育阶段打牢打实,将相关通用基本技能和基础知识整理分类,在一、二年级基础教育阶段就完成知识教学和能力塑成。

教员对人才培养目标的深入了解和认知,是开展具体教学过程的指向标。教学目标、教学内容、教学方法、教学模式、教学管理、教学评价是院校人才培养过程的具体反映,直接决定人才的知识能力及素养结构。当前军队院校学员训练任务重、学习精力有限、学习时间碎片化、有效学习时间少,同时大学科学文化课程的教学过程又主要表现为黑板化与幻灯化,难以充分解决学员的现实学习需要,达到提高学习效率的目的。因此,如何找准基础教学与军队院校特点相适应的突破口与着力点,强调基础教学与其他学科的交叉渗透;是否需要经常性地举办课堂教学观摩活动,教情、学情联系会及课程教学研讨,充分挖掘教学与现代军事战争的结合点,尤其把知识素养及创新能力的培养作为构建科学文化课程教学改革的主要依据,都已成为现代战争条件下人才培养的重要课题。

人才培养目标修订后,通过一次教育实现对学员大学本科教育和首次任职培训两个培养目标,必须立足本科教育的专业科学文化课程教学,而学好专业课程更加需要打好科学文化通识课程的基础。科学文化课程教学在培养目标、课程体系、教学模式、教学条件等的设置和建设上,既要遵循教学的基本规律,各教学环节还要立足于岗位任职能力这个中心来构建,通过科学文化课程来培养通用基础性的分析解决问题的能力,并助力培养有多学科领域背景的专业能力,进一步培养指向任职岗位的核心能力,以形成对岗位任职综合性能力的全方位基础性构建,真正实现人才培养个性发展要求与岗位任职共性需求的统一。

2. 从适应未来复杂的军事发展出发确立科学文化课程教学目标

在现代军事斗争中,知识是战斗力构成的重要因素。武器装备结构和技术结构的更新变化迅速,学历教育只是学员终身学习中的一环,把教学目标定位于满足现实需要是跟不上时代发展的,学员未出校门可能就会被淘汰。因此,基础教育更要有超前意识,通过开设数理类、人文类、外语类、实验类课程,形成一套具体的科

学文化课程教学目标，使学员能运用数学、物理科学、语言文化等工具和科学的思维方式来设计过程、构想答案、解决问题，具备包括数学与科学、信息技术、文化历史等多个领域的多种能力，以适应各种程度的技术变革，具备创造力、沟通力、道德意识和不断发展知识的能力。

要知道，军事领域一直是创新最为迅速的领域，未来军事战争的复杂多变性和不可预测性，对学员的创新能力提出了空前挑战，需要具备优秀素质的应用型、复合型高层次专门人才。这样的人才需要具有高度的政治觉悟、坚实的理论基础、较强的岗位任职能力，尤其是较强的逻辑思维能力、能够从大量复杂数据中提取有价值信息的能力，以适应军队信息化建设。这就要求培养出来的学员要系统掌握相关的知识与技能，具有较好的获取知识能力、科学的思维方法以及良好的创新精神和意识，具有较强的战略思维能力、领导管理能力、作战指挥能力、组织训练能力、政治工作能力，善于运用所学理论和方法创造性地解决工作中的实际问题，具备熟练处理和分析问题的能力，同时掌握和运用一门军事外语。培养这些能力不仅是科学文化课程教学的必要前提，更是育人的客观要求。因此，在确立科学文化课程的教学目标时，必须特别注重创造性思维的培育，把培养学员的创新能力放在首位，强化实践应用能力，为打牢专业基础做准备，将科学文化课程与岗位任职目标相“融合”，高标准、严要求地培养能够立身服务部队的应用型军事人才。

科学文化课程教学必须为学员的后期教育发展留出一定的发展空间，必须遵循高层次军事应用型人才培养的特点规律，适应新型军事人才培养要求，紧贴作战样式发展变化和部队使命任务拓展，紧跟军事理论发展前沿，积极向“能打仗、打胜仗”的人才培养新目标聚焦，根据岗位任职要求构建科学文化课程培养目标和素质标准，制定培养方案，进一步优化教学内容、创新教学方法、改进教学手段，科学确立科学文化课程教育的基本模式框架。

3. 从服务于军队现代化建设和未来战争需要设置教学内容

课程内容是人才培养的核心，要着眼增强教学针对性和有效性，按照人才培养基本要求，突出实践应用能力和职业发展潜力培养。就科学文化课程知识点零散的典型特点而言，更要打破学科界限，对教学内容进行优化重组，按模块化进行设置，抓住重点，加大案例教学力度，引导学员把科学文化课程学习同未来岗位需求、同自己的未来成长联系起来，明确其对学习的指向性，进而激发学员稳定持久的学习动力。

科学文化课程的教学内容，尤其要围绕直接源于部队的需要而设置。首先，科学确立教学内容体系框架，强调数学类课程，保持数理类、人文类、外语类课程均衡发展，保留核心课程，设置精品课程，突出人才培养重点，打牢学员扎实的科学文化基础，以应对未来军事领域各种不确定的挑战，也为学员随后的职业生涯提供可持续发展的基础。其次,优化完善教材体系,凸显出教学内容紧密服务于军队现代化建设和未来战争需求,基于这一理念,增设与之相适应的教学内容,并将不同军兵种部队的各式先进武器装备、来自部队的最新知识和战争实践最前沿的经验、军队建设和军事斗争的最新动态等引入课堂。

4. 整合教学力量,提升合力育人水平

人才培养目标的实现落到实处就是具体的教学活动。教员是教学活动和知识传递的主导,因此是人才培养目标实现的主力,科学文化课程教员更是实现人才培养目标的一线力量。改革科学文化课程教学,必须打造一支具备现代教育理念、信息技术和军事专业知识的基础型、文化型、军事型教员队伍,形成各教研室之间相互兼容、优势互补的教学力量体系。通过内部择优推荐、选拔等方式,遴选教育理念先进、教学素养较高的骨干教员力量,建立起各教研室稳定的专业教学队伍、教学督导队伍等,群策群力纽住整个集体,促进形成教学秩序井然、教学相长显著、学术氛围浓厚、骄人成绩频现的最佳状态。

科学文化课程教员走上讲台组织教学,就自然地站在了育人的前沿。实现科学文化课程的基本教学目标,换句话说,就是依照融合培养模式贴近岗位、瞄准需求地开展教学,实现从人才培养目标宏观到微观的转变,同时体现出科学文化课程教学的知识教育性和思想教育性。要通过转变教学理念来转变学员的学习理念,从而更好地将教书和育人有机融合,全面利用课堂时间,结合教学内容,寓理性思辨和人文教育于教学,做爱国主义精神和马克思主义世界观、方法论的传播者。首先是数学教研室眼光敏锐地抓住必须培养创新能力的高素质要求标准,从 2000 年起就开拓了参加全国大学生数学建模竞赛的里程碑,历经十余年已经打造出独具特色、成果硕然的数学建模品牌,连年在省高校中蝉联获奖榜首,最终着力推动了数学建模与数学实验课程的开设,开启了本科生素质教育创新为上的科学文化课程教学先河,当前更是集约集优充分发挥实验室和俱乐部的平台优势,结合人才培养实际,遴选吸收优秀的一、二年级学员进入数学建模俱乐部,并为学员挑选成长导师,共同拟制学习计划、共同进行课题研究等。与此同时,外语教研室的演讲与口才俱乐部、极限英语俱乐部,物理教研室的物理创新俱乐部,也在同期开展,开启了合力育人的良好局面。

科学文化课程教育具有突出的实践性、职业性和综合性,单纯依靠院校力量难以高质量地完成培养任务,要坚持合力育人,注重统筹力量资源,发挥院校和部队优势,有力促进理论知识向实践运用能力转化,构建共育人才机制。院校要与部队、科研院所、装备厂家等合力育人,以资源共享、优势互补、合作共赢为主要动力,促使院校内外合作贯穿于科学文化课程融合培养模式教育教学全过程。具体来看,一是对部队实弹射击和综合演练所采集的数据进行统计分析,找出影响部队作战训练效果、质量的主要因素，增强部队作战训练的针对性和时效性；二是组织专家教授参加重大演习活动，为部队演习提供技术保障；三是与军工企业合作，为军工产品研发和检验提供有力的技术支持和人才支持。先后与部队、科研院所等建立了长期稳定的合作关系，曾与某集团军建有制度较完善、条件较好的实践创新基地，与地方院校共建有联合培养基地等。有效地发挥部队导师作用，定期组织部队导师来院讲学，通过学员参与难题攻关，强化实践能力培养，使学员及时跟踪部队建设发展动态，掌握部队作战、训练需求等。

3.1.2　因人施教，全面兼顾

1. 分级教学，分类指导

科学文化课程融合培养模式是一项时间紧迫又任重道远的工作，绝对不能掉以轻心，必须结合融合式人才培养的具体特点，理清具体现状。不能一味采纳别校的方案，要客观地认识到自己的特长，要肯定已经群策群力地在科学文化课程学术和教学方面所取得的一些成就，然后再明确下一步的发展方向和奋斗目标，踏石有印地做好每一阶段的工作。在精品意识的树立和带动下，坚持分级教学，贯彻分类指导，注重区分层次，突出重点，凸显人本教育理念。针对不同的教学对象，在教学内容、进度和方法等方面进行调整，制定不同级别不同层次的教学目标，实施相应的教学计划，针对士兵提干、士官大专班、民族学校生源、偏远省份生源的学员可以按部就班地从一级基础概念和基础方法开始教学，如开设“高等数学(大专班)”“工程数学(大专班)”等；水平较高的高中学历青年学员可以从基础理论级别开始教学，如正常开设“高等数学”“线性代数”“概率论与数理统计”“军事英语”等，使不同起点的学员在合适的级别内分别达到不同层次的水平。

科学文化课程通过融合培养模式在学员大一、大二完成授课，使学员一开始就建立了严谨、规范和宽厚的共性理论基础，树立科学文化课程的中心地位及其与各学科专业课程的关联性，其效果主要体现在：一是大大提高有限科学文化课程学时的利用效率；二是提高学员的专业素质起点；三是减轻后续专业课程的教学负担与学习压力，有助于融合培养模式中专业课程的教学改革和学员的技能拓展。

2. 突出共性、兼顾个性

从共性的角度来说，科学文化课程的融合培养模式促进了通识教育和职业教育的有效融合，为学员提供了更多的选择权和更大的自主发展空间，确保了学员能够发挥自己的最大潜能。一方面，科学文化课程教员坚持以人为本、因材施教，依据课程知识系统的模块化特性，与学员队之间定期召开教情、学情联系会，有针对性地反思教学过程中的所得、所失、所感、所惑，及时发现问题，创新教学方法，更新教学内容，改进教学手段，完善教学过程。另一方面，注重学员潜能开发和方法训练的教学研究与实践，着力培养学员主动思考主动学习的能力、科学从事工作的能力，使学员能在特定的领域里最大限度地发挥自己的专长，实现人才培养目标。

从发展个性的角度看，科学文化课程要建立统一的认知和素质教育平台，尊重每位学员的个体差异和特点，关心、理解和信任每一个学员，提供各种机会，帮助学员在天赋允许的范围内得到充分发展。科学文化课程教学按照人才培养需求，通过完善的选拔淘汰机制和多种教育方式，引导学员不断探索自我发展方向，分阶段明确学习目标、端正学习动机、调动学习动力，使之坚定信心、积极主动地学习成才，促进自主发展。通过学习科学文化课程，学员完成了新生的适应性和学习性转变，为后期的专业学习奠定了基础。学员在数理类、人文类、外语类、实验类课程的多元培养阶段达到了相应的专业准出标准后，可以对应走上工程技术类、信息技术类、装备技术类等三类发展路径中的一条，执行个性化的课程计划。只有在各类专业的通识教育科学文化课程共同培养阶段，全面打牢学员的科学文化素质基础，才能根据培养需求实施以岗位专业技术为内容的专业教育，实现与工作岗位的良好对接。

经验告诉我们，科学文化课程教学过程中，需要一直根据学员自身特点和岗位需求，合理确定学员的培养目标和发展方向，这样培养出来的本科生学员在走向工作岗位后，才能始终按照素质要求呈融合式发展，并向素质型、能力型转变，具有岗位任职能力和发展后劲，是具有扎实的科学文化课程知识技能、素质全面的个体或群体，能够胜任知识技术密集和指挥技术高度融合的信息化战争的要求。

3. 以学习为立身之本，面向人人成才

学习的目的是解决“养”的问题，满足“用”的需要，适应“变”的趋势。科学文化课程有助于培养学员的民族观念、大局意识等政治思想素质，有助于马克思主义世界观、人生观的形成。军队院校培养的学员要想完成人生中的一次转变，必须文武兼备，必须学习和掌握多种知识技能，尤其是科学文化课程知识理论。从教员角度来说，只有深入了解青年学员所思所想，才能真正地引领、引导学员，帮助其树立正确的观念。科学文化课程教员要时常渗透给学员三种意识：一是，在学期开始，明确地让学员认识到大学生活是年轻人世界观、人生观和价值观的重要形成阶段，作为军校学员，尤其要注重革命军人核心价值观的形成。二是，在科学文化课程概念讲解和习题练习时，有意识地让学员懂得“主观能动性”和“主体学习”都必须以“自觉”和“自律”为前提。三是，每节课都循循善诱地鼓励学员不能“知难而退”、一定“知难而进”，经常表扬那些能把听课当作是丰富自己的学员，让他们意识到这其实是一种人格魅力尤其是军人魅力的形成过程。

1) 培养情操、滋养心灵

首先,科学文化课程的学习可以开阔眼界,完善心智,陶冶道德情操,提高思想境界。一个人有修养、有气质、有层次,是文化涵养的外在表现,要通过持续的学习才能"养"成;如果不爱学习,思想会缺少灵气,讲话会缺少底气,行动会缺少朝气,最终影响的是个人进步。

其次,科学文化课程的学习可以坚定理想信念,明辨是非曲直,从而保证不会犯方向上的错误。常常有人简单地认为科学文化课程的学习枯燥、无聊,内心持应付态度,甚至有厌烦情绪,但实际上如果胡乱应付理论学习,久而久之,就会连原则性、方向性的问题也掌握不准、理解不透,导致思想麻痹,严重时更会犯错误,不但害了自己,也连累了集体。

因此,只有真正让大学期间科学文化课程的学习进入生活,并促使学员在学习中经常思考,才能有效过滤思想上的杂质,走出心灵泥沼,更加清醒地前行。

2) 顺应时代发展

当今世界变化太快,社会发展脚步太快,当前的学员思想活跃、思维敏锐,已经不再唯信书、唯信师,毫不停息地求新求深求进,这迫使科学文化课程教育实践必须不断赋予教学科研新的内容。如果没有广博的知识储备、深刻的人生见地,很难让其信服。然而,由于科学文化课程自身的特点,教员想要完成课程创新又有一定难度,只有时刻联系新的发展趋势,引用新的典型案例,不断更新教学内容、创新教学方法,才能满足学员愿意听、喜欢听的需要。无论是教员还是学员,面临这样一个创新的时代,只有学习、学习、再学习,才能完成自我知识代谢、自我完善、自我提高,才能紧密顺应时代潮流。

3) 适应工作岗位

人的一生不会一成不变,大多数人会面临岗位的变动,如果不具备学习能力,就无法转换工作思路,无法丰富自身,无法满足新岗位需求,也就无法从容应对各种变化。以小见大,在学员进入学校的基础教育阶段,思想观念要迅速扭转,队伍素质更要扭转。这两者都根本地依托于科学文化课程在人才培养方案、教学方式方法上的转型,通过研究探讨新的学习思路与途径,紧跟变化的节奏,适应学员发展的需要。

3.1.3　促进形成能力本位的教学新格局

在素质结构中,理性素养是成才的关键,人文素质是一切素质的基础。科学文化课程贯彻素质教育是提高本科生学员综合素质的重要途径,是实现军校教育与军队发展相和谐的科学理念,既要面向全体学员,还要学员全面发展,更要让学员主动发展。实施融合培养,打造科学文化课程的知识结构复合、岗位能力专业、符合个性发展的培养模式,契合全面素质教育理念,适应军校教育改革方向。要发挥人文类科学文化课程的潜移默化作用,丰富人文素质的形成途径。通过介绍人文社科方面的优秀文化成果,教会学员做人的道理,在传播人文知识层面上,借助文、史、哲、艺知识的深剖与广拓进行环境熏陶和自我养成,使之内化为学员的品质、外化为行为。例如,教员可以对经典名著深度讲解与引导,由此对学员起到撞击心灵、唤起良知、开阔心胸、启迪生命的作用,营造良好的人文环境,促进人文知识内化为人文素质。

能力是素质的外在表现,以知识的掌握程度为基础,具有明显的层次性。要想真正培养出学员"利用知识分析问题和解决问题的能力",不是只会做题就行,实际上观察力、理解力和记忆力都是学员所需要的"一般能力",形成这些能力的方法无外乎时时刻刻引导学员"有条理地表达""合理规范地书写"等等。要想在传授知识的同时,实现学员素质的提升,最好是使他们从"学会"到"会学",同时和其他学科交叉起来,交给学员开启基础知识宝库的"钥匙"。大学科学文化课程教育中的数理类、人文类课程能够充分培养本科生的多种能力:逻辑思维能力、运算演算能力、创新实践能力等。无论是哪一类,主要任务都是紧紧围绕部队战斗力生成实际来提升素质和服务专业。在当前及未来的很长时期内,在中外及军地的高等教育中,能力培养的根本地位一直不可动摇。无论是普通高等教育还是军事任职教育,都强调以能力培养为本位,突出强调创新能力培养。融合培养模式在创新意识、创新思维、创新路径、创新技能等方面的培养,都要实现原来两种教育的优势互补、一脉相承和逐步递进,在通用基础能力的训练培养方面,更要与专业基本能力、任职核心能力的培养相辅相成,总体上呈现为应用型人才的培养。

3.2　教学内容体系化设计

随着院校教育教学的转型发展,科学文化课程的教学内容也需要进行体系化的设计。科学文化课程教员要围绕教学过程的各个环节,围绕"以学员为本"的理念,抓住对教学内容有效设计这个最关键的环节,来满足岗位任职知识、能力、素质三方面和谐发展的高素质人才的培养需要。要打破传统学历教育的束缚,综合设计教学内容,主要围绕明确教学的核心内容、编制修订教学大纲与课程标准、编写教材等方面,做到认真分析教材、合理选择和优化重组教学内容、合理安排教学内容的表达或呈现形式等。科学文化课程教学内容体系化设计的基本依据是习主席重要思想和重大战略决策,以及军队院校人才培养的新的融合培养模式和岗位任职应具备的能力要求。

对科学文化课程教学内容的改革要坚持“宽、新、实”原则，教学内容和知识结构的优化整合，要能主动适应军队现代化建设、军事训练方式转变和军事院校教育转型的迫切需要，突出军事职业教育特色，贴近军事斗争准备要求，满足初级军事人才能力培养的需求。同时要认清新一轮改革的重要性和紧迫性，依据融合培养模式的全新课程改革设计方案，重点把好科学文化课程质量关，按照统一课把关、教学组攻关、教研室试讲、部督导组把关、学校教学督导组专家与领导指导等五个步骤，扎实做好教学准备和教学实施工作。

3.2.1 模块化设计科学文化课程教学内容

1. 基础特色与军事应用相融合

军事院校教学的目的是服务军事人才培养和解决军事相关问题，因此科学文化课程教学改革建设紧密结合军事应用特色，课程教学过程既要有一定的理论深度，又要有实际应用价值，军事案例众多，综合运用好，有较强的创新性，才能更贴近部队发展的需求。在有限的时间内，学校不可能传授给学员全部的基础知识，与传统培养模式相比，融合培养模式较好地结合了军事学这一学科的特点，因此科学文化课程适应融合培养模式也应具有非常强的军事应用针对性。特别是在主干课程的教学上，必须纵向打破学科专业壁垒，科学定位选择好教学内容，从部队实际和军事斗争准备出发，立足经验，以点带面，科学构建教学内容体系，按照“强化基础、塑造能力、胜任岗位”的思路科学设计和规范科学文化课程教学内容，培养学员的理性思维和人文素养。同时，课程设置还要根据部队战备训练和武器装备的发展变化及时做出调整，动态性地对教学内容进行更新修订，避免和部队任职岗位应用相脱节。

为了适应现代科学技术日新月异的发展要求，体现教学内容的先进性，科学文化课程教员一方面在教学之余应当积极开展科学研究，加强学习，从改善知识结构入手，利用各种渠道提高军事素质，并将科学研究的最新成果融入课堂教学；另一方面要坚持博览群书，不断充实自我，利用到部队授课、调研、代职等机会补充专业知识，及时了解和掌握学科前沿，增加感性认识，并在有限的课堂学时内调整教学计划，精选教学内容，不断更新教案，突出教学内容与军事实际相结合，及时反映本学科和相关学科的新理论、新知识、新技术和新方法，着力构筑先进的课程教学内容体系；此外，还可以跨学科进修，加强与专业课教员的合作等，在教学内容的选择、信息的深度广度等教学设计方面与专业课教员沟通，提高与军事应用融合的实效和质量，决不能仅以自身学科理论构架为出发点设置课程类型和内容。

例如，数理类课程方面，可以定期开展“构建模型解决军事问题”等方面的学术讲座，可以就战斗模型构建、装备效能模型分析、维修保障优化策略选择、无人机航迹规划优化、目标选择优化等问题组织开展学术报告或专题讲座，为解决部队训法、战法，装备维修策略优化等问题提供借鉴和指导。外语类课程方面，对于“军事英语”课程，可以适量增加军事元素，注重基本军事知识、国际政治、战略、军事通用知识等方面的内容。为适应需要，科学文化课程还可以别具一格地开展科研创新，倡导广大教员申报与军事相结合的各类课题研究，然后通过理论指导实践，培养本科生的创新实践能力。

2. 教学内容模块化设计

1) 科学文化课程教学内容特色

与任职专业课程不同，科学文化课程的教学内容和知识结构往往不具有特别完整的系统性和整体性，各类基础知识更多地以知识点、计算方法或主要结论等形式呈现，尤其是“基本内容”，即课程标准（或教学大纲）要求学员必须掌握的内容，包括基本概念、基本方法、基本理论等。设计这类教学内容应特别注重学员对知识的获取，以及如何帮助学员正确地理解和掌握。学员通过“基本内容”的学习后，在实际中的简单应用或者解决实际问题的方法等属于“基本应用”内容，这一部分的知识点主要是帮助学员形成运用概念和原理解决问题的能力。设计这部分教学内容，要合理规划时间，使原理、概念的掌握与解决问题技能的形成在课堂教学中都能得到有效保障，要有充分的实际背景案例，例如设计概念案例时可采用正反例，设计原理案例时及时引导学员应用原理于问题情境再举一反三等。学员在前面两项内容掌握的基础上，在教员的引导下往往还能够通过自学拓展知识面，解决更多问题，这部分属于“拓展提高”内容。这方面的知识在一般教材里不会有专门设置，需要教员查找最新资料，根据学员的实际情况精心设计，在充分备课的基础上，理解教材而又高于教材，提炼出该类知识点，同时针对学员习惯于被动接受知识、不习惯自学、知识面有限制约拓展提高等问题，注意培养学员的自学能力，增强其创新思维能力。

针对以上教学内容特色，科学文化课程教员需要重新梳理、编排知识点，确定重点与难点，使普通水平的学员能跟上教员的授课进度，学到知识，并能简单应用；使优秀的学员能发现问题、提出问题，并能通过自学拓展知识面，找到解决问题的方法。教员不单单要关注教材等书本知识，更应关注知识的发展、知识的更新和知识的应用。科学文化课程教学内容的体系化设计是一个动态的过程，而基本内容、基本应用、拓展提高三部分设计难度的逐步增加，决定着科学文化课程要打破传统的学科课程结构，建立起具有很强灵活性和适应性的模块化教学内容体系，以问题为导向和中心，突出实践，注重能力生成，实现理论知识学习与分析解决问题能力培养相结合，同时实现科学文化课程结构优化。

模块化教学是国际劳工组织在20世纪70年代开发的一种先进的教学模式。在深入分析每个专业和技能的基础上，严格按照专业标准和岗位规范，将教学大纲和教材开发成不同的教学模块，形成组合式教学方式，再将各教学模块组合在一起，实现理论学习和操作训练的有机结合。模块化教学在国外如德、英、美等国应用较广泛，从教学组织到教材编写，都以知识技能模块来划分，强调能力培养，重视知识的实际运用，不追求知识体系的完整，仅将教学内容按照培养应用型人才的需求科学地划分为若干可有机搭配组合的模块，本着必需够用的原则，筛选和重组教学内容，根据不同的教学目标和培养对象选择不同的模块内容开展教学。要推行素质教育，使本科生学员满足部队建设需要，就要转变教学定位，尤其要积极开展模块化教学，以有利于提高学员的任职能力和发展潜能。

2）删减教学内容

在科学文化课程的课程设置中，对教学内容进行较大改革，不苛求知识讲授的全面和系统，要更多地注重框架联系和知识的实际应用。科学文化课程教材大多只注重学科知识的理论体系，一些较偏、较难、较杂的理论内容实际上是本科生学员暂时不需要掌握的部分，例如高等数学中的一致连续性、含参变量的积分等内容，要大胆地删减掉这部分内容，保留必需和必要的"基本内容"。同时，要在讲清概念的基础上，强化应用。首先注重少讲、精讲，建立每一门科学文化课程的教学内容知识体系结构框架，筛选出"基本内容"知识点系列的教学重点，有针对性地教透、教深，使学员能够举一反三、触类旁通，逐步逐阶段地减轻畏难心理，尽可能地有效发挥学员的自主学习能力。其次注重教给学员广博的知识面，使学员在解决问题时思维活跃，能够融会贯通，从内心克服对知识难度与深度的畏惧，以更大的可能提高其学习兴趣。例如，利用矩阵及向量空间理论、数理统计中的参数估计及假设检验等数学知识逻辑推理严谨、定量计算精确等特点，培养学员的观察想象、逻辑思维、创造思维、分析解决问题等的综合能力。此外，还有一些重复性较多的教学内容和知识点，可以前后有机协调，减少重复，在保证"基本内容"教学的基础上增大实用性、含新量和信息量。按照基本内容、基本应用、拓展提高等知识点类型的层次来设置科学文化课程教学内容模块，并根据课程模块内容，设置专题教学内容，适当增加实验与研究模块，在一定程度上减轻某些科学文化课程学时数有限的困惑，完成教学内容的体系化设计任务。

3）整合重构教学内容

科学技术的发展越来越高度分化且高度融合，许多实际问题的解决都依赖于多学科专业知识的综合运用。要夺取未来信息化、智能化的高技术战争的胜利，作战力量也要高度合成，综合运用多种军事手段，融指挥和技术为一体。如果知识面狭窄、技能单一，将很难适应新型战斗力建设的信息能力需求。因此，军校培养出来的本科生学员应当是既精通某一专业又具有综合知识技能的应用型复合型创新型人才，同时具有较高的信息素养。

按照培养既精又专同时具有信息素养的应用型人才的要求，科学文化课程教学内容知识结构体系设计的主要特点是：内容模块化，结构框架化，将内容衔接紧密的各部分知识点有机联系成一个整体，同时注意将解决实际问题的方法和在军事中的应用引入教学，用机理分析和解析的方法针对学员学习过程中可能产生的对概念的误解、对方法的错失进行分析探讨和论证求索，选用较全面较典型的案例题型尤其是军事案例帮助学员理解思想与方法、步骤与结论，培养学员对现实世界中的现象和过程进行合理的量化与简化并转化为理论问题的能力，以及良好的科学态度，进一步为培养具有丰富想象力和较强探索精神的本科生学员打好打牢知识基础。梳理与设置教学内容体系时，一方面，重新组合知识点，使科学文化课程与后续专业课程衔接更加紧密；另一方面，重构优化内容体系，使科学文化课程各大类之间加大教学衔接；同时，还要精简自学能掌握的内容，增大实验、实践等创新内容的时间比例，增加新知识、新观念、新方法、新思维、新技术等有利于拓宽视野及培养和提高创新能力的教学内容。特别要注重拓展军事应用与经典基础理论课程的横向融合，注重基础理论和实际应用相结合，增强学员的知识应用能力。

按照培养富有创新精神和创新能力复合型人才的要求，把创新精神和创新能力的培养作为设计军事院校科学文化课程教学内容体系的主要依据，对教学内容进行结构重组和充实。目前已摸索出初步的方式方法，即根据不同课程人才培养目标的要求，分别确定课程内容的起点、重点和难点，把能力标准转化为课程支撑，建立教学内容模块化的课程结构体系，精心设计每门科学文化课程的每个教学模块的知识点系列，科学把握各模块间的结构、比例和权重，力求满足培训目标总体要求。在内涵建设上，突出创新意识和创造能力培养的主体行为；在外延建设上，突出开放性与灵活性的有机结合，加强融合，既传递知识，又突出知识的创新，达到拓展学员智力空间和思维深度广度的目的。

4）模块化设计兼顾素质培养

结合数理类、人文类、外语类课程内容的不同特点，分别按照专题设置教学内容模块，一个模块就是一个独立且完整的学习单元，包括为帮助学员掌握某一明确学习目标而设定的一系列学习经验过程。不同模块之间存在并列、包含、组合等关系，既集合课程要求具备的基本知识与技能，又包含专门针对某一特定需求所必备的专业知识技能基础，既有系统性又有针对性。不同模块之间也存在排序关系，每一个模块的教学内容都有明确的主线和逻辑关系，既有数学类与物理类课程的整合，也有人文类和外语类课程的整合，还有单一课程教学内容的模块化处理排布。因此，科学文化课程教学内容的模块化体系设计从需求出发，准确把握了学员的起点水平、接受能力、可分配学时等多种因素，通过提炼传统科目，重构组织教学内容，有效服务了任职岗位专项能力所必需的基本知识素质与能力的培养。

对于数理类科学文化课程内容的模块化设计，一方面可以利用概念性内容重点培养抽象思维。以数学课程的许多重要概念为例，如"高等数学"中的极限、导数、微积分等几个大类模块的知识点，都是从不同科学领域尤其是物理学科中的力学、运动学、电场、磁场等理论的实际问题中高度抽象而得到的，其形成过程本身就是一个综合抽象思维的过程，每一模块可以按照概念产生的机理来梳理小类知识点，引导学员沿循相关知识模块发展的历史轨迹，从知识发现的高度和知识进步的广度来组织教学，吸引学员以柯西等人的数学严格化为榜样，按步就班地分析，踏石留印地做事，锻炼学员对待科学、对待知识的严谨态度和敏锐的思考方式，同时有利于逻辑思维和军事思维的日常养成。另一方面，模块设计好之后，学员可以按需或者按顺序选择模块，也可以按中心及重点来选择、分层次选择。例如，学习"大学物理"课程中的高斯定理时，可以选择学习或复习高等数学中的曲面积分知识点，学习数学中的导数和定积分的概念时就最好先掌握物理运动学初步知识。只有数理类课程提供了完备的模块化知识体系，学员才可以在未来专业课程学习需要的时候自由自主选择某一模块补充学习，从而大大地提高后期的学习效率。

相对于数理类课程模块化设计的容易进行，外语基础课程学习和军事外语学习的模块化设计有一定难度，但它们也还是有着明确的界限和分工的，要在不同的阶段完成，因此模块组合式的思路也适用于外语类课程的教学内容。例如可以分为技能模块、文化模块、军事模块、学术模块等，核心是以英语通识教学为基础，立足于语言共核内容，从语义、语域、语篇、文体等方面自然地向军事领域拓展和延伸，实现通用英语课程和军事英语课程的融合式教学。人文类课程也可以参考外语类课程模块化设计思路，针对大学语文、中国传统文化、大学美育、逻辑学概论、军用公文写作等相关课程，致力于提高学员的人文素质和传统文化底蕴，让学员做有根、有魂、有信仰的人，进而增强军队文化软实力。

从总体上讲，科学文化课程教学内容的模块化体系设计要在选择教学方法之前完成，基本内容、基本应用、拓展提高这三种类型知识的设计都要遵循以下要求：第一，注意内容的取舍，时间的合理分配。按照课程标准及教学大纲要求，对内容进行有机取舍，所选内容应符合学员的实际要求，以学员的心理水平为基础，同时又有发展性。第二，注意课程内容的逻辑顺序和心理顺序。逻辑顺序即知识系统的各知识单元内在的逻辑关系，心理顺序即适应学员心理发展和学习活动内在的认知规律，二者在很多情况下会出现不一致。第三，注意课堂讲授时形成主线，把离散的知识点关联起来形成一定的逻辑，使学员理解知识的来龙去脉。在具体设计过程中还应注意：一是分析学员的学习准备状况。除了解学员目前的学习状况外，还应深入分析学员已有的学习动机、知识结构、知识准备、学习习惯等。二是注意新知识的由来以及与原知识的结合关系，帮助学员在理解的基础上有效吸取并快速而牢固地掌握新知识。三是注意知识的连贯性，恰当引入各种教学媒体，使教学手段多样化。

在以能力为本位的融合培养模式基础上，根据岗位能力教育内在规律指向的专业课程需求，科学文化课程教学内容知识体系以模块化为基本组织形式，以宽基础、活模块为基本构建，以必需和够用为原则，是推进军队院校教育转型，提高基础教学教育质量，打牢学好专业课程必需知识基础的有效途径。基础知识的精髓不在于知识本身，而在于知识中所蕴含的思想方法。学基础知识像吃饭：吃了什么可能不记得，但是它们最终会成为身体的一部分；基础知识也一样，学了什么内容可能不记得，但是它背后的思想会变成灵魂的一部分。想要快速提高自身整体素质，想要迅速掌握专业知识技能，甚至想要锻炼出一个好脾气，那都需要学好大学的科学文化课程。思维能力强弱又是素质高低的重要标志，如何从教学内容入手，深入研究充分发挥大学科学文化课程对学员理性思维和人文素养的功能作用日趋重要。在教学过程中，始终从模块化的知识体系框架出发，引出相关章节，理清重难点并着重讲解，学员更容易掌握和理解，更容易上手自学，只有让学员时刻明确学习中需要掌握什么，如何根据学到的知识和获得的能力解决相关联的问题，才能在学时有限的情况下，最大限度地让学员从总体和局部同时把握好科学文化课程的重要性，全面提升学员的理性素养和创新能力。

3. 教学过程优化设计

1) 让科研成果走进课堂

科学文化课程在教学上，一贯坚持面向部队，而且初有成效；在政治上，一切教育和活动的主题都为实战化服务；在科研上，始终要求各基础学科从不同方向寻找突破口努力实践科研与军事相结合。针对这三方面任务中最重要的科研工作，有一些具体做法：一是关注学科专业前沿，通过参加会议多听多看；二是提高认识，站在一定的战略高度以培养一个科研团队为目标；三是加强学术交流，创造思想碰撞的场合和机遇；四是善于合理地抓住机会建立适当的学术人脉，为学术提高增加可能性。

考虑到培养对象的发展需要，教学内容要瞄准科技发展前沿，及时吸收前沿的最新的成果与经验，在高起点上设置教学内容，紧跟现代化军队建设中武器装备的发展趋势，提升教学内容的高度、新度和宽度，使教学内容的起点和层次提高，保持课程内容动态更新，拓宽学员的知识面，从而适应学员后期专业课程和专业领域的学习发展需要，适应未来工作发展的延伸需要，建立科研成果进入教学贴近实战制度。每年制定科研成果进入课程计划和方案，优先推荐和重点支持部队训练和课程建设急需的研究课题；科研项目申请在部队调研基础上，紧扣实战训练需求和教学内容创新需要，实现教学科研紧密一体化。

作为科学文化课程教员，在密切联系学员的同时要善于在学员的讨论中发现问题，积极创造吸引学员学习教学知识的新方式、新方法，要经常寓教于“研”，瞄准发展前沿，体现教学内容的前瞻性。所谓“研”，既指“科研”学术还指“钻研”教材。一方面，学术研究可以带动教员自身拓宽知识领域，再渗透到教学中去。另一方面，经常钻研新的教学方式、更新教学方法，多方位、多角度地丰富知识背景，除了多听一些院内同行的课程外，也可以在网络上听一些国内外名牌大学的公开课。

将科研与教学结合起来的最好方法是，将科研项目作为教学案例带入课堂，使学员通过对相关研究内容、思路、方法的了解，加深对课本理论知识的理解，对高深艰难的理论知识有明确的感性认识，既开阔了眼界，又开拓了思路，也培养了创新意识和探索精神。这方面做得比较好的是物理类课程的教学，历年来，物理课教员在承担教学任务的同时，也承担了不少国家自然科学基金和省自然科学基金等重大项目，这都是教研一体化的最好条件支撑。通过“科研”和“钻研”，传达给学员的就是“创新思维能力”。无论是对教员还是学员，创新能力的培养都不是一朝一夕能够完成的。此外，还可以探索案例式等创新教学实施方法与艺术，注重教学研究与教学比武、课程建设紧密结合，并转化为教学力，制定成果转化方案，建立起教学研究与实践成果转化制度等。

2) *教学要求高层次化*

研究型的教学方式要从以“教员、课堂、教材”为中心转变为突出学员的主体地位、突出研究的重要作用、突出知识能力素质等三维度的教学目标。在教学过程中要将传授知识转移到探索、研究知识上，以学员为主体构建知识框架。在教学方式的角度，一是凝练和探究已学知识，关注知识体系框架的构造，注重知识模块之间的联系，针对重点章节，拟出综合性较强的问题，让学员探究和讨论；二是深入挖掘和拓展具体的重点难点知识，让学员在具体应用中理解，将学员分组，在研讨中引导学员自学、备课，并在课堂中讲解或答辩。通过这样的方式，能够体现研究的本质特征，注重科学研究精神、态度和能力的培养，使学员自己对知识进行独立的、深入的思考和内化，让学员通过课外资料的查阅、整理、消化、讨论和讲解等一系列的过程，提出疑惑，激发共同的思考和讨论，增强和锻炼主动思考能力，最终达到创新思维和创新能力的培养，全面提高综合素质。

科研工作与教学工作是一体的，现阶段，要教学与科研并重，基础研究和应用研究兼备，结合工作需要赴外考察。为此，先后走访了南京方向三所高校和西安方向两所高校，均为国家985院校，考察收获丰富。比较好的经验是：第一，这些985院校中，学术交流很活跃，坚持的都是“开放办学”的方针；第二，他们师资力雄厚，达到博士水平的教师比例接近100%，这是目前无法做到的；第三，他们的教学经费都很充足，下一步争取在这方面有所进步。

3.2.2 融入实验课程与实践教学方法

融合培养模式的整个教学过程中,实践教学占有很大的比重,而且非常注重理论学习与实践教学的有机融合和相互渗透。科学文化课程各阶段各科目,应当充分发挥实验教学的重要作用,提升实验教学的地位,形成相对独立的实验教学体系,并在实验内容的设置上面向岗位任职需求。体系化设计后的基础教学包括了实验教学、模拟教学、研讨教学、实操技能训练等多样化的实践教学,强调了学员的设计性、自主性和研究性,让学员获得更多感性知识的同时,深化对知识的理解运用,进而提高分析解决问题的能力。

1. 将实验类课程融入教学

实验教学依附于理论教学,但建立实验教学体系必须避免配合和补充课堂情况的出现,不能简单地把它理解为验证性和演示性的传统实验,这样会限制理论与实验教学的融会贯通,限制学员实践技能的培养和提高。要转变理念,使实验教学主要围绕部队的岗位任职和装备需求,适当结合理论教学需求来开展;同时,要随着需求的发展变化不断及时更新实验教员、实验设备、实验教学内容、实验教学方法和实验教材等,增添部队装备使用或训练演习中遇到的典型案例作为实验教学的内容,并由此建立起基于学员综合实践能力和素质培养规律的实验教学体系,满足岗位任职需求。

数学建模与实验活动是再创造、再发现的教学,开展数学实验教学,不仅在于对知识本身的探求,更在于对知识的应用,能够为学员提供主体参与、积极探索、大胆实践、勇于创新的学习环境,既改变了学习方式,又增强了主体参与意识和创新意识。因此,在传统课程教学的学时基础上,增加"数学建模与数学实验"选修课的教学时间,是知识体系、内容和方法改革的长效性的尝试。通用的数学软件平台有Mathematica、MATLAB、SPSS、Lingo等,它们在能力和用法上各有特点,都在教学中的计算方法、数值求解、图形描绘等问题的解决方面具有优势。

基础实验课还包括物理实验,这也是培养学员岗位任职能力的基础性实验教学环节。在当前加大投入开设实验场所、增添设备仪器和设置实验项目前提下,要充分发挥学员的潜力,满足教学要求,让学员自己动手、独立思考完成实验任务,撰写详细的实验报告,在实验过程中获取实践知识并提高实践动手能力。

军事英语实践课程以一般军事知识英语学习和基本军事英语技能训练为主要内容,使学员掌握以英语获取、处理和交流军事领域信息的基本能力。

实验教学过程中,要处理好与其他课程教学之间的关系,不断更新教学设计,设置教学目标和教学内容,研究合适的教学手段和策略,选用恰当的教学方法,采用高质量的实验教学软件，有针对性地使用计算机辅助实验教学，优化教学的每个环节，让每个学员都能参与到实验活动中去。借助校园网络支持下的教学软件平台，精心设计实验教学过程，从教学设施、教材内容、学员能力等实际情况出发，由浅入深，教员指导由多到少，注意学员非智力因素的培养，鼓励学员的点滴创新表现。

在将实验类课程融入教学的过程中，教材建设是核心和基础，在教学活动中选取合适的内容安排实验活动，选择恰当的知识点运用实验方法安排和设计实验，这些都可以以自编教材的形式体现出来，从而丰富教材体系建设内容。

2. 注重实践教学，突出应用能力培养

实践教学主要的目的是活化素质和追求创新，注重提升学员能力，在确定教学内容方面，要突出岗位教育的特点，打破学历教育按照学科化思路设置课程的思维定势，紧贴岗位需要，力求内容先进，注重课程的系统性和综合性，提高实战针对性；在教学管理方面，开放学习过程，使学员有更多自由支配的时间，加大实验室、资料室等教学场所的建设力度，增加模拟训练、虚拟实验等活动。

科学文化课程的融合培养模式以数学建模与数学实验、物理实验、生化实验、军事英语等为突破口展开实践教学，指导学员学会将基础理论与方法简单应用于实验和实践中，有针对性地选拔优秀学员参与各类竞赛，既在教学时间上增加实践教学所占比重，又凸显实践教学的自主性、真实性和完整性，培养学员应用所学知识解决实际问题以及军事问题的能力，贴近人才培养目标。减少学员跟着教员预先设计好的路径亦步亦趋，鼓励学员更多地自我设计、自我探索，在内容处置、环境情境和设备器材方面，做到真实逼真，使学员在实训中得到真实体验，实现从基本技能到综合能力、从实验室到部队岗位的实践环节不缺失。

数学类课程依托数学建模俱乐部的平台培训，已经锻造出一支优秀的建模队伍。数学建模的过程是理论科研成果转化的有效方式，每个数学建模题目实质上都是一个小科研项目的浓缩，在解决建模问题的同时基本上完成了一次小规模的科研任务。通过竞赛与培训，可以提高学员分析问题、处理数据、应用程序解决生活以及军事领域实际问题的能力，这一过程是科研工作步步求索的外部驱力，不仅可以开拓学员的知识面，培养创新意识及合作精神，增加信心和毅力，建模竞赛获得奖项也是坚持不懈后的天道酬勤，通过完成竞赛题目，实现对部队作战训练数据的科学分析，为部队训练决策提供参考依据，有利于促进教学和部队实践的充分结合。与此同时，数学建模的思想和方法融入各门数学类科学文化课程的教学也已成为趋势和必然，并取得了较好的成效。

外语类科学文化课程承担着培养学员基本英语素养和发展思维能力的任务，通过掌握基本的英语语言知识和军事英语知识开阔视野、丰富经历，形成跨文化意

识，增强爱国主义精神，形成良好的品质和正确的人生观和价值观，就人文性而言，外语类课程和人文类课程一样承担着提高学员综合人文素养的任务。实践教学方面，英语口语能力是本科生学员可持续发展能力的重要组成部分，学员日常一般性话题的英语交流能力并不弱，但涉及军事、政治等相关领域时，学员往往会因为词汇贫乏而导致交流能力变弱。因此，外语类课程方面需加大听说训练实践活动，在教学大纲中明确英汉双语教学内容，在学期课程中抽出课时集中进行语音训练，开发利用语音实验室等，加强英语文化建设，创造条件参与外事活动实践，例如组织学员参加笔译、口译、演讲大赛，选拔优秀学员参与外事翻译任务等等。

3.2.3 科学建立课程标准与教材体系

构建具有融合培养特色的课程体系，合理安排，科学施教，设立专门的课程小组，由具有丰富教学经验的专家教授牵头，积极开展教学内容、教学方法等教学改革研究，形成一套行之有效的教学体系。并及时与学员管理单位、机关业务部门进行教学研判、统计分析，评估教学质量和教学水平，不断进行改进。

1. 课程标准建设

科学文化课程的课程标准建设思路是：坚持学为主体，教为主导，贯彻落实素质教育和创新教育思想，注重培养学员学会获得知识的方法、帮助学员养成科学思维和求异思维的习惯、提高学员运用所学知识分析问题和解决问题的能力，并引导学员课外通过运用知识解决简单的实际问题包括军事问题并加以创新实践。

部分课程以自编教材为蓝本，尽量用较为通俗的语言阐释基本理论和思想方法；紧密结合基础特色和军事应用加以阐述和学习；理论和方法相结合，强调理论的应用价值，使学员从整体上了解和掌握课程内容体系。将内容模块化、结构框架化，实施模块化教学，使各部分有机地联系成为一个整体，同时注意将研究的最新成果引入到教学之中，激发学员的求知欲。突出军事应用的实例，增加军事专业课所需要的基础知识等。

课程建设还注重分层次、分阶段教学，建立规范的教学大纲和教学档案，设计电子辅助教案、教材分析与建议、学习指导书；建设网络课程资源；强化课程整合，重视课程内容更新，加大课程改革力度等。

2. 独立的教材教辅体系

科学文化课程教材建设依据模块化设计的教学内容体系，开发相配套的教学材料，以“选用现有国内外优秀教材为主，鼓励教员编写教学辅导书”的原则开展，针对性强，实用性高。有的选用普通高等教育国家级规划教材，有的选用自编教材，内容尽量以技能或能力为中心，并确保规范和军地标准一致性。所用的教材，层次清晰，适合不同专业的教学需求；重点突出，难点分散，由浅入深，便于自学与教学；习题完整，难易适中。同时为了帮助学员进行课后练习，还自编了主干课程配套的辅导习题册，以及满足学员自学与考研需要的学习与考研指南等完善的辅助教材资料，以适应不同层次水平的学员需要。另外还建立了试题库，便于组织各项考核。

自编教材更能体现军事特色，与军事应用相结合，加入基础知识在军事上的应用等内容，适合军校学员，多部自编教材均为重点教材。同时还积极跟踪军内外著名高校教材，将最新的、最适合的教材用到教学中；积极申请更多的自编教材支持，提高教材与军事的结合程度，不断修订和改进自编教材，减少错误和不合理的内容，便于学员自主学习和研究性学习。

3.3　教、学、管多要素融合一体

在院校教育和人才培养过程中，教是内容、学是目的、管是保障，充分发挥教的主导作用、学的主体作用和管的桥梁纽带作用等，将教、学、管多要素协同一体辨证统一地贯穿于教学全过程，对于营造良好的教风、校风、学风氛围，提高教育教学和人才培养质量具有重要意义。

要打破教研室界限，实现各单位的力量统筹和融合教学；打破教学与科研界限，融二者于一体，将科研成果及时转化为教学内容；打破学科领域界限，实现数学类、物理类、外语类、人文类、实验类等不同学科的融合组训，充分发挥各学科专长，促进优势互补，提高教学实施的质量效益；从组织体制、教学体制、管理体制上与教学要素相融合，对教员的教学基本功、教学内容、教学手段、教学方法、教学风格和教学效果等各个环节进行严格把关，处理好教、学、管等多要素之间的关系，重点关注教员的教学质量和学员的学习效果。

3.3.1　建立完善的教学管控保障机制

科学文化课程教学要确定以学为中心、以学员为主体的先进教育教学理念，主动面向学员，全心全意对学员负责，把全面提高学员素质作为最高标准，为学员提供丰富的学习资源和充裕的学习时间，既宽容个体差异，又鼓励个性发展，注重学员知识能力的自我构建和多样化教学模式的构建，这些都需要卓有成效地实施教学管理，更需要强调并做好人本管理和学员的自我管理。

1. 树立科学的教学管理理念

管理得法才能铸造出拥有战斗力和创造力的教员队伍和本科生学员，科学文化课程要坚持以科学的管理理念筹划、指导和实施教学活动，在人性化的经常性管理上下功夫，坚持自律与他律相结合，坚持激励与约束相结合，善于抓住学员在学习过程中思想上的偏差、认识上的误区、情绪上的波动，广泛开展启发引导，积极主动地从细微之处解决学员遇到的难题，满腔热情地从点滴入手给予学员帮助。

1) *以品行为力量之源*

以高尚的人格魅力感染学员。科学文化课程教学的根本目的是促进学员的全面发展。教员责任的重大，在于其以学员为工作对象。教员的人格魅力将对学员产生潜移默化的影响，其职业道德、精神风范是实现现代课堂教学各项要求必需的先决条件。在课堂教学中，教员应当提高自身的理论素养，以塑造师表形象、培养敬业精神、提高育人水平为立足点，加强师德建设，努力实现言传身教和教书育人。

首先，要严于律己、宽以待人，诚实守信、表里如一。课堂内外，充分尊重学员的主体地位，时时以身作则，处处为人师表，要求学员做到的，自己首先做好；要求学员不做的，自己坚决不做。其次，坚持德育教育。利用三尺讲台，结合课程特点和教学内容，寓辨证唯物主义和历史唯物主义教育于课堂教学之中，传播爱国主义精神和马克思主义世界观、方法论，将教书和育人有机地融合在一起。第三，要关爱学员。从大事着眼，从小事着手，用自己的爱心、恒心、责任心感染学员。要经常深入学员群体，多途径与学员交流，及时了解思想动态，及早发现学员困惑，帮助他们解决学习、生活中的各种困难，用真情促进感情的共鸣和思想的共振，真正成为学员的良师益友。培养未来指挥员的过程中，教员对学员是否充满感情、心怀爱意，会潜移默化地影响到他们以后对部属的态度。因此，除了优秀的教学素质外，科学文化课程教员还必须具备对学员发自肺腑的关爱这一基本道德素质。

2) *以责任为分内之职*

教学科研工作是一项教育人、塑造人、升华人的事业。教学过程不只是简单的知识传授，更是一种责任感的体现，科学文化课程教员必须要做到“知责思为”“履责能为”“尽责善为”。

“知责”指坚定自己的选择，“思为”指忠诚从事的事业。从事军队教育更要有对事业的忠诚、对讲台的热爱，要自觉地把岗位之责、分内之事铭记于心，真正认同所为的事业是快乐、是幸福、是责任、是使命。

“履责”就要牢固树立精品意识，用自己的一生来备课。确保每堂课教学的内容都足够新颖、方法都足够灵活、手段运用都有足够的吸引力和创造力。只要思想重视了，认真准备了，深入思考了，每一个环节都设计了，每一个细节都想到了，完全把功夫用在教学上、讲课上，就一定会把每一堂课都讲精彩、讲到位。

“尽责”就要有深钻细研的毅力和耐得住寂寞的决心。科学文化课程教员的岗位是平凡的、默默无闻的。基础科研领域的研究面窄，很难出新成果、出大成绩，但是绝不能妄自菲薄，要有“咬定青山不放松”的坚韧和“板凳坐得十年冷”的耐心，抵住诱惑，潜心坚持，定能创造奇迹。

2. 突出关键环节管控，建立完善的教学管理制度

本着注重教学质量的宗旨和甘当人梯的追求，以纪律美化集体，以制度规范科学，通过出台一系列针对性强的签到、坐班、听课制度，引申探索教学质量保证体系实践。

一是严格教学管理。教员在严格按照人才培养方案组织授课的同时，广泛开展研讨式、案例式、小班式教学，灵活采取理论笔试、口试答辩、撰写小论文等多种方式进行考核，严格教学秩序，对学员提出明确要求，全方位检验、提高学习效果；教学督导组要深入教学一线，了解掌握情况，经常查课，听取授课人员意见，特别是加强与学员管理人员的教学协作和横向交流，充分取长补短，积极探索，注重创新，做到以管促教、以管促学。

二是建立健全规章制度。充分借鉴吸收地方高校和军队院校成功经验，围绕教、学、管等方面，制定一系列规章制度，为提高人才培养质量提供组织和制度保障。课堂管控形式多样，如组织学员问答活动、小组学习、合作学习等；教研室坚持教学督导工作，坚持教员间的听查课制度；在教学单位内部开展教学观摩交流、教学法讲座活动等；建立与学员管理单位之间定期与不定期的教学情况交流制度，坚持面向学员开展学习方法辅导讲座等；对课堂教学、实践性教学等环节进行组织与管理，确保各种教学管理措施落实到位；实行考试分析与总结制度，实行毕业生质量跟踪调查制度，根据部队对毕业学员的质量反馈，检验人才培养效果，再适时调整教学内容与教学方式，使培养的人才更贴近部队发展的需求。

3.3.2　创新教学方法，提高教学效果

1. 以一流的教学方法引领学员

学是教的反向实施，是积极性与探索性的综合体现，教的发展更能促进学的创新。因此，科学文化课程独特的融合式教学模式应采取灵活多样的教学手段和方法，改变传统的课堂讲授方式为研论交流多一点、课题牵引多一点、网络互动多一点，例如对于理论内容可以采取传统教学方法，对于拓展提高内容可以采取研讨交流型的教学方法等。

精心设计教学过程。选择具体条件下最优的教学方案，通过教学过程中对具

体实例的反复分析、归纳和总结，以及课堂讨论、课后思考、网上辅导答疑等途径，引导学员与教员共同研究实际问题；启发学员综合运用相关学科知识，分析解决问题，突出研究方法及创新能力的培养。例如，数学类课程的教学方法之一是尽可能地将培养空间想象力贯穿到每节课的讲授中去，结合空间思维的训练来完成抽象的数学理论的梳理。每当遇到定义、命题、定理、结论时，都可以尽力从几何直观入手，引导学员最快地理解内容、有效地掌握知识，寓教于“形”的同时还可以培养学员的数学直觉。如果说“举一反三”可以通过强化训练完成，那么“触类旁通”就一定要具备某种运用知识的直觉。数学直觉并不是每个人都天生具备，可以通过多种途径来慢慢培养：一是“学会”，即掌握所学的知识；二是“学多”，厚积才能薄发；还有一点更重要，就是“数形结合”。

采用理实一体化的教学方法。在科学文化课程教学过程中，将理论知识与技能训练相结合，使枯燥的课程理论知识在动手操作中逐渐消化，把主动权交给学员，教员仅仅发挥一定的引导作用，让教室真正成为学员发挥创造力和团队凝聚力的地方，大大压缩基础理论的课堂教学过程，将更多的时间留给“能力生成型”教学环节。

专题讨论，以科学研究为导向，尤其是对于知识综合应用模块的教学。一要讲解。教员先针对各研讨主题概要讲解，为学员文献研究和资料整理撰写提供理论基础和研究方法。二要分组研究。学员以小组为单位针对课题收集资料，分组研究，并撰写总结，在组内充分交流等。三要进行课堂交流和总结点评。由学员对研究主题进行汇报，教员参与研讨，并对学员的讲解给出成绩。

完善教学手段。现代教育技术的出现，带来了教学手段的革命性变革。教员在教学过程中，应当以学员构建知识的规律为依据，以优化课程教学内容为原则，结合教学方法和经验，融传统教学精华与现代教学技术于一体，研制脉络清晰、重点突出、化解难点、启发思维的电子教案，积极开展教学手段创新，创设有利于调动学员学习积极性的教学情景，多渠道改善课堂教学效果。

2. 构建多样化的教学模式

基于军队需求、学员全面发展及培养方案与人才培养目标的符合度，科学文化课程要突破传统，充分尊重学员在兴趣、爱好、特长、能力等方面的个性，既统一要求，又允许差异，构建理论与实践相结合、素质教育与专业教育相结合、课内与课外相结合的多样化的教学模式。尤其要在课程内容设置上突出强调针对性与应用性；在教学计划制定上突出应用与实践能力的培养，加大实践教学比例，突出学员动手能力、解决实际问题能力、二次创新能力的培养；把传统教学模式转变为以培养学员的知识转化能力、军事职业能力、团队合作能力为主的启发式教学模式，进一步加快推进人才培养模式改革，完善新时代本科生学员的培养机制。

1）案例式教学模式

案例式教学模式直观新颖，能够采用研讨式教学手段从新的角度以新的方式展示创造性的实战化教学设计，引领实现自主学习、合作学习和探究学习。科学文化课程基于平时教学的提升，进一步深入开展课堂教学研究、积极倡导高效课堂，案例式教学模式是一种崭新的路线。它注重突出学员的主体地位，引导学员迅速进入角色，围绕矛盾冲突展开研讨，让学员在各种复杂的情景中分析问题、研究对策、制定方案等，能够充分提高学员的指挥决策能力。

在单位支持下，曾投入资金建设科学文化课程案例库，系统梳理部队训练、演习数据的真实示例，作为案例立项课题。在教学使用上，选取典型实际生活或军事案例，提前为课堂设计问题并开展小组讨论，选取有代表性的学员参与，组织研讨与总结，在逐步锻炼学员认知思维的同时，分阶段分层次地提炼出如何运用知识解决实际问题的教学目标。同时，各教研室定期组织案例示范课、统一课、座谈研讨等活动，交流经验做法，不断提高教员案例教学能力。这种打破惯性思维、“翻转课堂”式的教学思路与模式还为所有学科教员提供了碰撞理念、延伸智慧的课堂思维方法示范，通过探讨教学规律、推广教学经验，也能够为教员业务水平的提高搭建良好的学习交流平台。

2）问题导引式教学模式

军校学员的学历起点和思维层次较高，已初步具备一定的自学能力，因此学会科学的学习方法比学会具体知识更为重要。在教学模式上，强调教给学员获取知识的方法。以问题为中心的导引式教学模式可以实现精简精讲内容，精简易于理解的一般内容，突出基本理论、基本方法和基本经验；精讲学员自学中遇到的难点、疑点和关键点。例如，数学知识结构涵盖数学理论知识及数学实践能力两个方面。我们借助数学建模俱乐部平台，组织本科生参加数学建模竞赛。通过引导学员参加建模俱乐部、参与竞赛实践，教会学员观察、分析、判断、归纳和推理的数学思想方法，大大提高了学员的学习积极性，提高了其建模分析能力、计算机处理能力、数学思维能力、军事思维能力、数学应用能力和量化分析能力等，并使其拥有足够的数学素养和创新能力，实现了“强化基础，淡化技巧，突出数学思想，加强数学建模的应用能力培养”。以数学建模俱乐部为平台，将数学建模和数学能力培养相结合实施教学模式改革探索，最大限度地实现了“问题探究”与“研究性学习”相结合、“任务驱动”与“自主探究”相结合的教育互动性，通过实施协作式、专题讨论式、案例分析式等多种教学方法优化组合教学，能够彻底改变传统的教学方法和手段，提高教学效率，优化课堂教学，激发学员作为学习主体的内驱力，使学员的个人素质和指挥素养在知识→能力→价值的维度中获得完整提升，有利于数学思维深入融合到军事科学，提高学员打赢战争的本领，从而满足现代化战争对军事人才能力的需求。

3) 模块化教学模式

军校学员日常任务繁重,理论学习、军事训练、体育活动等林林总总,分配给每一部分的时间就会很有限,因此学习时间相对零散、有效学习时间少。针对这种情况,科学文化课程的解决办法是把教学内容重构并进行模块化设置,预先设计好每门课程的题目、授课日期、必读材料、补充材料、考核评分等各种学习指南,以便让学员有效地利用有限的时间。组织教学时,将一门课分成若干模块,每一模块设置若干子模块,形成知识系统,以有助于学员消化内容。或者将重点教学内容以专题的形式呈现,由学员归纳综合。

各教研室按科目课程分类成立教学研讨小组,定期组织开展针对教学内容、教学方法与技巧、教学手段与方式、教学模式与体系等的研讨活动,制定模块化教学的课程标准,负责每学期教学的统一课等,主要在创新性和实用性方面下功夫。创新性方面,注重思想的阐述,将思想渗透到教学中,注重能力培养,理论联系实际;实用性方面,体现为具有一定的军事背景的实践性教学环节或案例教学,促进和其他学科之间的交叉,完善知识应用体系,培养学员综合运用知识分析、解决问题的能力,并在此基础上总结经验,形成教改成果。

3. 以统一课为抓手,坚持"传、帮、带"传统

1) 开展统一课,坚持储备青年后备人才

科学文化课程教学已钻研出独特的一手抓统一课、一手抓教学比武引领提升教学效果的套路。首先,经验丰富的督导组专家教授在工作热情饱满、工作作风扎实上身体力行,以感染年轻教员奋发有为。其次以教学小组为单位,定期组织开展统一课,更新设计好每门科学文化课程当前学期的教学大纲、内容框架、学时分配、绪论及章节安排等。鉴于新教员在备课教学上的弱势,充分利用寒暑假时间为新学期教学实力充电,要求推迟离校,设计好教案、幻灯,组织专家组试讲初步把关,指出不足;提前返校,安排专家组多次反复试讲、改进、再试讲,直至新教员在开学试讲中都能够独立上好一堂课并得到领导和专家的一致好评。这种一对一、多对一的责任制培训方式已被广泛认可并鼓励推广。人要进步,先找差距,教员还要积极走出去,得到同行、本单位乃至全军院校的认可。通过专家组的帮助和指导,每年度的教学比武都能推出一至两名教员标兵,通过他们取得奖项平行激励其他教员,提高全体教员的教学基本功,推动教学风格培养,强化教学风格在同一规范基础上向特色转变,推动中青年教员的教学法研究,满足新形势下人才培养和课程建设需求。

2) 组织备课试讲与示范课教学

教学纪律严明,每学期组织全体教员备课试讲并至少听取一次公开示范课。试讲课与示范课的课程内容设置与相关课程内容衔接紧密,对所教授知识体系的

把握具有完整性、准确性和全面性,要求熟练运用教学辅助手段,做到理论与实践相结合,寓德育于智育之中,突破研究常规,提出创新性突出的研究方案等,具有深入和有特色的研究思路。此外,需要树立教学思想与风格,引导学员自主学习、自主探究与合作学习等,通过创设有效问题情境调动教员的主体力量,发挥学员的主体优势,增加军事元素,加强理论交流,提升思想高度,提高教学效率。通过组织示范课和备课试讲,依托教学模式改革,探索有效的教学方法与手段,不定期在教学组内部开展教学观摩、教学法讲座活动,组织撰写教研文章等,教学改革才能屡见成效。

3.3.3　健全激励机制,促进创新学习

1. 鼓励学习与发现相结合

传统的教育过程更加注重知识的讲解、方法的分析、论证的推理等,如果能够注意到学习其实也是"理性思辨"的过程,就更能激发学员的学习内驱力,提升学员的创新意识与应用能力。每上一门课,都要力争做到使学员获得一定的新收获,指导学员学会运用所学来研究、分析和解决问题,通过运用知识来发现经验与能力的不足,形成进一步学习的动力。如果能够通过案例引入、类比引入、分层引入等教学方法创设问题情境,注重问题形成的实际背景,运用比较、分析、综合、抽象、概括等逻辑方法积极引导并展现思维过程,逐步舍弃具体的、现象的、感性的东西,抽象概括为一般的、本质的、理性的概念,使学员的思维真正融合于概念所蕴涵的思想,亲自体验概念产生的思维全过程,就能于无形中渗透综合抽象思维训练过程。通过设计学员自主参与过程,组织富有挑战性的作业练习和高标准的课程考试,鼓励运用归纳演绎、分析综合、直观抽象等方法,总结知识、拓展训练,最终形成独具特色的科学文化课程教学风格。具体可以从以下几个角度入手解决:

1) 从听课效果切入

对于学员学习科学文化课程常出现的上课时能听懂内容、课后做题却无处下手的问题,有针对性地将幻灯、授课视频或微课视频上传到教研室的网站上,便于课后学习;上课时提高学员的参与程度,使其积极加入课堂讨论环节;课堂问题要求学员当场作答,重要题型由学员自己上台讲解。

2) 从学习信心准备

对于学员感觉基础差、跟不上节奏、失去学好信心的情况,鼓励发扬吃苦耐劳精神,充分利用早间、课间及晚自习时间;沟通好学员管理单位,尽可能安排公差少一些,不占用学员的自习时间,使学员到课齐一点,加强自习室管理,营造良好学习环境;重视基础练习和课本知识学习,抓牢教材是根本;教会学员明确学习目的,善

于积累，引导学员知道学习就是要给自己更多的可能性。

3) 从学习效果着手

对于学员课后学习时间紧张，不能合理分配学习时间提高学习效率的军校特色现状，充分利用碎片时间，将时间分段合理规划，尽可能挤出整块时间学习重点内容；重视课前预习，带着问题和重点进入课堂听课；引导学员主动学习，告诉学员要明白并毋庸置疑地相信学以致用的道理，从而达到事半功倍的效果。

4) 从学习难度攻克

对于认为科学文化课程学习难度大的普遍问题，可将难点问题用生动的例子讲解，使学员轻松地掌握；活跃课堂气氛，加强师生间的互动交流；数理类课程放慢推理证明的讲解，三分引导，七分思考，留一定时间给学员，引导学员善于寻找差距和不足，并正确面对、勇于比较、踏踏实实地弥补。

2. 指导学员做独立的思考者

1) 利用理论性、应用性内容侧重培养严谨思维和应用能力

科学文化课程中数理类课程的定理、公式、性质等属于理论性内容，在教学中应重点分析并严格推理证明思路和过程，但宜采用合适的教学方法。如“温故知新”，根据已知知识与新内容之间的内在逻辑关系顺其自然地引入定理；分析定理的条件与结论的联系时，变更条件，提出相关问题，使学员置身于定理出现前的情景，再引导学员感知定理等内容的产生过程等等，从而将客观知识内化为基本素质，即使以后学员会忘记原来学习的具体知识，但是保留下了严谨的推理能力和分析理解问题的能力，这种基本素质将终身受用。

学员在学习应用性内容时，往往受到某种思维定势的影响，在教学中，可以通过示范与指导，启发学员的应用意识并锻炼其解决问题的能力。例如，让学员体会到数学和物理是一切科学技术的基础，要学会怎样用数理语言描述具体问题，强调独立思考的益处。从实际出发分析学员已有的认识结构和思维方式，弄清楚原有知识结构和思维方法对学习新的知识有何影响。在尊重认知规律的前提下，从知识的内在机制、性质、价值出发，分析教材的知识层次、逻辑关系及知识点的教育功能，重视发散思维能力、逆向思维能力和直觉思维能力等，培养出富有创新精神和实践能力的各类应用型、复合型的优秀军事人才。

2) 尊重和激活学员的主动性、参与性和个性

科学文化课程创新教学要在激活学员的主动性、参与性和个性上下功夫，把教学目的放在如何提高学员对知识的消化和理解上，放在如何引导学员集中精力“追寻”教员讲课的逻辑线索上，当学员理解教员讲课中各个层次的因果关系时，就能不断地发现问题、提出问题，学员的创新素质就会逐步形成。

教员还可以通过研究式、讨论式、案例式、模型式等教学方式引导学员积极投

入到教学过程中,使其处于探索、发现知识的情境中,培养学员天生的好奇心和兴趣,尊重和珍惜学员的个性,这也是创新思维和创新能力的原始源泉。事实上,因材施教就是鼓励学员异想天开、标新立异、勇于进取、大胆创新,真正营造出民主氛围和竞争整合,只有促进学员学习、讨论及充分争论,才能最大限度地创造宽松的学习环境,充分解放学员的个性与创造力,全面提升学员的综合素质、科学精神和创新能力。

3. 促进教与学的相互融合

科学文化课程必须夯实学员的素质能力基础。如果保证了学员的素质能力基础基本相当,教员备起课来就会轻松许多,学员的学习效果也会事半功倍。然而在教学实践中,由于学历前提不同、生源不同,学员的素质基础总是或多或少地存在着差别。因此,首先要打牢基础理论知识,打牢"读、写、记、算"等基本技能,引领学员针对自身的专业及未来岗位需求,明确学习目标,学精学透。其次,要贯彻"玉不琢不成器,人不学不知道"的立场和理念,把"教"知识与"学"道理相结合,用符合生活实际和事物发展规律的机理分析讲解知识的原理,实现教与学的充分融合。

落实好教学融合,还要使学员建立起学习兴趣。其实把具有兴趣作为学习前提往往是学员的一个认识误区,像数理类课程本身就具有一定难度,要想培养学员乐于接受知识的兴趣,首先要让他们意识到:兴趣更主要地来源于对知识的真正领悟和掌握,是可以在"学会"的基础上慢慢培养的。鼓励学员立足"学会多少是多少",把"学会"作为首要目标,有了实力之后再"学多",这样知识才会像滚雪球一样越积累越丰富,才能更有学习动力。也可以沿着知识产生的历史轨迹引领学员走进知识殿堂,领略前人创造的理论风光,于轻松愉悦的氛围中吸收到知识的纯粹与精华。当然,教员还可以增加幽默感来实现课堂融洽。比如在适当的时间节点抛出一个能够产生积极效果的小幽默来活跃课堂气氛,在连续不间断的"乐"中,学员就会不经意地体会到:要想成长,必须比其他人多一点精神层面和知识层面的东西。因此,学习兴趣也是可以通过教与学的相互融合过程训练培养出来的。

3.4　教学资源更新升级

3.4.1　创设教育环境

结合教学资源现状,紧跟日新月异的教育方针政策,不断从总结、感悟和理解中积累教学经验,大力推广并创设案例式教学、微课、慕课等新教学方式的有利平台与教育环境。

1. 建设健康向上的教育环境

教育环境是教育教学活动不可缺少的客观条件和重要依托,教育环境建设是很重要的一个部分。教育教学活动离不开教育环境,包括军事环境、人文环境和学术环境。科学文化课程要创设一个相对宽松、开放、和谐、有序的教育环境,就要积极贯彻以人为本、以学为主、宽严相济的原则,完善民主管理机制,从科学性和实践性出发,调整、充实和完善各项规章制度,依托校园网,以选修课和第二课堂等形式推广开放式教育,并实施跨学科教学,增强学员接受新知识的主动性,充分发挥学员的主体性和独立性。

从培养合格人才的角度看,军事人才的成长离不开文化的熏陶。校园文化是一种具有极强渗透性和感染力的特殊教育环境,是军校教育环境建设中不可忽视的一个重要阵地。健康向上的文化活动和文化环境,对军校教育发挥着凝聚、导向、规范、激励、协调的作用,对学员的人生观、世界观、价值观的形成具有特殊的影响力。因此,科学文化课程尤其是人文类课程的教学必须从育人的高度来看待校园文化建设,把校园文化作为第二教育课堂,采取不同的方法对校园文化建设加以控制和引导,占领文化阵地,坚持开展健康有益的文化活动,活跃学员的业余文化生活。充分发挥报纸期刊、读书演讲、有线广播、文艺舞台、体育比赛、橱窗板报等多种形式的正确导向作用,宣传党和国家的方针政策以及社会、校园的新风新貌,创造健康向上的校园文化环境。

2. 创造性地开展教学活动,努力开发第二课堂

课堂教学的时间毕竟有限,第二课堂是学员提高能力、增强素质的又一个良好途径。第二课堂是指除了第一课堂即必修课以外的全部学习活动,包括选修课、科研活动、课外学术活动等。在第二课堂中,尊重学员学习的自主性,学员可以得到更多的自由空间,可以根据自己的实际情况选择学习课程,自主决定重点方向和支配学习时间,采用适合自己的学习与研究方法,发展思维、学习、研究和实践的独立性,为培养创新精神和创造能力奠定良好的基础。

例如,数学类课程教学中,利用数学建模实验室和图书资料室,开设数学建模与数学实验选修课;人文类和外语类课程教学中,借助图书馆的丰富资源,将图书馆作为语言实验室,拟定必读、选读、参考等多层次的课内课外书籍,根据教员统一编定的学习目标自由选择书籍阅读学习;开设生化类选修课、物理类讲座课等,利用一些新知识、专题知识或军事科技中的应用知识,丰富第二课堂,提升学员的科学文化素质。

3.4.2　共享教学资源

教学资源是培养学员自学能力的基础，在智能移动终端普及的时代，需要建设一个能满足学员随时随地管理、下载教学资源的教学资源管理平台，以满足学员自学时对教学资源的需求。因此科学文化课程教学前，需要对现有的教学资源进行重新整合优化，对各类教学资源的使用都要有明确对应的教与学的模式，并按照课程知识体系的教学目标要求进行教学资源的共享设计。

科学文化课程一般都有配套的教学条件与硬件设施，需要共享的教学资源包括硬件资源和软件资源。

硬件资源设施共享包括以下内容：

共享各学科专业的教学实验室。各单位的实验室教学管理水平较高，整体条件优秀，科研业绩成果优良，能够为学员搭建良好充分的实践平台，通过模拟训练、演习研判牵引辅助课堂学习训练。如数学建模实验室就提供了 MATLAB、SPSS、Lingo、Excel 等各类软件用于实验及实践教学研究。

资料室共享建设也纳入整体发展规划当中。有专门的图书资料室，并不断更新期刊图书。资料室以学科专业为重点，主要为学科教学和科研服务，也是开展学员素质教育活动的重要场所。现已形成资源丰富、开放共享、手段先进、服务高效的文献信息服务体系，建立健全了各项服务机制，逐步理顺完善了资料室的规范化、标准化建设，在做好基础服务的同时，履行教育职能，开拓服务渠道，使资料室在单位建设和人才培养中做出应有的贡献。

共享专业的教研室网站和电子信息资源，提供各种资料、学习软件及网络课程。在现有的泛雅教育技术平台基础上，重点构建好各教研室的教学网站，涵盖课程教学大纲、优秀教案、精品课件、教学软件等，主要用于学员课外学习、教员辅助教学和教与学交流等。网站中的课程网页通常会有教学资源的使用指南，说明哪些资源以教员辅导教学的“教”为主，哪些以学习者的“学”为主，哪些又需要在远程交互过程中呈现，从而突出教学资源的动态变化与教员对学习者的在线指导。

共享软件资源，整合外界资源。要做到师资队伍共享，优质课程资源共享，网络课程资源共享等。对于一些经验型或者技能操作型知识，可以选用视频录像资源；对于来源于互联网站与数字图书、数字期刊的外界资源，可以整理与课程知识点的关联性，并尽量把它们存储到网站平台上。

3.4.3　应用“互联网＋人工智能”

信息化战争条件下，“信息流”已经成为控制“物质流”和“能量流”的主导力量，必须着力提高本科生学员的获取信息的能力、选择识别理解信息的能力、加工处理利用信息的能力等，这与培养其创新能力、适应能力、联合作战指挥能力和战略领导能力都息息相关，总的来说就是提升他们的信息智慧，真正发挥信息优势，进一步转化为决策优势和作战优势。基于这样的现实需求，科学文化课程需要借助“互联网＋人工智能”实现教育技术手段的现代化。

1. 以精品课程为主，加快互联网课程资源建设

科学文化课程通常可以让学员在课前利用微课视频等预习知识点、课中通过交流讨论快速完成授课，以训练学员独立思考和创新思维能力，这些课程可以是自己录制，也可以是来源于互联网的优秀教学资源。近年来，在保持原有教学特色的同时，逐渐向网络教学和多媒体教学的方向发展，配备了电子教案、电子课件、部分课堂教学实录、教学比武视频等，使得课程内容进一步丰富，教学手段更加先进和多元化，并向着精品课程迈进。

2. 实践“微课程”和“翻转课堂”教学模式改革创新

以“微课程”教学内容和教学方法改革为主要途径，组织中青年教员参加各类教学竞赛，提供教学辅助设施、协调课时安排，扶持创变，肯定包容。同时，以微课获奖作品为素材，开展“微课程”建设，部分课程实施“微课程” 模块化教学与“翻转课堂”教学模式改革与实践，增补近几年与课程内容相关的新技术和新成果，使学员能更及时了解知识的最新前沿动态，使科学文化课程教学除黑板化、幻灯化外呈现崭新的可视化与平台化，符合军校学员学习时间碎片化、有效学习时间少的现实情况。同时坚持问题导向，改革教育理念，引入部队最新作战训练成果，利用信息化教育技术平台，让最前沿的军事知识走进“微课程教学”和“翻转课堂”，进而提高学员学习的主动性和能动性。录制微课的骨干教员也可在引领教学内容、方法和手段改革、创新课程教材和教学模式、创建合理教学梯队等方面起到模范引领作用，从而有利于打造“梯度推进，整体提高，结构配置合理”的更加优秀的科学文化课程教学团队。

在开设“数学建模与数学实验”选修课、“大学物理实验”必修课等实验类科学文化课程的同时，有效利用线上资源、校园网络环境和教育技术平台，引导学员通过对知识的形成过程和对问题的观察、发现、引申、变化等过程的模拟，在自主探索实践中体验知识创造与发现的过程；创设科学研究的环境与探索真理的过程，使学员能够经历实验、猜测、推理、交流和反思，真正从一个旁观者或听众变成一个实实在在的参与者，激发他们的求知欲、好奇心和学习兴趣；有效利用“微课”“翻转课堂”等教学资源与教学方式，揭示概念、定理等的形成发展过程，展示问题的解决过程，与科学文化课程特有的思想、方法挂钩，有助于课程知识结构的优化。

3. 开展慕课教学

科学文化课程发展在线教学，除了微课程和翻转课堂实体开发，也不能忽视学习管理平台建设。通过开设有效的收集、分类、管理、交流、应用教育与学习资源的平台，一定程度上能够产生聚集效应。2015 年 8 月，为适应教育部新课题“基于微课的翻转课堂教学模式创新应用研究”，探索微课和以大规模网络化学习为基础的 MOOC(慕课)在我军高校课堂教学创新应用中的有效模式和方法，营造军校“微教学资源环境”，促进军队与地方高校教育携手共同发展，邀请数学教学协作联席会委员、各协作区教学协作组组长等 17 所军队院校的专家教授召开了“军队数学课程创新教学研讨会”。会议期间，来自国防科技大学、空军工程大学、第二炮兵工程大学等学校的权威教育信息技术专家围绕多个课题展开了军内微课程与慕课工作大讨论。根据会议精神及科学文化课程教学实际需求，总结论证了“基于泛雅网络教学综合服务平台的慕课教学模式”探索实施的可行性，积极推进了基于微课的校本研修和校园局域网的慕课教研新模式形成。

慕课，英文缩写为 MOOC，是一种在线课程开发模式，其基于交互工具软件的支持构建学习共同体，具有广泛的开放性和易获取性，能够帮助学员自我调整学习方法和学习计划，提升学习质量。慕课教学具有不同于传统教学的特征和结构，是对不同学习资源的重新梳理，强调聚合体，讲究重组性，基本要素包括开课宣传、在线辅导、学习资源推送、学习诊断、进阶式激励等，能够适应不同学习者的个性需求。

科学文化课程教学推行慕课教学，首先要充分挖掘典型案例和先进经验，在优质教学资源共建共享的基础上，结合好在线学习与离线学习，要求教员与技术员、传媒顾问、视觉专家等一起协作，并通过数字化教学资源库和管理平台共同实现教学与学习数据的交换共享。其次要提高教员和学员的教育技术应用能力，借助慕课教学有效开展教与学的合作对话。同时还要有效开展好“微课程”和“翻转课堂”教学，为慕课教学提供强有力的教学资源和教学力量保障。完成以上任务，实际效果势必远好于传统教学。

慕课教学的变革会影响军队院校科学文化课程的教育生态系统和校园教学管理，使教员的教育理念和方法产生巨变，并使学习效果大为改观。值得关注的是，一般只有不足 10%的学员能坚持完成慕课课程学习，这种教学形式还需要与传统课堂、微课程和翻转课堂等多种教学模式相结合组织实施方能见效。

4. Camtasia Studio 软件与人工智能开发

制作慕课视频的软件有 Camtasia Studio 和 Adobe Captivates 等，相对 Camtasia Studio 来说，Adobe Captivate 功能更强大，Camtasia Studio 具备录像、录屏幕、后

期编辑等功能,更加简单易学。先使用 Camtasia Studio PPT 插件快速录制,再将 PPT 视频转化为常用的视频格式。一般对于录制好的视频都要继续进行编辑,可插入音频、图片和幻灯,添加各种特效、字幕等,最终将各种格式的媒体合并生成完整的教学视频。不同版本的 Camtasia Studio 软件界面稍有差异,最新版为 Camtasia 9。

目前人工智能在自动化辅导和答疑等领域已经开始投入应用。例如微课程的移动端使用多见于 PC、智能手机、平板电脑、电子书包等,有助于多平台地推行翻转课堂和慕课教学。目前已完成电子书包系统的服务器系统搭建、终端调试、电子教材配备等准备工作,并在少数学员单位进行了先期试用,课堂教学技术条件基本成熟。科学文化课程中的"大学语文""大学英语"等也已开始推广使用,并将新的教学手段和方法运用到相关教学中去。未来更有可能引入 AI 技术、VR 技术进入课堂或辅助课堂,真正实现人工智能的教育教学工具作用。

5. 互联网+人工智能促进构成科学文化课程信息化教学体系

1) 用信息化素材处理教学过程,实现教学内容创新

寻求信息化教学与军队院校特点相适应的突破口与着力点,结合军事背景,让最前沿的军事知识走进课堂教学,兼顾当前社会生活热门话题,提高创新实践能力和解决社会生活与军事问题的能力,使理性思维和人文素养深入融合到军事科学,提高学员打赢信息化战争的本领,满足现代化战争对指挥人才能力的需求。

2) 课堂教学实现教学手段创新

通过数学建模俱乐部、物理创新俱乐部、演讲与口才俱乐部、极限英语俱乐部等,开设慕课教学实践平台,推广信息资源的应用,利用"微课程"支持常规课堂,利用"翻转课堂"解除对学员的束缚,实现辅导与作业、考试与分析同步化,使教学过程具有可控性。慕课教学帮助学员课前自主学习、课中协作学习,帮助学员整合体能训练之外零散的学习时间以完成学习任务;结合微课开展翻转课堂,营造有效自治的资源小世界,体现学员的认知主体作用,发挥教员的主导作用和对课堂教学的组织、管理与控制,促进教学创新和教学手段转变。

3) 营造乐教氛围,提高教员专业素养,实现教学模式创新

通过推行互联网+人工智能辅助教学,让教员积极生产微课、翻转课堂、慕课等,在单位内部形成研究设计、开发应用的热潮,在科学文化课程教育信息化进程中产生一定的影响力和辐射作用。通过改革教育理念,利用信息化教育技术平台和各类教学竞赛与知识竞赛,促进教员教学的积极性和创新性,提高学员学习的主动性和能动性。

4) 激发学员的学习内驱力,提高教学质量和教学效果

互联网+人工智能与课堂面对面教学互为补充,适合情景探究与发现学习、信

息加工与知识建构，能培养学员的意志品格、情感熏陶、自身获取知识的能力和创新精神，同时培养优秀的青年教员骨干力量，提高教学质量和教学效果。

3.5　教学评价树立正确导向

教学评价的目的与教育目的有很大关联，常常表现为教学管理的重要手段。美国的当代教育评价之父拉尔夫·泰勒最早将教育评价与教育目标相关联，我国的刘本固教授则认为教育目的是一切教育活动的出发点和归宿，也是教育评价活动的根本依据。陈玉琨教授也认为教育评价目的有两种：一是改进教育活动，评价用于对教育活动过程发生影响；二是区分优劣，评价用于对教育效果做出判断。

目前的科学文化课程的教学评价仍存在不少问题。教学改革前的教学评价忽略了教育对象和培养目标的差异性，教育模式和评价体系仍然延用传统高等教育模式，能力本位的要求仍较多停留在理论层面，教学改革过程缺乏协调，导致教学评价内容缺乏系统性和实践性。主要体现在：一是评价内容的侧重点发生偏移，重学科、轻能力，过于强调科学文化课程理论知识的系统性，更多采用现成的教材选用、教学方法、考试方式等，忽视了集知识和应用能力为一体的岗位任职导向培养。二是评价主体不完整且较单一，往往注重一次性评价，与本科生学员的未来岗位没有联系，缺乏多方参与，导致评价结果发生偏颇。三是评价指标体系不健全，指标过时，方法简单，权重分配不合理，缺少对课程形势变化动态管理及不断改进的长效机制，尚未形成一套科学完善的体系，虽然经常不断地进行修改，仍不能达到对教育对象全面、系统的考定，容易造成评价体系与培养特色相脱节。

3.5.1　教学评价的原则与方法

军队院校教学评价是加强管理、促进建设、保障教学的重要举措，也是追求教学改进、不断提升人才培养质量的重要手段。以学习为中心的教学评价立足构建学习理论、教学范式研巧、有效教学研究和院校影响力等等。教学评价的价值取向和原则方法转变主要体现在教学理念由提供讲授到生产学习、评价目的从强化管理到促进发展、与教学的关系从互相分离到互相关联、评价标准从重“教”到重“学”等。

1. 教学评价的原则

作为教育管理的重要手段，科学文化课程的评价体系要坚持科学性、适用性和特色性原则,以应用型军事人才为培养标准,保持客观、可行,使学员的自学能力和学习态度等指标的权重有所增加。既要全面,涉及各类课程教学的主要方面,至少包括课程的设计、实施、评价、特色等;又要细化,要求评价的指标指向明确,表达扼要;还要客观,使各项指标赋值与其在指标体系中的地位相一致。

评价采取整体与部分、定性与定量、问卷与访谈相结合等多种方式,注重知识的拓展与外延、整合与更新,教学方法手段的多样性和学习成果互认等。一方面在对教学评价自身理论研究基础上,遵循教学内在规律,抓住关键,紧扣评价目的,找出内外逻辑关系;另一方面把反映评价对象的可观察、可测量的外部表现设定为评价目标,评价方法上注意模糊与精确的结合,并注意不断更新和完善。

2. 教学评价的方法

第一,要明确教学评价目标,以产生学习效果为标准。以往传统的教学评价参照的大多是课堂准备是否充分、课程是否有组织、教学内容是否适恰、教学方法是否有效、是否尊重学员提出的问题等等,对学员是否在学、学得如何关注较少。在新的科学文化课程评价体系中,评价的主要标准首先包括学员认知与非认知学习结果等各方面的具体标准,指向学习体验和学习效果,并以此反映教员的教学质量和教学效果,核心标准是是否有利于产生学习结果。

第二,要完善教学评估和教学督导机制,从强化管理到促进发展。督导组参与并指导评价的重点从资源与投入向学员学习成功转移,从教员的行为与特征为主向学员的行为与收获为主转移,从教学资源的数量与质量向利用情况转移。

第三,要加强对教员教学质量的评估。提升科学文化课程教育质量的关键是是否为学员创造了有意义的学习经历和促进学习的环境,始终把注意力和重点放在学员的学习过程中。测评的着眼点放在是否真正提高课堂教学效率上,充分发挥教学评价的导向、诊断、激励、调节功能,在指标体系和过程规范上下功夫,逐步增强教学评价的合理性与权威性,促使教员不断提高教学质量。

第四,要完善学习效果评价体系。改进考试考核方法,向考核思维方式和创造性解决问题的能力转变,突出岗位能力和创新意识的考评。坚持开卷与闭卷相结合、口试与笔试相结合、答辩与写小论文相结合等多种考核形式,试题以分析应用型为主,着重考核综合运用知识的能力,促进个性与能力的发展。

1) 教员的教学效果评价方面:完善课程教学质量保证体系

科学文化课程中教员的角色定位是辅助教学、学习向导,要以生为本、促进学习,融教学和评价于一体。各教学单位坚持单位内部和单位之间的听查课制度,成立教学组,坚持教学组督导工作。构建科学文化课程教学质量保证体系,分别统一制定各门科学文化课程的课程标准,分阶段召集教学组成员组织统一课。在每学期前期统一教学大纲,中期多次开展期中考核方案制定与实施,后期确定期末考核标准，制定科学可行的考试范围与考试计划，定期组织教学效果评价与总结等。建立与学员管理单位的教学情况交流制度，坚持对学员开展学习方法辅导讲座。施行考试分析与总结制度、学员评教打分制度等，配合课堂教学、实践性教学等环节进行组织与管理，确保各种教学措施落实到位。实行教学质量跟踪调查制度，根据学员管理单位对学员的学习质量反馈，适时调整教学内容与教学方式，更贴近和适应学员自身发展的需要。

提高教学质量是科学文化课程教学改革的重点和难点。运用先进的管理理念，由教学督导组对教学质量实施监控，设置检查和反馈环节，由教学组设置计划和执行环节，由各教学单位领导专门负责教学运行管理，使整个教学管理形成封闭系统。同时，坚持落实统一课、示范课和试讲课等制度，加大集体研究和把关力度，坚持标准，注重质量，切实把主要和重要的问题解决在上讲台之前。既有利于教学工作开展，又有更多的精力实施教学改革，实现对教学质量的实时、适时、有效监控，确保教学质量稳步提升。

2) 学员的学习效果评价方面：注重过程考查和综合能力评价

对学员的学业情况进行考核评价，是教学活动的指挥棒和保证人才培养质量的重要对策，同时，战斗力建设需求是评价本科生学员培养质量的出发点和落脚点。学员通过科学文化课程的学习，基础牢固，考核合格率高，才能为后期专业课程的学习奠定较好的理论基础，进一步提升知识能力水平。因此，岗位任职的合格要求是教学评价的基本标准，岗位任职的能力素质也成为教学评价的核心要求。

科学文化课程教育过程通常采用因材施教的方法，教学评价同样也应该根据学员的情况“因材考评”，采取不同的方式。能够衡量学员的科学文化课程学习效果的途径主要有这样几种：学期考试成绩分布合理；毕业(设计)论文选题结合专业和军事实际，既有理论深度又有实际应用价值，综合运用好，质量高，有较强的创新性；参加各类课程竞赛实践获取奖项，间接展示较强的理论功底和科技论文撰写能力，体现学习效果。

具体评价过程中，一要注重应用性评价，突出对理论知识的理解能力和方法技能的运用能力，重点考核评价学员运用知识分析解决问题的能力。二要注重过程性评价，将考核评价从课终向课程学习全过程转移覆盖，建立包括单元测试、专题测验、单项目标检验、综合目标检验等分层次、分阶段评价体系，实行课终评价与过程评价相结合、定性评价与定量评价相结合的考核机制。三要注重多样化评价，从教、学、管等多个维度展开学员学业评价主体的多元化，建立包括学员自评与互评、教员评价、学员管理单位评价、毕业对口单位评价等多方位的评价机制，采取兼具研究与讨论、作业与操演等形式多样的考核方式。

结合融合培养模式的科学文化课程教学中实践类课程较多的特点，还应当建立“全程监控”的评价机制。其一是教员评价，由教员根据学员的平时表现进行评分，涵盖课上及课下作业情况、课堂讨论发言情况等。其二是学员评价，由学员对学员进行综合评分，一定程度上锻炼学员未来的任职岗位能力。最后是结课考评，通过口试、笔试、论文等多种方式实际检验学习效果，只要合理进行权衡，就能保证融合式培养效果。

3.5.2 构建合理评价指标体系

教学评价的核心是对学员学习效果和教员教学效果的评价，包含教学活动中教员、学员、教学内容、教学方法、教学环境、教学管理等诸多因素，常分为量化评价和质性评价两类。建立一套具有现代教育思想、符合科学性、先进性、适用性并具有鲜明特色的科学文化课程教学评价指标体系，改革考试制度，从考书本知识转向考创新能力，从考知识记忆转向考知识的灵活运用、思维方式和分析解决实际问题的能力，不仅对军队院校科学文化课程教学改革有现实而深远的意义，也可为建设精品课程、打造高质量教学团队、构建优质教育资源共建共享机制打下良好且坚实的基础。

1. 教学评价指标体系的基本框架

科学文化课程教学评价指标体系是一系列多级的、系统的能够反映被评价对象的目标和相互关联指标构成的有机集合，兼顾合理性和科学性，能够确实发挥导向、激励、改进和鉴定的作用，保证评价的成功。例如对教员教学能力的评价主要从课程设计和教学实施两个角度设立指标，下列课程理解、内容设计、学情分析、实施策略、特色创新共五个指标；对学员学习效果的评价，下列知识水平、知识素养、专业能力、团队协作共四个指标；对整体教学质量的评价，下列教学思路、教学内容、教学过程、教学效果、教学特色共五个指标。

此外，还可以增加设置课堂表现、课外作业、网上学习等形成性评价指标，例如数学类课程适当增加建模能力指标、外语类课程适当增加口试比例指标等。

2. 教员教学能力评价指标体系

科学文化课程对教员的教学评价五项指标中的每一个都有明确的观测内容和标准，具体如下。

课程理解：课程定位准确，课程性质明确。教学目标清晰可测。紧贴部队岗位需求，符合教学大纲、人才培养方案要求。

内容设计：教学内容结构合理，逻辑关系清晰，教学重难点突出，动态更新教学内容，教学安排与实施计划科学精准。

学情分析：学员知识背景、优势劣势、教学特点分析精准到位，岗位指向性强，学习诊断方法科学有效。

实施策略：实施路径清晰，教学策略具体恰当，教与学方法科学，技术手段先进，教学资源开发运用充分，实践教学突出“教学做合一”。

特色创新：聚焦备战打仗时代需求，军事特色突出，引入新技术提高教学效益明显，解决教学疑难问题有独到之处，实践教学突出“做中学”特色。

3. 学员学习效果评价指标体系

科学文化课程的学习者应主动参与和接受反馈，会应用知识解决持久或新兴的问题，了解优质学习的特征，具备整合科学知识的普遍技能。因此，对学员学习效果的评价可以按照指标列为以下四项。

知识水平：对科学文化课程和军事教育基本理论及相关方法的理解掌握程度。

知识素养：了解国内外课程和军事发展动态，掌握科学文化课程特点规律，能够运用理论知识分析解决实际问题。

专业能力：跟踪掌握课程相关前沿理论和现实问题，精通学科专业知识和技术，具有较强的专业研究和成果转化应用能力。

团队协作：明确分工，配合默契，优势互补，倍增效应明显，实践学习中合作互动、相互协作效果好。

4. 整体教学质量评价指标体系

教学思路：教学目的明确，坚持教战研战，体现教书育人，符合课程目标要求。教学理念先进，适应教学对象和课程特点，注重思维训练和能力培养。实践教学注重体现实践能力形成规律。

教学内容：教学内容精准，深度广度适中，重难点明确，军事需求突出，体现内容先进性。内容安排科学合理，坚持以学为本，问题牵引。实践教学突出武器装备发展和实战化训练最新要求。

教学过程：善于运用现代教学方法手段，合理利用信息技术和数字资源。有效掌控课堂节奏，时间分配合理，秩序正规、氛围活跃。教学基本功扎实，形象气质好，亲和力与感染力强，互动性强。实践教学流程规范、操作娴熟，安全高效，示范指导作用显著，展现出良好的任职岗位素养，学习过程与效果反馈与调整及时。

教学效果：达成教学目标，有效解决重点难点问题。信息技术及方法手段深度融入教学过程，启迪学员思维，激发学员学习兴趣，充分体现课程设计思想。

教学特色：教学构思、内容设计、教学实施等方面具有独特优势和鲜明特点，具有较强的启示和借鉴价值。

3.5.3 落实教与学的评价制度

根据人才培养特点和培养目标要求，科学文化课程要建立全方位、多层面的教学评价制度，坚持集中评价、课程评价和日常养成评价相结合，发挥评价体系的有效作用，努力提高教学评价工作的科学性、针对性和有效性。按照人才培养方案与课程教学大纲明确的考核标准，规范评价程序，做好评价成绩登记，以确保考评效果。

1. 综合评定制度增设创新能力评价

考察学员在日常生活及知识获取过程中反映出来的创新能力，随时随地观察、记录、评定。只要有新意、有突破，就给予肯定，并以某种形式记入学员档案，在学习期满时，对学员能力和综合素质做出最终的评价。当学员走上工作岗位，单位据此可以合理地配制人才；学员也能选择一个适合自身特点的工作岗位，更好地发挥主观能动性。

2. 灵活评价制度增设个性特长评价

教学评价的目的之一就是将个性特长纳入考核范围并做到考评与教学相融合，具有一定的客观性和必要性。军校教育强调学员全面发展，更应注重培养和发展学员个性，要求学员在掌握基本技能方法的同时，发掘和培养特殊能力，使学员学有所得，成为真正的应用型人才。评价的命题本身要形式多样、内容灵活，不搞唯一标准答案，判断答案对错时从思路、技巧、结论上全盘考虑，科学设定权重，对独特、新颖的方式方法，不论是否正确均给予肯定，并作为参评成绩。

3. 考核制度贴近实战

科学文化课程培养学员的目的就是为了适应战争、打赢战争，在贴近实战环境中所反映出的创新能力是培养的重点。特别当设定的贴近实战的环境具有复杂性和随意性时，会有许多问题突然出现，需要及时地处理和解决，这是对学员应变能力的最好考验。

4. 其他辅助教学评价制度

科学文化课程教学还有对应的课程标准体系，授课期间使用自编练习册辅助教学，利用试题库多次组织单元或期中测试，期末制定高质量高标准的考核试卷，考试结束后分析成绩总结当前学期教学效果，形成试卷分析报告等辅助的教学评价制度。同时每学期展开教学质量跟踪调查，与各学员管理单位召开教学交流联系会议，根据学员的学习质量反馈，适时调整教学进度与教学方法，全面严格地落实好教学评价制度的每一个过程与环节。

附　科学文化课程教学质量保证体系（试行）

总体目标：使全体教员每一节课教学质量得到保证，即人人过关，每堂课都是高质量。

按人员分类为：指导员（老师），教员（徒弟），督导员（检验员）。

工作流程：分课前、课中、课后三个环节，每个环节含有多个要素，指导老师对每个环节的要素进行指导，使教员熟练掌握每个要素，再由督导员对每个环节的要素进行检验，如果哪一个环节、哪一个要素不合格，则不能进入下一个环节，只有每个环节的各要素合格后才能进入下一个，确保所有环节各要素都合格，教员的教学质量才能得以保证。

一、课前准备阶段（备课）

1. 课前准备阶段的要素

教姿教态，教材内容的掌握，讲稿（教案）编写，板书，幻灯，教学方法，教学手段。

2. 职责分工

指导员（＊名）：对每个要素进行手把手的指导和帮助，特别是对教学方法、教案编写、教学内容重难点把握、板书设计方面进行重点辅导。

授课教员（＊名）：编写教案，吃透教学内容，幻灯设计，板书设计，端正教姿教态，善用教学方法，及时请教指导老师对各要素进行指导。

督导员（＊名）：对上述各个环节进行评定，并对存在的问题及时指出，进行指导帮助。

管理人员：对上述人员分工进行划分，对教学试讲阶段进行检查讲评。

3. 试讲

试讲是对第一阶段教员备课情况的检查，当授课人员多次试讲，指导员同意可以参加试讲后，由督导员按照＊分制原则对最后一次试讲进行打分，各个要素如果有一个要素低于＊分，将视为试讲不合格，不能进入下一个环节，需要再次组织试讲。

试讲阶段，指导员、督导员、管理人员都要全员参与，保证对教员教学试讲阶段的质量管控。

二、课堂授课阶段(课中)

1. 课堂授课阶段的要素

教姿教态,教材内容难易程度的理解,板书,幻灯,教学方法,课堂管控,与学员交流互动,课堂练习。

2. 职责分工

授课教员:要对全要素进行把控,要体现教员昂扬的精神状态、精湛的教学技艺、较强的教学基本功,把握好教学中的重难点。

督导员:对教员上课的每个要素进行综合评定,按照*分制对该环节每个要素进行评分,并写出评语,指出好的方面、存在的不足及改进措施。

管理员:对上述人员分工进行划分,对课堂授课阶段授课教员和督导员情况进行检查讲评。

课堂授课的督导员与试讲时的督导员原则上不为同一个人。如果教员在试讲时打分较高,而课堂授课过程中教学质量不高,教学效果一般,则可能由两种原因引起,一是试讲阶段督导员把关不严,二是教员教学心理素质或课堂管控能力一般,需要加强试讲和课堂管理能力。

管理员要能及时查找出教员授课出现问题的原因,并提出改进措施。

3. 课堂教学

课堂教学把教书和育人相结合,是整个教学质量保证体系的核心,我们所做的一切工作,都是为了提高课堂教学质量。在授课过程中,由督导员按照*分制原则对课堂教学进行评定,各个要素如果有一个要素低于*分,将视为不合格,如果试讲阶段评定为*分,而课堂教学阶段评定低于*分,管理员就要认真寻找原因,看看在哪个环节出现了问题,并对上述两个环节的授课教员和督导员工作进行点评。授课阶段,督导员、管理人员都要全程参与,保证对教员课堂教学的质量管控。

三、课后阶段(课后)

1. 课后阶段的要素

作业批改,教案补充,课后辅导交流、学员信息反馈,学员对教员授课情况的评定。

2. 职责分工

授课教员:对学员的作业进行批改,对教案进一步修改完善,课后与学员辅导交流,对存在不足之外进行总结,并在下一次授课过程中改进。

督导员:对授课教员所在教学班作业批改情况和教案补充情况进行抽查,搜集学员信息反馈情况,并进一步做出评定,提出好的方面和不足之外,按 * 分制进行评定。

管理员:对上述人员分工进行划分,对课后阶段授课教员和督导员情况进行检查讲评。

四、奖惩措施

(1) 对全程所有环节和全要素认真准备、认真落实的授课员、督导员给予高度评价,并在年终评功评奖中同等条件下优先评优。

(2) 在"教学质量保证体系"考核下,全程授课中都合格的教员,在新学期不再纳入"教学质量保证体系"进行考核,对考评不合格的教员,在新学期要进一步进行考核,直到合格为止。

(3) 对全程参与的授课教员、督导员、管理员,给予一定的物质奖励。

第 4 章　面向科学文化课程教学改革创新的人才队伍建设

世界新军事变革的主题是军队信息化、智能化。知识密集和科技密集已经成为现代军队的基本特征，军队战斗力越来越依赖于高技术兵器与高度知识化人才的有机结合。因此，没有一大批高素质的知识型人才群体，就难以掌握信息化的高技术武器装备体系，也就难以赢得战争。未来的军人除了必须具备智慧、勇气和强健的体魄等基本素质之外，还应具备科技素养、信息素养、创新素养、战略素养、实践素养。这就要求科学文化课程教学改革创新以适应新型军事人才培养的需要。

科学文化课程教学改革创新关乎如何培养新一代高素质创新型军事指挥人才，如何提高我军战斗力的大局，改革创新成败的关键在于能否建立起一支具有较高综合素养的教员队伍。提高科学文化课程教员综合素质既是教员自身生存和发展的需要，也是满足培养新一代高素质创新型军事指挥人才的需要，是适应新军事改革趋势的需要。

4.1　准确把握教员队伍建设的目标要求

“强军兴军，要在得人”。科学文化课程教员是培养人才的人才，是军队人才战略工程的基石。教员队伍是办学治校的主体，是院校建设发展的中坚力量，在人才培养中具有基础性的主导作用，高素质教员队伍是院校的核心竞争力，对于培养高素质新型军事人才起着至关重要的作用。努力建设一支师德高尚、业务精湛、富有创造精神和创新能力的高素质教员队伍，是院校建设发展的根本基础，只有一流的教员队伍，才能建设一流的军事院校，造就一流的军事人才。习主席强调，院校要“引导教员淡泊名利、潜心治学、苦练内功，多出一些懂打仗的名师，带出一批会打仗的高徒”。习主席的重要论述，为加强新形势下科学文化课程教员队伍建设指明了方向，提供了遵循。在教员队伍建设方面至少应该做到：

一是要打造一支具有时代精神的科学文化课程教员队伍。承担科学文化课程教学任务的文职教员大都毕业于地方院校，他们当初抱着对国防教育事业的热爱，怀着一腔热血来到军校工作，然而作为一名教员不能只做“传道授业”的教书先生，要把对祖国、对部队教育事业的爱转化为对学员的高度责任感和事业心，把德育融于智育之中，要用高尚的品德，言传身教，处处严于律己，为人师表，真正做一名既教书又育人的合格的“灵魂工程师”。

二是要打造一支特色鲜明的科学文化课程教员队伍。突出教员队伍必须具备的眼界宽阔、学识渊博、思维缜密、师德高尚和学风严谨等要素，要求教员善于从全局上研究和分析问题，具备较强的战略思维能力。

三是要打造一支教研并优的科学文化课程教员队伍。只有坚持教学和科研相结合，面向战场、面向部队、面向未来，围绕打仗搞教学、紧盯实战育人才、聚焦前沿做科研，才能在实践中锤炼打仗本领，提高教战能力。

四是要打造一支梯次合理的科学文化课程教员队伍。坚持把“名师工程”作为教员队伍建设的主导工程，努力培养教坛新星、壮大名师阵容，积极构建以知名教授为龙头、以杰出中青年专家为中坚、以优秀中青年教员为骨干、以流动型人才为补充的人才群体，努力构建名师辈出、层层展宽的人才梯队。

4.2　正确理解科学文化课程教员工作特点及人才要求

教员是军校工作的主力军，肩负着科学知识的传授、军事技能的培训和军事学术科研的重任，对军队的人才培养、军事科技的发展有着极为重要的作用。相比于地方高校教师，军校科学文化课程教员既需要具有高校教师应该具备的共有素质，也有其特有的工作性质和人才要求。充分认识这些将使我们明确教员队伍建设的指导思想。

(1) 军校特色要求科学文化课程教员具有崇高的师德。教员在教学、科研和育人过程中，要激发学员爱国、爱军激情；唤起学员高尚、独立人格的追求和高尚的道德追求；陶冶学员情操、净化学员心灵、启迪学员心智；促进学员成为高素质的合格指挥员。因此，教员必须淡泊名利、金钱和权力，崇尚知识、科技和真理，勇于探索，一丝不苟。应该信仰坚定，爱国爱军，忠于教育事业，甘为人梯。要有优良的生活作风和严谨的工作作风，谦虚谨慎、严于律己、宽以待人、团结合作，全身心地投入工作。

(2) 从事与军事性质相关的工作要求较高的军事素养。科学文化课程教员承担着数学、物理、外语及中文等通识课程教学任务，教员队伍目前主要是以文职教员为主体，虽然他们不是军人，但是他们的施教过程不能认为只是一般科学技术知识的传授过程，同时也是一种特殊的军事活动，必须要体现出军事活动所要求的纪律、作风。因此，科学文化课程教员也应有较高的军事素养，才能以自身感染影响身边的学员，协助学员获得良好的军人素养。

(3) 相对复杂、艰苦的工作环境要求具有艰苦奋斗的精神和较强的工作能力。随着现代军事科技的快速发展，教学内容往往随之发生变化，教学对象的层次也往往随着部队任务的需要而变化，因此，科学文化课程教员必须能随时接受部队和上级赋予的新教学任务，及时优化教学过程，以获得较好的教学效果。这就要求教员应该具备快速的教学准备和较强的教学组织实施的能力。这使得教员获取、加工和转化信息的过程比地方院校更加困难和复杂，教学和科研工作也更为艰辛，这些工作特点要求教员要具有不畏艰难困苦和连续作战的精神以及很强的自学和提高能力。

(4) 工作的个体性要求高度的自觉性和自制力。在教学活动中，教员的主要工作一般是在统一要求下，以分散而独立的方式进行的，如备课、上课、阅读查找资料、编写教材等，其工作质量主要取决于个人的投入和本人的知识与才能。因此，教员的工作需要自觉性、主动性和自制力，教员还要具有强烈的自我实现、追求发展的欲望。

4.3 科学文化课程教员队伍建设面临的主要问题

从年龄、学历、毕业院校看，我校教员队伍的优势是教龄长、学历高的教员所占比例最大，正处事业上升期的“80后”教员人数最多。目前科学文化课程教员存在的问题主要表现在以下几方面：

(1) 文职教员思想状况呈现多重矛盾。文职教员需要做出三个跨越：从“学校”到“社会”的跨越，从“地方”到“部队”的跨越，从“学生”到“教员”的跨越。调研中发现，文职教员的思想状况呈现出五重矛盾：一是向往军营，但价值取向模糊。他们大多向往军营，以能在军队院校工作为荣。但由于社会负面因素影响，审视事物、对待分工总是摆脱不了“经济价值”的左右，价值取向明显偏重物质利益和个人得失，立足军营、干好本职、献身国防教育事业的人生理想树得不牢。二是注重奋斗，但集体观念有待于加强。他们富有人生向往与追求，重视自我设计、自我奋斗和自我实现，注重个人才智、才艺和才干展示，但单干较多，与人共事的观念和意识普遍不强。三是在主观意识上他们要求进步，希望在军营干出一番事业，成就人生，但争先创优的着眼点不够准确，着力点也欠恰当，存在一定的攀比心理。四是专业知识系统,理论功底扎实,但吃苦精神不足。五是角色转换较慢。文职教员多数直接从大学来到军营,这是人生的重要转折,角色特征变化明显。这既要求他们适应新的生活环境、角色定位和工作岗位,更要求他们具有新的精神面貌、思想观念和责任意识。

(2) 科学文化课程教员数量相对不足。院校按照新编制体制运行后,因一部分教员退出现役,骨干教员相对减少,同时,由于教员层次要求的提升,在职教员要求进修和培训的数量激增,造成教员总量和质量与科学文化课程教育发展规模不相适应,矛盾较突出。

(3) 教学实践能力不足。科学文化课程教员大多数毕业于非师范类院校,他们所接受的普通文化知识和学科专业知识普遍很好,但由于长期工作在教学第一线,承担教学任务非常繁重,阻碍了他们教学实践能力的进一步提升。他们一般缺乏重新接受系统学习提高的机会,面对不断涌现的新的教育观念、教育教学理论,无法深入学习体会。因而那种善于在教学中引导学员提出问题、培养学员求异意识和能力、最大限度挖掘学员潜能的教员为数不多。而教育专业能力的提升和发展是个动态的、持续的、无止境的过程,只有经过长年累月的学习、实践、进修、思考与钻研,才能达到炉火纯青的境界。这些都决定了科学文化课程教员学习培训的必要性和紧迫性。

(4) 人文素质教育重视不够。在注重培养学员学科知识的同时,更要注重对其人文精神的提升,这样才能使得所培养的学员不仅掌握专业知识,更成为更宽泛意义上的文化人。就目前了解的情况看,在科学文化课程教员中,课程教学的同时进行人文教育的为数不多。所以,必须重视在教学中开展人文素质教育,提高各课程教员的文化素养,要彻底转变人文素质教育是社科教员特别是政治理论教员的职责的观念。

4.4　理清高素质科学文化课程教员队伍建设的基本思路

建设高素质科学文化课程教员队伍,是一项系统工程,必须运用工程化建设思路、路线图方法,搞好总体筹划,形成适应时代要求、契合人才成长规律的培养体系。

一是要以先进的人才理念引领科学文化课程教员队伍建设。先进理念是实践创新的先导,加强教员队伍建设,必须进一步更新人才理念。没有高素质的教员队伍,就没有高水平的军事教育。必须把教员队伍建设作为基础性、战略性任务来抓,把建设一支与培养高素质新型军事人才需求相适应的师德高尚、结构合理、素质优良、名师荟萃的教员队伍摆到更加突出的位置,打造高素质人才群体,依靠人才建设院校,依靠人才培养人才,依靠人才履行使命。另一方面,要强化以人为本理念,从政策设计到处理具体问题,都要重视人才的发展需求和精神物质需求,营造“以师为尊、以师为重、以师为荣”的良好氛围。

二是要以科学的顶层设计主导科学文化课程教员队伍建设。科学的顶层设计,是增强工作前瞻性、系统性、协调性的重要保证。要大力实施人才兴校战略,以培养优秀军事人才为牵引,加强教员队伍顶层设计,研究制定教员队伍建设长远规划,增强干事业的动力,把更多优秀人才集聚到教员队伍中来。根据教员特点,研究教员成长路线图,让教员能够沉下心踏实干工作,不搞“应景成果”,多出精品力作。拓宽渠道,广纳英才,积极引进各类急需人才,不断为教员队伍增添新鲜血液。

三是以完善的制度机制推动科学文化课程教员队伍建设。完善的制度机制是建设高素质教员队伍的重要保障。首先是完善教员考评机制。以促进教员队伍整体发展为目标,以强化师德、师能、师绩为重点,建立体现教员教学能力和工作绩效的考评标准体系。完善考评实施方法,坚持把考核评价与培养提高、鞭策警戒相结合,把考评结果与晋职调级、提供发展支持等挂钩,促进教员对照标准强功力、瞄准事业聚精力、公平竞争增活力。其次是完善奖惩机制。走出能上能下、能进能出的路子,使业绩突出者得到激励,使工作平庸者受到鞭策,形成见贤思齐、奋勇争先的良好局面。突出综合素质、实践经验和履职能力等要素,构建符合时代发展要求、具有我军特色、适应军事高等教育使命任务要求的教员岗位任职资格制度。

四是以高效的管理制度促进科学文化课程教员队伍建设。管理的科学化水平,是对教员队伍建设特点规律认识和把握的具体体现,直接影响教员队伍培养的质量效益。加强教员的管理,要研究教员队伍的新特点,提高实效性。要强化思想引导,紧贴教员思想和工作实际,加强理论学习和思想教育,增强政治敏锐性和鉴别力,进一步坚定理想信念;深入开展主题教育活动,激励教员不断提高履职尽责的实际本领。强化制度规范,进一步完善教员管理制度,形成完备科学的管理制度体系。充分发挥教学管理单位党组织作用,严格落实组织生活制度,始终把教员纳入党组织的教育管理监督之中,切实增强制度的执行力。

4.5 以有力的举措推进高素质科学文化课程教员队伍建设

在指导思想上,要确立“教育大计,教师为本”的办学理念。蔡元培先生初任北大校长之时，就采用“教授治议”体制，确保了教员的主体地位和中心作用，唤起教员对学校和工作极端负责的主人翁意识和自主意识，并尽心尽力为学校发展服务。同样，军校也应树立这种“以教员为本”的思想，这是教员队伍的重要作用所决定的，这不仅可以稳定教员队伍、发展提高教员队伍，更能发挥教员工作的能动性和创造性。

在人才引进方面，要根据科学文化课程教员的人才要求严格把关。首重个人的道德修养，对于不具备教员职业道德的人员，能力再强也不能让其进入教员队伍。其次，考虑两种类型的人才：一种是基层部队具备教员素质的干部；另一种是可以通过培养今后能够具备教员技能的人才，如军内外院校毕业的高才生。

在人才培养机制上，要确保科学文化课程教员队伍有不断提高的动力。要形成结构合理、有生命力、适合军校发展需求的高素质教员队伍，必须使每位教员在军校环境中能够不断发展、提高，实现自身应有的价值，这需要建立合理、科学的人才培养机制；要注重业务能力的培养，要使得每位教员都有提高的机会；要注重职业道德的培养，把师德培养和平时的工作、生活及考核有机结合起来，确保德才兼备，具备可持续提高的动力。

在科学文化课程教员“淘汰”问题上，应该确保该渠道畅通。淘汰和正常的工作调动等对保证教员队伍的活力都是非常重要的。由于个人的爱好、特长不同，某些新教员可能并不适应某一课程的教学，应适当调整；对于确实不适应教学工作的人员，应该劝其转岗；对于无心军队教育事业的人员，更不必挽留。这些正常的队伍流动渠道，必须保持畅通，“流水不腐，户枢不蠹”，教员队伍的建设和发展也不能违背这一自然规律。

在队伍结构上，要形成保证整体可持续发展的人才配置模式。一定要注意教员队伍在职称、年龄、学历、专业等结构方面的变化，力求建立合理的职称结构、年龄结构以及专业结构，使得绝大部分教员都有相对公平的发展机会和空间。另外，由于跨系统的原因，基层优秀干部以及地方科技人员很难进入科学文化课程教员队伍，为使院校教育紧密结合部队实际以及科技发展前沿，应适量聘请基层部队中的优秀干部以及地方优秀人才为军校的客座教授，充分利用部队和社会的优秀人才资源，进一步优化教员队伍的人才配置。

在管理方面，要创造让科学文化课程教员全力地为学院做贡献的良好环境。教员队伍的管理不同于一般的人事管理，教员的工作特点决定了教员需要相对宽松、弹性的管理和工作环境，管理应着重于发挥文职教员的主体地位，包括解决文职教员后顾之忧，建立公平、合理、有效的考核和激励机制，以及民主集中、科学的学科建设机制等几个方面。

综上所述，我们认为面向科学文化课程教学体系改革创新的人才队伍建设要做到：把提高教育者的责任感摆在首位；把教员学科知识能力和科研能力的提升放在核心;把促进教员的工作积极性作为基本工作,常抓不懈;把教员观念的转变和更新作为教员培训的出发点和落脚点。

4.5.1 加强新招聘文职教员师德建设

面向社会招聘的新进文职教员是以一名普通社会求职者的身份进入军队院校任职的。面对日益严峻的社会就业形势,他们的选择往往更多的是受社会利益和自身价值观所驱使:有的满怀对军校的憧憬,希望能真正见证军人的飒爽英姿;有的愿意站在国防事业的平台上,施展自己报效祖国的伟大抱负;有的将这种进入当成普通的一种就职渠道;有的仅仅将进入军队院校任职当作以后建功立业的跳板等等。这种受聘动机的多元化往往使他们不能够很好地认识到:教员职责的艰巨、复杂;教学工作的平凡和辛苦;从事教育工作必须要有的淡名利、承重负、不求显赫、甘为人梯、诲人不倦的精神。所以要加强教员的师德教育和增强教员的奉献意识,首要的就是要扎实做好经常性思想政治工作,深入进行党的创新理论和主题教育活动,打牢教员爱岗敬业的思想政治基础,帮助和引导文职教员坚定对马克思主义、科学发展观的信仰,坚定共产主义和中国特色社会主义的信念,坚定党对军队的绝对领导,增强经受政治风浪和重要任务考验的能力;树立正确的世界观、人生观、价值观,发扬优良传统,秉承民族美德,弘扬时代精神,从而在崇高理想信念的指引下,牢记我军宗旨,端正价值取向,做到政治合格。二要抓好历史使命教育。要通过部队职能使命教育,帮助和引导文职教员正确认识人民军队的性质,牢记新世纪新阶段我军历史使命,增强国防观念,树立大局意识。大力营造尊师重教的良好氛围,倡导尊重劳动、尊重知识、尊重人才、尊重创造的育人风气,树立重视教员队伍建设的思想观念,培育教员队伍科学发展的环境氛围。教员要严格要求自己,提高自身责任感,不断加强品德修养,以身立教,为人师表;注意自己的言语习惯、行为方式和举止风度,身体力行地做学员的表率。培养正确的育人观,牢记军校教育目的和教育使命,了解学员、关怀学员,及时发现并表扬学员的微小进步,引导学员成才。加强对优秀教员典型的宣传和表彰,增强教员的光荣感和自豪感,培养教员“敬业、精业、乐业”的奉献精神,通过学习使每一名教员明确自己的职责和义务,认识到教员绝不仅是单纯的知识传播者,在思想、道德、行为等方面,还应成为学员的表率,树立教员良好的人格形象。

4.5.2 建立新招聘文职教员培养制度

文职教员大都是从学校到学校,从课桌到讲台,在把握课堂节奏上,在管理课堂教学上,在实施针对性教学上,在教学方法的选择和先进教学手段的运用上,都存在许多的不足。为使年轻教员在短期内思想及业务素质得到提高,尽快成为合格教员，应在教学管理、师风、师德等多方面对年轻教员做深入的指导及培养工作，制定一系列青年教员培养制度，包括：

（1）岗前培训考核制。岗前培训考核的目的除了考察教员对教育教学理论知识的掌握程度，还在于考核教员的教学技术、教学技能等教育教学实践能力以及先进的教育观念。岗前培训考试分理论考核和实践考核两部分。理论考核以闭卷考试为主，兼顾平时听课、作业等方面情况。实践考核以试讲一堂课的方式进行，不带教学对象，评分内容包括教学设计、教学内容、教学方法、教学进程、教学基本功、教学效果等。岗前培训合格的新任教员由学校统一颁发合格证书，作为主讲教员资格认定等方面的重要依据。

（2）导师制。新教员所在教研室为每个新教员指定一名有经验的教员作为指导教员，负责帮助新教员顺利过好教学关，并为新教员制定好今后发展方向。在教学上指导教员首先要协助新教员认真理解教学内容，写好教学笔记，定期检查新教员的教学情况，指导教员定期随堂听所指导的新教员授课，发现问题及时解决，并要求新教员在上课的同时，全程听教研室同事上的同一门课程。在新教员发展方向上，指导教员要尽量为他们提供科研和深造的思路，并通过与新教员的交流，了解其特点，为他们进一步的学习提供帮助。

（3）提前备课制。新教员报到后，通过导师与其的交流，确定其优势课程及个人特点，教研室首先确定他第一学期讲授的课程，并开始培训，由指导教员给他们讲解如何备课，指出每章节的重、难点，要求他们在本学期放假前将下学期要讲授的课程准备一遍，写好诸次课的讲稿、教案，指导教员按月检查，并进行指导。

（4）试讲制。试讲是一个双向的过程。一方面由新教员、青年教员试讲，指导教员和该课程的老教员进行指导，试讲时，其他教员旁听。在试讲过程中，将教学方法、课堂氛围、学员思路的调动及掌控、教学进度的掌握等教学艺术逐渐展开，使青年教员获得感性的印象。另一方面，由经验丰富的老教员进行试讲，老教员的授课艺术、语言魅力可以使新教员得到知识和教学艺术上的升华，获得巨大的收获。加强多渠道教员业务能力培养，利用教学组"每周教学方法一小时"、教研室一对一指导教员帮扶、系室际间交流、院系集训试讲比武等多种形式，搞好引导激励，每个教研室可在办公室设置试讲台，随时组织各类课程试讲活动，以老带新，以群促新，使新教员尽快成长。

（5）听课制。听课是教员培训过程的重要环节。听课制度也是一个双向的过程，一方面，由教学督导、系领导和指导教员对青年教员的授课进行不定期检查，并进行随堂指导。同时，对青年教员的授课情况进行点评，并把点评情况与青年教员的年终考核挂钩，以督促青年教员的教学。另一方面，让青年教员大范围地听指导教员、老教员的授课，以了解、熟悉不同的讲授风格，并由青年教员进行讨论、评价，从而形成各个青年教员符合自己性格的教学特点，达到教学过程的百花齐放。

4.5.3 加大文职教员能力提升培养

办高水平院校，出高质量人才，关键要有一支高素质的教员队伍。当前我军院校教员队伍存在知识结构、成长经历比较单一，学历层次偏低，拔尖的专业技术人才严重不足等主要问题，建立实施文职教员制度正是解决这些问题、加强军队院校教员队伍建设的有效途径。文职教员是军队院校教员队伍新的组成部分，通过聘用新的文职教员，军队院校可以拓宽优秀人才的引进渠道，改善和优化当前教员队伍的学历结构、学缘结构及年龄结构等，文职教员与现役教员互为补充，取长补短，从而使教员队伍的整体素质得到进一步的提高。

随着文职人员制度改革深化推进，通过现役干部转改、原社会招聘文职人员纳编、面向社会公开招考等多渠道补充，文职人员队伍不断发展扩大，已经开启军事人力资源新格局。加强文职人员教员队伍的建设，必须紧密围绕实现党在新时代的强军目标，高起点谋划，高标准布局，突出“合力、能力、活力、动力、定力”凝神聚势，努力锻造忠诚担当、奋发作为的新型人才方阵。对现役干部转改的文职人员，有针对性地开展岗前培训、“非转专”和“一对一”帮带活动，使跨岗和调剂转改文职人员尽快融入集体、转变角色、开局上路，争取新的更大成绩。对纳编的原社会招聘文职人员，要严把纳编标准条件，突出岗位能力，注重接力培养。对新招录聘用的文职人员，要采取短期集训、送学培训等方式，提高军事素养，提升专业技能，尽快胜任岗位要求。

院校要重视培养教员的专业技能。随着知识更新速度的加快，教员的知识、素质和能力需要不断地学习更新。作为传播知识的科学文化课程教员，如果不抓紧学习，就会被时代抛弃。必须看到，在信息时代和信息化教育条件下，学员可能和教员同时甚至超前于教员获取最新的知识和信息资料。“欲予人一滴水，自己必有一桶水”，要注重提升教员学科知识能力和科研能力。教员应具备的重要素质之一就是在教学科研中的创新能力，这种能力应包括三方面的内容：一是掌握和了解本学科、本专业前沿信息的能力；二是对不同学科、专业知识的融汇能力；三是把科研成果转化为教学内容的能力。教员创造潜力需要自我开发，人人都有创造潜力，但为什么有的人能做出突出的创造性成果，而有的却一事无成呢？这就是创造力的自我开发问题。一般来说，创造力的自我开发应从如下几个方面入手：首先，打好基础。在开发创造力中应打牢基础知识、基础理论和基础操作技能。其次，培养兴趣，并将兴趣升华成为对真理的追求。只有对自己的事业产生了浓厚的兴趣，才会不遗余力地去追求它、探寻它，创造力才可能开发出来。但要想开发创造力，单有兴趣还是不够的，还必须有所追求，才能达到目的。第三，找出优势。一个人的优势或来自爱好或源于在工作中的经验积累，但只有朝着一个方向越钻越深，才能逐渐发现自己的真正长处是什么。第四，选准目标。在科学创造和技术发明中，许多成功者都是首先根据自身的特长和优势选择一定的创造目标，再以现有的知识直接对准创造目标，直接进入创造过程，并根据专业和创造的需要补充知识。第五，抓住顿悟。顿悟就是突然的领悟，是创造过程中的一种突变，是由于某个强烈的偶然因素的触发而导致的思想的一种突然贯通。与同行交流或广泛浏览相关信息，都可能使人茅塞顿开。第六，珍惜时间，集中精力，克服障碍。精力高度集中，能使人的思维产生飞跃，潜力得到充分发挥，使自己的创造能力最大限度地发挥出来。

我们深知，教员专业能力的有效提高才是教学水平提高的源泉，很多教员都有继续进修深造的愿望，但科学文化课程教学任务十分繁重，所有教员都做到脱产学习是不现实的，为此要激发教员专业热情，增强其学术修养，可以组织教员定期讨论教学相关内容，组织全体教员定期学习讨论，以使他们更加熟悉专业基础和专业应用，了解本课程的教改发展动态，提高对讲授课程的认识。组织教员学习和讨论专业方面的前沿知识。为了切实有效地提高青年教员的学术素质，组织青年教员学习学术领域前沿问题，并组织讨论，以使得他们了解专业方向的前沿动态，开阔视野、开拓思路，拓宽他们教学工作的思路。并有计划地培训其先进的教育教学理论，掌握军队院校的教学科研规律，增强教学、科研的系统性、深入性、逻辑性、规范性、简洁性、通俗性、趣味性，努力提高教学效果。要引导文职教员根据专业特长和部队建设的需要，积极进行科学研究，通过科学研究提高专业技术水平。要加强教员队伍对外交流，在教员队伍培养上，以强军计划为基础，军内院校与地方大学相结合，提供交流与培训学习的平台，加大与院校、部队、院所的交流合作，提倡参加国内大型学术会议、国际学术会议、对外军事交流等活动，提供教员进修、培训机会，支持教员攻读学位、出国留学、参加学术会议，培养具有信息思维和世界眼光的教员队伍。要支持中青年教员参加国内、军内重点学科、重点实验室短期培训、进修或研究工作，以掌握国内外学术动态，提高教员队伍学术水平。组织教员积极参加部队重大演习、多样化军事任务，使教员在实战实训中提高专业能力水平，提升胜任岗位的能力素质。

4.5.4　加速青年文职教员后备人才培养

青年教员是学校教员队伍的生力军，担负学校一线教学科研的诸多任务，努力建设一支师德素质优良、业务水平精湛、教书育人专注的青年教员队伍，对于教员队伍建设的持续稳定发展具有十分重要的意义。

广泛开展青年教员讲课点评活动，通过讲课、说课和评课，促进青年教员授课水平的提高，持续开展并不断完善教学基本功竞赛活动，增加年轻教员在重大教学活动中历练成长的机遇。从院系层面来看，要加强院系对青年人才的重点选拔培养，完善中青年学科梯队后备人才选拔机制，实行青年教员教学业务讲评分析，提供科研申请倾斜等，给青年教员的成长提供条件。从教研室层面看，要全面实行青年教员导师制，以老带新，加快青年教员教学、科研能力的提升。这些措施对思想活跃、进取心强的青年教员具有积极的促进作用。开展各种评优评先活动，公平、民主地选拔后备人才和优秀拔尖人才，将青年教员教学业绩与任职考核紧密结合，坚持凭素质立身、靠实绩进步的正确导向，不搞论资排辈，公平公正地处理好与教员切身利益相关的各项工作。对工作勤奋，有发展潜力的青年教员，有计划、有步骤地进行培养，看准一个、培养一个，不拘一格、大胆使用。把工作实绩与职级晋升、职称评任、奖项推荐结合起来，积极引导鼓励广大青年教员想干事、能干事、干成事。同时，要让不愿干事、干不成事的人有危机感和紧迫感。注重为文职教员提供充足的发展空间。积极为文职教员创建干事业、干成事业的良好环境和条件，要进一步拓展文职人员事业发展空间，对于业务能力强、综合素质好、群众威信高的文职人员，要大胆使用，鼓励文职教员立足本职岗位，建功军营。

同时大力拓展教员队伍建设外延。坚持把“名师工程”作为教员队伍建设的主导工程，努力培养教坛新星、壮大名师阵容，积极构建以知名教授为龙头、以学科学术带头人和杰出中青年专家为中坚、以优秀中青年教员为骨干、以流动型人才为补充的人才群体，努力构建名师大家辈出、层层展宽的人才梯队。广泛吸纳军地名师、文职人员以及具有名师潜质的一线部队指挥员等具有流动特征的优秀人才，以多种形式参与教学科研工作。通过这些措施，充分调动全体教员的积极性、主动性和创造性，推动教员队伍健康稳定持续发展。

4.5.5 注重建立合理有效的激励机制

在学院管理工作中，领导必须认真调查、了解、分析教员的素质状况和教学质量，注意发挥教员工作的主动性、积极性和创造性。院校按照新编制体制调整后，大量现役教员转业，文职教员短缺，课堂教学质量怎么保证？院校应该抓住矛盾核心，将教员队伍建设作为“头号工程”，可以确定先留、后引、再建的工作思路。(1) 留住人才。坚持党委量才，尽最大努力保留骨干人才。同时，积极稳妥推进“军转文”工作，通过职称评审、评先评优政策倾斜鼓励教学骨干转改文职；创造和谐的工作环境和氛围吸引教员退役后返聘任教及引进人才。(2) 打造方阵。坚持把造就教学名师、学科专家、教学骨干、科研尖兵“四支队伍”作为提高教育含金量的战略抓手，建设富有生机活力的创新团队。出台教研室领导公开选拔办法，健全教员任职资格和主讲制度，完善教员发展体制机制，通过比武竞赛、示范观摩提高能力、树立导向。打造锐意创新的科研尖兵，强化为教为战的指向。(3) 健全完善教员考核制度，使考核工作逐步做到科学化、实用化，考核与职务评聘、升迁、奖惩等挂钩。考核秉着公正合理的精神，极大地调动教员的积极性。

教员作为普通人，同样面临扮演多重社会角色的需求。尤其是中青年教员，单位赋以重任，处于事业上升期和关键期，在家庭里是顶梁柱，上要照顾老人下要培育子女，朋友同事之间要加强社会交际和往来，各种角色经常会出现难以调和的矛盾，社会压力、家庭压力、经济压力、心理压力过大，就会造成情绪低落、无所适从，如果不能及时正确梳理和调整，就会出现角色冲突，导致工作效率低下，积极性降低。

军校科学文化课程教员的工作特点是侧重课堂教学，缺少科研积累，如果在职称评聘、职务晋升条件中侧重于学术研究，而较少对教学质量、教学业绩等劳动成果进行定性衡量或量化处理，忽视一线任劳任怨、埋头教学工作教员的劳动价值，就极易导致教员产生失落感，逐渐丧失工作积极性。

因此要建立合理的激励机制来调动教员的积极性，提高其工作质量和效率。具体有以下几点建议：

(1) 深化考评制度改革，建立科学合理的评优评先机制。

科学文化课程教学主要在课堂及实验室进行，与其他课程相比，具有学时量大、实验占用时间长、组织复杂等特点，因此，应从实际情况出发，制定规范的基础教员综合素质评价体系，使对教员的评价有法可依、有章可循。评价体系应采取定性和定量结合的方法进行，要建立专家组考核、学员评教与机关考核相结合的综合评价机制，尽量做到定性考核和定量考核、过程考核和目标考核的有机结合，增加刚性，减少弹性和主观随意性，以求公平、公正地衡量每个教员的德、能、勤、绩、体，达到尊重劳动、尊重知识、尊重人才、尊重创造，激发教员积极性、主动性和创造性的目的。

(2) 增强晋升机制的针对性，充分调动教学一线教员的教学积极性。

调动教员的教学积极性，首先要完善晋升机制，创造平等的竞争条件，抛弃论资排辈的做法，通过实行专业技术职务任期制和择优上岗等办法，激发技能教员的内在动力；其次，晋升量化指标不能“一刀切”，要结合基础教员岗位特点，有效增强晋升机制的针对性和灵活性；再次，要合理引导教员分流，比如调整岗位、转业、自主择业等，从职称、年龄、学历、能力等方面合理调整教员队伍，增强教员队伍活力，以求教员队伍长远健康发展。

(3) 建立灵活多样的非物质激励模式。

文职教员荣誉感更强，比较重视自身价值的实现，他们希望得到领导的尊重、社会的认可，精神需求占比较大。要在教员身边树立典型，起到比、学、赶、超的作用。并同时予以荣誉，激励教员再接再厉，创造新的成绩。实施中要注意对教员集体荣誉感的培养，因为集体荣誉感就像树立起的一面旗帜，具有特殊的感召力、凝聚力和向心力，是一种强大的、持久的无形力量。

教员激励机制构建与实施建议：

完善文职教员考评机制。进一步加强教员评价制度，包括教学评价制度的建设，完善评价标准，探讨评价方法，建立符合实际、科学合理、客观可行的评价指标体系，制定具体的、操作性强的实施措施。把定性考核与定量考核相结合，平时考核与定期考核相结合，从质量、数量、效益等方面评价教员的“德、能、勤、绩”，客观地反映教员的劳动成果。

专业技术资格评审更多地向教研一线能力突出的文职教员倾斜。突出实绩贡献，把现任期内本职岗位上的业务工作质量和学术技术成果作为重要参考；坚持分类评价，以教学为主的重点看授课数、质量等情况，以科研为主的重点看创新能力和成果转化等情况。

第5章　大学数学课程改革创新

数学是一种科学的共同语言，也是一门核心技术，更是一种理性思维工具。新的教学大纲发布后，虽然学员全期总学时有所压缩，但作为基础课程的"大学数学"课时反而有所增加，这足以说明"大学数学"课程在优秀指挥人才培养中的地位与作用。军事指挥院校"大学数学"教学应该"强化基础，淡化技巧，突出数学思想的教学，加强数学实验与数学建模等应用能力的培养，充分体现数学素质在培养军事指挥人才中的作用"。在融合培养模式下，"大学数学"课程教学改革必须要理清"为什么教""教什么""怎么教"等问题。

"大学数学"课程教学改革创新，应注重以下几个方面：一是大学数学课程体系的创新；二是大学数学教学方法的创新；三是大学数学课堂教学质量保证体系的创新；四是学员实践活动的创新。通过这些改革创新，提高教员的教学水平和学员运用数学知识发现问题、解决问题的逻辑思维能力和综合应用能力，推动优秀指挥人才的培养。

5.1　大学数学改革创新的背景与目标

随着新一轮军队院校改革及人才培养模式由合训分流模式向融合培养模式转变，军队院校大学数学教学改革迫在眉睫。

5.1.1　大学数学改革创新的背景

首先，依据院校新时代办学思想大讨论精神，深入学习习近平总书记关于强军思想的系列重要讲话，学习有关教育的法律法规政策文件，统一思想、凝聚力量、提高认识，以改革的精神、改革的思路、改革的举措，开展办学思想大讨论。讨论过程是思想解放和思维碰撞的过程，更是汇聚合力、促进发展，在创新精神的驱动下更新教学理念、优化教学内容、改进教学模式、完善教学保障的过程。建设开放式、多元化、高水平师资队伍，构建应用型、实践性人才培养体系，培育和践行当代革命军人核心价值观，促进军队院校高等教育内涵发展，形成与全面推进国防和军队现代化战略部署相符合、与新型人才培养体系相契合、与本单位主体培训任务相吻合的办学思想，为部队培养新时代的卓越军事指挥人才。只有人才培养卓越化、教学方式实战化、科研活动联合化协同创新，才能形成服务军队院校学员成长成才的大格局和工作合力，才能培养一流人才，产出一流成果，打造一批新型高校智库，提高服务国家与军队的能力，全面建成世界一流军队。

信息化战争条件下，大量高技术的引入，使战场环境及作战模式产生了巨大的改变。信息化战场的突出标志是武器装备的信息化，其突出表现就是通过信息系统的有机嵌入和信息网络的无缝联接，实现对物质流、信息流有序、定向、灵活、精确的控制。未来的战争将会是各军兵种联合作战，并且在海、陆、空、天、电、网六维领域内展开。面对信息化的武器装备、海量战场数据、复杂多维的战场环境及众多的部门协同需求，一个卓越的军事人才应该具备什么样的素质？他们不仅要拥有强健的体魄、坚定的意志、强烈的责任感和荣誉感、勇敢机智的作风、良好的纪律意识，还要具有丰富的科学知识、理性的思维习惯以及操控新武器装备的任职能力。

如何培养适应当前需要的卓越军事人才，是军队院校面临的核心问题。要经常思考如下问题：大学数学教育对军事人才的培养到底有多重要？在信息化战争条件下，卓越军事人才应该具备什么样的数学知识结构？军事院校的数学教育应开设什么样的数学课程？大学数学课程又应该怎样组织教学？传统的军校大学数学教学内容及模式不能适应信息化战争条件下卓越军事人才的培养需要，因此，对军队院校的大学数学教学进行改革迫在眉睫。

5.1.2 大学数学改革创新的目标

院校教育必须坚持面向战场、面向部队、面向未来。围绕实战搞教学，着眼打赢育人才，使培养的学员符合部队建设和未来战争的需要，向着部队、实战、未来贴近再贴近，努力培养造就能够担当强军重任的优秀军事人才。

新时代优秀军事人才应具备的条件是：高度的政治觉悟，旺盛的斗志，精通现代军事技术，拥有高超的现代战争指挥艺术。新时代优秀军事人才在驾驭信息战争时，必须具有坚定的政治立场、清醒的政治头脑、敏锐的政治洞察力、强烈的爱国主义思想，坚决服从中国共产党的领导，不畏艰难困苦，不畏流血牺牲，能够综合协调、统一运筹现代军事复杂独特的崭新规律，掌握现代军事技术，自如驾驭指挥。

新时代背景下，我军仍然处于机械化半机械化向信息化智能化的全面转型期。面对各军兵种联合作战的复杂多维的未来战争环境，面对武器装备高技术化、指挥系统自动化、部队管理科学化以及海量战场数据与众多的部队协同需求，军队院校培养的学员要快速掌握新技术、新装备，实现对物质流、信息流的有序、定向、灵活、精确控制；同时，现代新军事变革环境下体系作战的指挥与保障，尤其离不开思考与论证能力、表示交流能力、理性分析能力等等。这些都需要军队院校毕业生具备足够的数学思维、数学素养和数学应用能力，需要通过数学教育教学过程来培养。

数学教育的精髓不在于知识本身，而在于数学知识中所蕴含的思想方法。全面提升学员的数学素养和数学应用能力是培育优秀军事人才的主要目的，思维能力强弱是素质高低的重要标志。结合数学教学内容，从教学方法上深入研究如何充分发挥大学数学课程对学员数学思维和数学素养的功能作用日趋重要。

传统的数学教育往往只注重知识的传授、公式的推导、定理的证明和应试能力的培养。教材大多重理论、轻应用，重结论、轻过程，重推理、轻计算，缺乏体现现代大学数学的思想方法，缺乏体现数学与科学技术各领域和社会科学等领域的横向联系，也缺乏体现数学纵深发展的趋势。国内外一些名校一直把大学数学教育及其应用能力的培养作为人才综合素质培养的重要手段，并始终把大学数学的文化教育价值和工具教育价值作为教育的根本目标。在为部队培养优秀军事人才的过程中，大学数学应该是关键的、普遍适用的并赋予人能力的一门技术。

培养学员的创新意识和创新能力一直是军队院校教学改革的重点和热点，也是高等学校教学改革研究的前沿课题。如何培养学员的创新意识和创新能力，既没有现成的模式可循，也没有既定的方法可套用，只能靠教育工作者不断探索和实践，以此培养学员应用知识的综合能力，从而提升专业能力价值。在融合培养模式下，如何通过大学数学教学提高学员发现问题、解决问题的能力，对培养优秀军事人才具有重大的现实意义。

5.2　大学数学课程体系改革创新

经过近几年的探索与实践，我们在培养学员的创新意识和创新能力的探索中取得了一些成绩，也积累了许多宝贵的经验。经过反复论证和缜密研究，我们在教学内容上进行大量的增减，注重把数学素养及数学应用能力的培养作为构建教学内容体系的主要依据。如在定积分的教学中突出积分思想的讲述，精简定积分的计算技巧培训，再通过定积分的数值计算及上机实践弥补传统计算的不足；在方向导数与梯度的教学中，加入鱼雷攻击估计路径选择问题研究，增加学员应用数学解决军事问题的兴趣；在多元函数极值的教学中，增加求解多目标打击最优解问题，增强学员应用数学解决军事问题的能力；在概率论与数理统计的教学中，对经典的二维概率分布函数的计算进行消减，增加炮兵实弹训练中炸点的概率分布计算；强调数值计算的重要性，如微分方程的求解、线性方程组的求解均使用计算机辅助求解。通过教学内容的优化重组，进一步使教学内容突出军事教育特色，贴近军事斗争准备要求，使之更加满足卓越军事人才数学能力培养的需要。

5.2.1 建成理论与实践相结合的课程体系

教材体系的建设是课程建设的基础，军队院校大学数学教育要立足现代数学教学理论，紧紧跟上军内外高校数学教学改革的步伐，形成一个完整的课程体系。

理论体系："高等数学""线性代数""概率论与数理统计"等课程。

应用体系："数学建模与数学实验"课程。

改革实践中利用数学、计算机、电子、雷达、火力指挥与控制等专业的特点和优势，将上游的处于基础地位的数学和下游的电子、计算机、雷达等专业整合起来，作为从理论到实践的一个完整的链条。

由于学员都学过计算机和数学的相关基础课程，因此，在课程组织上，将基础的数学理论以及数学建模、数学实验与计算机相结合，利用计算机强大的计算功能，把抽象的数学问题用图形、图表等形式表示，使学员能够理解大学数学精义所在。同时，对一些经济、军事问题用数学语言进行分析、描述，并建立有效的数学模型，学员通过自己动手实践去解决问题，不仅提高了学习兴趣，也提升了学员运用数学知识分析和解决实际问题的能力。

开设数学建模课，把数学建模思想渗透到当前数学教育中，使更多的学员通过数学建模课程的学习受益，做到数学建模知识在全院生长干部学员中普及。同时，做好数学建模竞赛培训工作，使一部分学员的数学建模水平得到进一步提高。一方面，数学建模课程建设是数学建模竞赛取得优异成绩的前提；另一方面，数学建模竞赛的题目大多是来自实际科研、生活及军事中的问题，需要教员们平时积累丰富的资料，在教学和辅导中不断完善，灌输新思想、新方法，运用现代化计算机工具解决建模问题，促进大学数学课程建设。

数学建模在实际问题和数学理论之间架起了桥梁，发挥了巨大的作用。而数学模型的建立和求解需要实验。许多数学模型是抽象的，只有通过数学实验，才能迅速进行数值求解和做出定量分析，进一步地完善和构建数学模型。数学实验离不开计算机，数字计算和模型仿真也离不开计算机。因此，在数学教育过程中，如何加强培养学员综合运用数学知识分析和解决实际问题的能力，让学员熟练地应用计算机和数学软件去解决各类应用问题，也就成为当前数学教育改革面临的重大课题。

数学实验是以学员为主体，以实际问题为载体，以计算机为媒体，以数学软件为工具，以数学建模为过程，以优化数学模型为目标，以解决实际问题为目的的数学教学活动过程。数学实验课的教学与以往课堂教学不同，它把教员的"教授—记忆—测试"的传统教学过程，变为"直觉—探试—出错—思考—猜想—证明"的过程，将信息的单向交流变成多向交流。在教员的指导下，学员动脑又动手，并使用数学软件和编程技术，解决实践中提出的问题，师生共同实现教学的总体化目标。

数学建模和数学实验两门课可以整合开设，主要遵循以下几个原则：(1) 掌握最常用的数学方法如数值计算、优化方法、数据统计，学会常用的数学应用软件 MATLAB 及社会统计软件 SPSS。(2) 以实际问题为切入点，以数学建模为主线；以建模开始，以求解模型、分析解决实际问题结束。(3) 学员实验步骤可归纳为：问题的提出与简化，解决方案和数学建模，数值算法和数学软件选择，计算机实现，分析解决问题。(4) 课程的目的不在于传授某些知识，而是要求在数学知识、建模能力和软件运用的结合上培养学员的探索兴趣和解决实际问题的能力。

5.2.2　统一课程教学目标定位

军队院校要将大学数学课程的教学目标定位在学员掌握数学的科学思想、研究问题的基本方法和正确的思维方式；具有良好的运算能力、抽象思维能力、逻辑推理能力、空间想象能力、自学能力和创新能力；能利用数学知识解决实践问题，特别是军事问题，做到表达简洁、关系和谐、形式优美，使学员具备较好的数学素质，为学习后续课程和进一步获得数学知识奠定基础。

1. 基于素质培养的课程目标设计

1) 总体目标

“高等数学”是一门重要的基础理论课程，也是学习其他理工科、经济、军事等专业知识必备的重要工具。通过本课程的学习，使学员获得高等数学的基本概念、基本思想、基本理论和基本运算技能。通过函数、极限、导数、积分、微分方程、级数等内容的学习，培养学员分析问题、解决问题的思维能力。为学习后续课程和进一步获得数学知识及其他专业知识奠定基础。

“线性代数”是工程技术中的一门重要基础理论课，通过本课程的学习能够使学员系统地学习并获得行列式、矩阵、n 维向量、线性方程组、矩阵的特征值和特征向量、相似矩阵和二次型的基本知识以及必要的基本理论和常用的基本方法，培养学员的专业能力，同时培养学员将生活中的问题数学模型化的能力，提高学员自主学习、终身学习的意识。

“概率论与数理统计”是一门几乎遍及所有科学技术领域以及工农业生产和国民经济各部门的数学学科。通过学习该课程，学员可以掌握概率、统计的基本概念，熟悉数据处理、数据分析、数据推断的各种基本方法，并能用所掌握的方法解决社会经济生活中遇到的各种实际问题。通过概率论与数理统计课程的学习，使学员理解本学科的基本概念，掌握基本理论，学会处理随机现象的基本思想和方法，培养学员应用概率统计方法分析和解决实际问题的能力，为培养创造性人才以及学好相关课程奠定必要的理论基础。

“数学建模与数学实验”作为一门选修课，主要着眼于培养学员运用数学知识建立实际问题的数学模型,进而培养学员解决实际问题的意识和能力。它以实际问题为载体,把数学知识、数学软件和计算机应用有机结合,容知识性、启发性、实用性和实践性于一体。该课程的引入,是数学教学体系、内容和方法改革的一项有益的尝试。通过该课程的教学,使学员掌握数学建模的基本思想和方法,会用MATLAB编程解决常用的数学计算问题,熟练运用MATLAB、SPSS等统计软件进行数据处理,培养学员的创新意识,最终达到提高学员数学素养和综合能力的目的。

2) **分类目标**

(1) 知识与技能

通过大学数学课程的学习,使学员掌握数学的基本概念、基本思想和基本方法,并具备良好运算能力、抽象思维能力、逻辑推理能力、空间想象能力和自学能力;使学员具备良好的数学素质、数学建模能力和创新能力,能够自觉运用数学知识解决实际问题,特别是军事问题;通过MATLAB、SPSS等软件的学习,使学员初步掌握运用计算机软件进行编程、计算、数据处理及分析的常用方法与技能。

(2) 过程与方法

在教学过程中学员的主观能动性得到充分发挥。通过采取讨论式、启发式等灵活多样的教学方法,学员的学习积极性得到极大程度的提高;通过采用较先进的"有效教学"理念和遵循教学过程的规律性,学员能够有效地达到预期的学习效果。

(3) 情感态度与价值观

通过课程学习,培养和提高学员的数学思维能力,使学员掌握正确的科学思维方法,能够从科学的角度理性分析问题。同时培养和提高学员的自学能力和刻苦钻研精神,在学习生活中养成不怕苦、不怕累的吃苦耐劳作风。

2. 基于能力提升的课程定位设计

数学是反映客观世界的科学,是对客观世界做定性把握和定量描述,进而逐渐抽象概括形成方法和理论,并进行广泛应用的科学。数学是抽象的,又是具体的,是一种工具,也是一种文化,更是一种信息。

"高等数学"是一门必修的公共基础课,以理论讲授为主。它将为学习工程数学、专业基础课以及相关的专业课程打下必要的数学基础,为这些课程提供必需的数学概念、思想、方法、运算技能及分析问题解决问题的能力和素质。

"线性代数"是讨论代数学中线性关系经典理论的课程,它不仅与后续课程有密切关系,而且对于培养学员的逻辑思维能力、创新能力,提高学员的分析问题、解决问题的能力都有着非常重要的作用。学习和掌握线性代数的理论和方法是掌握现代科学技术以及从事科学研究的重要基础和手段。

"概率论与数理统计"与其他学科相互渗透、结合,广泛应用于自然科学、社会人文、经济管理、工程技术、工农业生产和军事技术等各个领域的定量和定性分析中，是一种卓有成效的分析问题、解决问题的方法。从课程定位来说，它为后续课程的学习提供方法论的指导。学员对这门课程的掌握程度直接关系到人才培养目标——在军事领域中善于在定性分析基础上从事定量分析的专业统计人员的实现。

“数学建模与数学实验”是数学与实践结合的一座桥梁，它初步解决了学员为什么学数学、学习数学可以用来做什么的问题。掌握必要的数学实验和建模方法，可为学员今后运用数学知识解决实际问题，特别是军事问题打下良好的能力基础。

1) **课程基本理念**

随着时代的发展，文明的进步，特别是20世纪中叶以来，数学自身发生了巨大的变化，与计算机的结合愈来愈紧密，使得数学在研究领域、研究方式和应用范围等方面得到了空前的发展。正确认识大学数学课程的教学目标、任务与发展形势，按照“厚基础、宽口径、强能力、高素质”的军事人才培养要求，以培养学员严密的抽象逻辑思维为基础，以归纳总结、抽象概括、逻辑推理的能力和运算技能为主线，以现代化教育技术为手段，构建突出数学意识、创新能力、综合素质培养为目标的课程教学新理念。

坚持学为主体，教为主导，贯彻落实素质教育和创新教育思想，注重通过课前导课、课上研讨和课后总结，培养学员获得知识的方法、养成科学思维和求异思维的习惯、提高学员运用所学知识分析问题和解决问题的能力，并引导学员课外运用所学数学知识，建立数学模型，加以创新实践，解决实际问题。

2) **课程基本思路**

内容条理化，结构模块化，各部分之间有机联系成为一个整体。同时注意将教学与军事相结合，传统教学手段与现代信息化教学方式如微课、慕课、翻转课堂等技术和手段相结合，将数学建模思想引入教学，通过多种方式，传授学员运用数学知识分析、解决实际问题的方法，让学员掌握有效利用现有的信息化教学条件提高学习效率的能力。

5.3　大学数学教法体系改革创新

教学内容体系的改进还需要合适的教学方法与之相适应。数学学习是培养学员思辨能力的最好手段之一，因为数学的辨证性特征决定了数学思想方法具有培养人们辨证思维能力的功能。以往的数学教学，过分强调推理论证，偏重解题技巧，强调知识体系的完整性，忽视数学作为一个理性思辨系统的内在统一性。大容量的满堂灌使学员只能被动地接受知识，失去了思辨能力。在数学活动过程中处处伴随着人们辨证思维的开展、训练及强化，处处体现了归纳与演绎、分析与综合、抽象与具体、逻辑与历史的统一等辨证思维的基本方法。针对军队院校大学数学不同的教学目标及需求，必须采用多种不同的教学方法。

以往大学数学教学方法重抽象、轻直观，重一般、轻具体，重计算、轻思想，重书本、轻拓展，重理论、轻应用。为解决这些问题，必须要在大学数学教学方法上进行大胆的实验和创新，为此我们积极探索并实践了理工类科学文化课程“边讲边推，边推边练，边练边研”教学法，具体在“三位一体”教学法、小组学习等方面开展实施。

5.3.1 开创适合军校大学数学“三位一体”的教学方法

根据军队院校大学数学课程的教学实践，开创了一套适应军校教育的教学方法。分别是：“创造、思维、情感”式教学法，分段式教学法，模型式教学法。这三种教学方法分别从教学思想、教学过程、教学实施三个方面形成了“三位一体”的教学方法。

“创造、思维、情感”式教学方法是一种教学思想，提出了在创造式备课的基础上，在课堂教学中要抓住学员的思维，启迪学员的思维，促进学员达到创造性思维的境界。同时在整个教学过程中要在学员身上倾注满腔热情，与学员进行良好的沟通，激发学员强烈的学习热情与求知欲。比如在讲导数的概念时，教员要引导学员去寻找和发现更多的可以用变化率（导数）刻画的问题，以加强学员对导数概念的理解和运用。

模型式教学方法是一种具体的实施方法。将计算机技术和数学建模思想融入到大学数学教学中去，使数学教学更直观、生动和具体。另外，让学员了解主要概念的实际来源、抽象过程、数学描述方法，突出培养学员用数学手段解决实际问题特别是军事问题的能力。比如在讲曲顶柱体的体积时，可以利用计算机软件实现“分割、近似、求和、取极限”的过程，让学员更直观地看到分析问题、解决问题的过程。

分段式教学方法，是结合接受新知识的客观规律而提出的一种宏观控制教学实施过程的方法。在教学中，先将数学知识精讲一遍，占到整个教学时间的 80%左右，再利用 20%左右的时间提高。前部分以教员讲解为主，后部分以学员自学、提问为主，教员讲解重点、难点、思路以及综合应用。比如在讲对坐标的曲面积分时，即使教员讲得已经很清楚，学员也还都或多或少地存在一些问题，这时就要留出一定的时间让学员进行交流、提问、消化。

此外，在大学数学的课程中部分使用案例教学法，提升学员的数学素养与数学应用能力。案例教学法是启发式教学法中的一种，是以培养学员的能力为核心的新型教学法。案例教学法以往主要用于法学及医学等课程的教学中，在数学课程的教学中应用较少。但军队院校可以在数学教育中增加一些军事案例，如弹药物资运输路径选择优化问题、军用物资存贮问题、武器装备可靠性模型、无人机路径规划算法等。课堂上对学员进行分组，每个小组 5～8 人，让他们从军事案例中寻找规律，培养思辨能力，提高学员数学学习兴趣、自信心、合作精神等，促进师生教与学方式的转变，改变现阶段以同一要求、同一内容对不同层次的学员实施同一方法，不重视学员的思想情感、学习兴趣和学习能力培养的课堂教学模式，提高数学教学质量和学员学习能力。

实施这些教学方法时应当遵循以下原则：尊重和激发受教育者的主动性；注重教学过程中的参与性与实践性；珍惜和培养受教育者的个性；帮助学员树立科学的学习理念；强化学员问题意识；结合学员个性指导；为学员积极参与提供有利条件。

5.3.2　注重传统媒体与现代媒体的优势互补

重视现代媒体，同时不忽视传统媒体。近几年来，随着教学条件的改善，大学数学课程基本都用上了内容齐全而且制式化的电子幻灯；建立了教学网站，据此实施网上教学、网上答疑。现代教学技术有着传统教学手段所无法比拟的优点，但通过近几年的教学实践，也发现了一些问题，如部分教员过度依赖幻灯、板书缺乏设计、教案一成不变等。大学数学教学应根据教学内容和教学目的去选择运用现有的多媒体教学手段，不能只把教材中的内容搬到电子幻灯中去，教员不能在课堂上仅仅是动动鼠标、敲敲键盘，这样肯定会影响教学效果。数学教学中，有些定理的证明、公式的推导、例题的讲解一定要板书。教案是一堂课的灵魂，充分体现了教员对课程的理解、设计以及授课方法的运用，没有一个好的教案设计，课堂上也只能是照本宣科。做到现代媒体与传统媒体的有机结合，幻灯与板书的有机结合，交叉使用、融成一体，才能更好地实现教学目标。比如在讲傅里叶级数时，理论推导与典型例题的计算应利用板书推演，而傅里叶多项式逼近函数的过程则用幻灯或数学软件进行展示。

教学中应引导学员正确处理好形象思维和抽象思维的关系。现代媒体的特点是能够使教学中某些抽象的内容变得直观形象，但这不能代替抽象思维，数学是一门特别需要抽象思维能力的学科。在用现代媒体把抽象问题变成形象问题时，教员应注意积极地引导学员把对形象直观思维的有效思考整理变成抽象思维，使形象思维与抽象思维相辅相成、优势互补。比如在讲定积分的应用时，不仅要求学员对微元法有理论上的认识，必要时还需要对微元法形成直观上的认识。

5.3.3　以问题为牵引开展小组学习

在学习组织形式上主要采用小组学习的模式进行，这是数学建模和数学实验教学改革中的一大特色。小组学习是指将学员分成若干小组展开学习，小组中的成员都参与到明确的具体任务中，小组成员之间彼此通过协调的活动，共同完成学习任务。小组学习是任务驱动学习的基本组织形式，在传统的班级学习和任务驱动相结合的教学模式下，作用更为突出。利用小组学习模式加强数学思想和数学方法的教学，将两者有机地结合起来，在教学指导思想、内容、方法上做进一步的探索和实践。主要分以下几个步骤：

(1) 分组。分组不是仅仅停留在简单的形式上，而是真正达到协作学习的目的，要注意人数、学习程度差异，每个小组中既有理论功底深的，又有应用能力强的。选定小组长，成员之间有明确的分工，让每个学员都充分参与到其中。

(2) 教员选取实际问题。教学中要注重理论与实践相结合，注重对学员数学思想和方法的培养。因此，采用小组学习的教学策略时，选题应该是与教学内容贴合、较典型的接近实际的并且为学员所熟悉的问题，激发学员探索问题的兴趣，在难易程度上也要考虑学员的认知水平，设计适当的任务。

(3) 小组协作学习。布置好任务之后，小组成员就可以进行协作学习。在进行学习之前，将小组成员进行角色分工，分别收集资料，互相讨论，可以达到良好的协作学习效果。

(4) 教员有效控制学习过程。教员必须进行实时的监控，并根据任务实现过程中的实际情况对任务内容和实施方式进行灵活的调整。

(5) 学员成果交流。安排专门的成果展示课，将优秀的小组学习成果展示给学员，让学员上讲台讲述小组对问题的分析思路、解决方法、计算结果、合作方式等成果。

(6) 开展小组自评、互评以及教员讲评。评价是小组学习重要的环节，评价的目的是激励学员学习兴趣，促进学习效果，提高学习能力。作为教学主导者的教员可以先组织小组成员的自评、小组之间的互评，最后再进行总体评价。

5.3.4 着力发展新型教学模式

以微课程教学内容和教学方法改革为主要途径，组织中青年教员参加全国与全军各类教学竞赛，自 2015 年首届全国高校数学微课程教学设计竞赛举办以来，共获得国家一等奖三项，华东赛区特等奖三项、一等奖三项，安徽省特等奖三项、一等奖三项、二等奖一项。将微课程和翻转课堂引入教学，不仅为教学活动提供了教学辅助设施，而且协调了学员课前、课中、课后的学习内容。同时，以微课获奖作品为素材，开展微课程建设，部分课程实施微课程模块化教学模式改革与实践，增补近几年与课程内容相关的新技术和新成果，使学员能更及时地了解最新知识的前沿动态，增强学习主动性，同时使大学数学课程教学除黑板化、幻灯化外呈现崭新的可视化与平台化，符合军校学员学习时间碎片化、有效学习时间少的现实情况，提高学习效率。微课程和翻转课堂的模块化教学模式改革的成果也能够为智慧校园平台提供丰富的在线教学资源。

实践微课程和翻转课堂教学模式改革创新，能够促进教员教学的积极性、主动性、创新性，在提高教员专业素养，提升教学能力，引领教学内容、方法和手段改革，创新课程教材和教学模式，创建合理教学梯队等方面均起到了有效的促进作用。通过坚持问题导向，改革教育理念，找准信息化教学与军队院校特点相适应的突破口与着力点，引入部队最新作战训练成果，利用信息化教育技术平台，让最前沿的军事知识走进微课程教学和翻转课堂，进而提高学员学习的主动性和能动性。

5.4　大学数学课堂质量保证体系改革创新

军队院校大学数学教育要科学合理地分析教学过程，保证课堂教学质量，提升教员教学水平，提高学员的学习兴趣。还要制定与之相适应的一套教学制度，通过记录保证各项制度的落实，从而将教学管理、教学质量和人才培养有机融合。

5.4.1　完善制度促进教员执教能力

在教学过程中，要不断完善制度，制定标准，让广大教员在制度落实中，自觉提升教学能力。特别是在年轻教员的培养上，一定要通过制度的建立和落实，给年轻教员加担子、定目标，让他们尽快地成长起来。

(1) 加强教学理论学习。组织学习全国教学名师主编的《现代教学指南》，邀请全国教学名师及全军教学名师给广大教员开办教学艺术与方法讲座，巩固和提高大家对教学过程的认识，提升教学理论水平。

(2) 强抓备课试讲。备课试讲是每学期开学的重头戏，也是每一位年青教员展示自己教学水平的一个平台。试讲教员要经历三个阶段：个人准备、指导教员指导、集体指导。通过反复的试讲、指导，不断提高教员对课程和教材的理解，挖掘课程内容在军事领域中的应用。

(3) 推行说课、统课。大学数学教育不仅要求授课内容的科学性、合理性及完备性，还要求授课内容对于授课对象的可理解性和接受性。每一位教员都参与到这个过程中来，而且整个过程细到每一次课，这就让授课教员对不同授课对象在内容把握上有了非常细致入微的了解；从另外一个角度去看，又实现了第二个目标——统课，由于说课细到每一次课，实际上也就达到了统一授课要求、统一授课内容、统一授课进度的目的。

(4) 规范教案设计。每位教员上课前都要在认真备课的基础上写出规范的教案，对教案的设计也要有明确的标准。第一，教案的设计是否体现了教员的教学风格与个性特征；第二，教案的设计是否关注课堂环节的安排、活动的组织等大体轮廓；第三，教学的设计是否把握教材重难点，明确教材内容与知识结构，是否了解学员的学习需求，确定“以学定教”的原则，从而达到“教”为“学”服务的目的，鼓励、倡导教员将教案设计变成教学设计，突出学员主体作用。

(5) 坚持互相听课。教员之间要经常互相听课，严格把控听课的实施过程，提前做出听课安排表并建立详细的听课记录制度，基本做到每一位教员的每一次课都至少有一人听课。施行互听课制度，可以增进教员之间的了解和沟通，激发教员的授课热情。无论是高职教员还是中青年教员，他们在交流会上交流听课心得的同时，往往还会谈及各自教学班的学员学习状况、教学中发现的问题、队干部和学员的意见与要求等等。这些信息对加强一线教学管理和机关业务部门的决策提供了有益的参考和帮助。

通过近年来的实践，教员对数学课的教学有了新的更高认识。一是数学课的教学不是一成不变的，要跟上时代的发展，要不断地创新，包括教学内容、教学方法、教学形式等；二是认识到教学管理也要不断创新，具有多层面性，好的制度是保证教学效果的关键；三是认识到教员教学水平的提高是永无止境的，教学是一门艺术，有其自身的规律性。

5.4.2 大力推行大学数学规范化教学

构建大学数学教学基本框架，每一位教员的教学都必须在这个框架内进行，从而保证每位教员的教学活动都能达到这个框架所规范的基本要求，保证院校整体教学质量的提升。这个框架比教学大纲和课程标准更细致、更具有可操作性，同时也为每位教员提供了个人发挥的空间。

(1) 重点内容的规范化。在授课中存在课程内容讲授不严谨，重难点不突出，讲解不深入、不透彻，层次不清晰，课时分配不合理等现象。因此，在重点内容的讲解上，必须规范基本标准。

(2) 例题的规范化。例题的讲解是数学课教学的重要组成部分。课堂上所讲授的大部分知识都要借助于例题来帮助学员消化和加深理解。每一部分内容要配多少例题，配什么样的例题，如何把握每道例题的难度以及要达到的教学要求，都会直接影响学员的学习效果。目前有一些教员对例题的处理还比较随意，影响了教学效果。因此，例题的选取与讲解必须进行适当规范。

(3) 幻灯的规范化。幻灯的有效使用能大大地提高教学效果，增大教学信息量，让数学学习中很多抽象的理论变得直观、简单。但是部分教员不能合理地使用幻灯，有的将授课过程直接变成了放幻灯，平淡无奇，应该在黑板上的逻辑推理都在幻灯上放，幻灯的放映与授课过程不协调，甚至出现脱离幻灯就不会讲课的情况。因此，在幻灯的使用上必须进行统一规范，切实让幻灯成为教学的重要辅助手段。

(4) 辅导的规范化。课后辅导是课堂的延伸和补充,是不可缺少的环节。部分教员在这方面做得不足,有些教员没有答疑,有些教员给学员答疑时,不知道答疑的主要工作,尤其在学员提问不多的情况下,这种情况更为突出。因此,平时教学过程中要对每一届学员出现的常见问题进行归纳、总结,辅导时进行统一规范,有节奏、有目的地进行辅导。

5.4.3　结合量化考评系统对教员教学效果进行综合评价

由于教学任务重,教员业务能力与经验存在差异,科研压力大等客观原因,使得一线教学质量存在着许多不均衡和不确定性。为了保证教学质量,更加有效地加强教员队伍管理,我们在已经形成的有益制度、机制的基础上,构建了基础课程教学质量评价体系,形成了教学效果信息反馈机制,实现了"评价—反馈—改进—再评价"的良性循环。与此同时,制定基础课程教员量化考评细则,建立教员教学档案,制定"提高课堂教学质量活动标准方案",开发量化考评系统,便于实施量化考评细则(图5.1)。

依托基础课程量化考评系统,对每一位教员的教学效果进行有效评价,建立课程教学质量评价指标体系,通过完善的教员量化考评细则和量化考评系统,细致的表定课时教学工作量和非表定课时教学工作量的计算方法,主要考核学员评教、同行评价以及院部级督导组查课三个指标,有规范的计算公式。

在教学体系的管理过程控制中,利用军校数学课程教学质量评价体系,通过点面结合,以"面"为重点,从教学内容选定、学情调查分析、教员安排、备课、试讲、授课、辅导与作业、查课、考试与试卷分析等方面实施全程监控,并使控制过程具有标示性、监督性、可追溯性。每一轮教学结束,都对课程质量管理体系进行总结和评价,极大地促进教学体系改革的实施与完善。

如果没有一个以追求卓越和世界一流为导向的教育科研评价体制为牵引,就不能统一起来思考、统一起来布局、统一起来推进,就不能克服过去的重点建设存在的身份固化、竞争缺失、重复交叉等问题。但必须承认,量化考评系统并不能完全反映不同教员的教学水平,在评价过程中要根据实际情况,实时调整。同时,教学质量评价体系要强化跟踪指导,对建设过程实施动态监测,及时发现建设中存在的问题,评价导向要改革统筹推进。

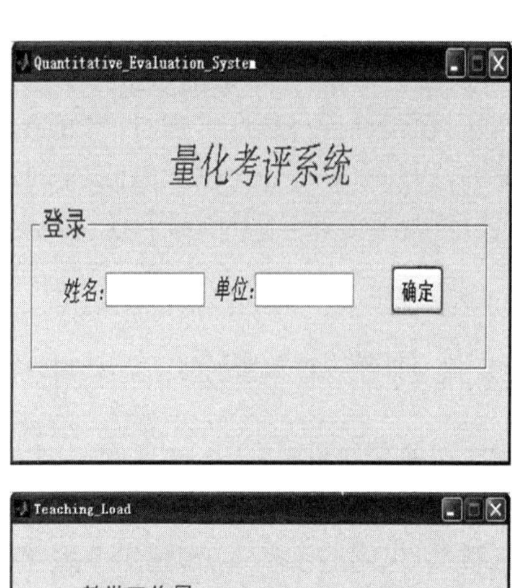

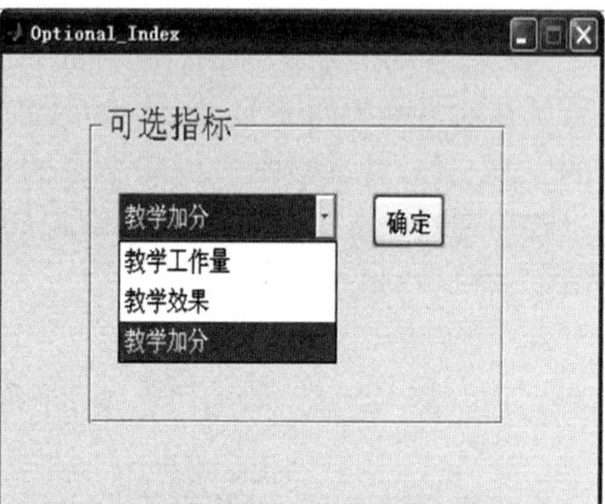

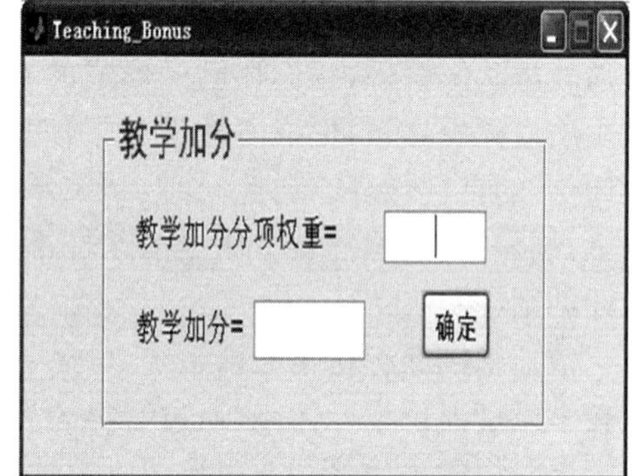

图 5.1 量化考评软件界面

5.5　数学建模在大学数学课程教学改革创新中的作用

数学建模竞赛是一个对外交流、学习经验、展示自我的良好平台,能够锻炼快速了解与掌握新知识的技能,培养团队合作意识与协作精神,并提高论文写作能力。多年来,全国、全军大学生数学建模赛事作为学员重点参与的竞赛活动,一直受到学院各级高度重视,相关部门长期给予了很大的关注与支持。

自 2000 年起组织学员参加数学建模竞赛以来,我们依托实验室、俱乐部等有利条件与平台,摸索出一条数学建模竞赛培训的有效工作途径。数学建模培训一直如火如荼地有序展开,与此同时,也一直针对本科生开设"数学建模与数学实验"课程。2000 年开始参加全国大学生数学建模竞赛,2011 年开始参加全军数学建模竞赛,多年来,共获得国家一等奖 10 余项、二等奖 40 余项,军队一等奖 20 余项、二等奖 30 余项,安徽省二等奖、三等奖及军队三等奖百余项,极大地提高了学员的实践创新能力与合作精神(图 5.2、图 5.3)。

图 5.2　教练与学员共同探讨

图 5.3　学员领取全国一等奖获奖证书

参加数学建模竞赛是一场充满智慧博弈和体力坚持的艰苦战役,学员坚定能打仗、打胜仗的信心,一年又一年取得了令人骄傲的成绩。多年数学建模经验的积累,也为大学数学课程创新改革融入了新的动力。

5.5.1　开展数学建模俱乐部促进学员深度学习

1. 数学建模与数学实验课程的重要作用

数学建模与数学实验是近年来国际上大学数学教育的一项重要改革,是教育信息化技术条件下与素质教育相适应的教学创新举措。目前，全国有上千所院校开设此类课程。随着数学建模竞赛的广泛开展，军队院校普遍开设了数学建模课程，数学建模也已成为院校培养高技术高素质人才的一个重要方面。

数学建模与数学实验课程是对传统课程体系的一个重要补充。在新的融合培养模式下，面向二年级本科生学员开设"数学建模与数学实验"选修课，这是一门以学员为主体，以实际问题为载体，以计算机为媒介，以数学软件为工具，以数学建模为过程，以数学实验为手段，以优化数学模型为目标的数学教学过程。它通过教学内容的合理选材，教学方式、方法的科学处理，考核方式、实验报告的规范要求，把传统的"教授—记忆—测试"教学过程转变为"直觉—测试—出错—思考—猜想—验证"的过程，将信息的单向交流变成多向交流。在教员的指导下，学员既动脑又动手，并使用数学软件和编程技术，解决了实践中提出的问题，通过师生协力实现了素质教育和能力培养的总体化目标。教研室还自编了适合不同培训阶段的"数学建模""数学实验""数学建模竞赛培训教程"等多本建模培训教材，结合数学建模与实验课程的开设、数学实验室与数学建模俱乐部的创建等多种教学方式、措施和手段，促进了学员素质和能力的提高，促进了教员教学水平和科研能力的提升，也全面推动了军校数学课程教学体系改革成果的创新与实现。

2. 以数学建模俱乐部为平台展开广泛的交流学习

参加数学建模竞赛已有十余年历史，与此相比，数学建模俱乐部尚属一支年轻的队伍。自 2013 年创立之始，建模俱乐部就承袭了丰富的培训经验和优良学习传统。

1) 鼓励学员在俱乐部生活中感受团队快乐

俱乐部活动场地是数学建模实验室。每周安排两次(每次 2 学时)活动，第一节课由教员组织授课，第二节课教员答疑和指导学员小组讨论。此外，按月组织一次小论文写作竞赛及模拟答辩。学员可以在实验室通过上机熟悉诸如 MATLAB、SPSS、Eviews、Lingo、Word、Excel 等各种软件的使用，通过教员集中培训掌握多元统计分析、运筹与优化、预测与决策等多种建模基础理论。

对毫无数学建模经验可言的二年级学员来说，第一次参与到俱乐部，多少会有一些生疏和不适应。因为这是一个必须团结协作才能完成任务有所回报的地方。在这里，最终的目标是锻炼 3 名学员组成 1 队在 3 天或 4 天内完成一个实际问题的数学建模全过程。具体内容是：就问题的重述、简化和假设及其合理性的论述、数学模型的建立和求解(及软件计算)、检验和改进、模型的优缺点及其应用范围的自我评述等内容写出一篇 20 页范围内的论文。在整个过程中需要锻炼的技巧绝不是一朝一夕若干课时就能完成训练和培养的。而检验是否具备数学建模能力的最好标准就是选拔脱颖而出的优秀种子学员参加全军和全国举行的大学生数学建模竞赛，在实战中亮剑。

通常情况下，二年级数学建模俱乐部成员参与建模竞赛的热情最高，他们基本能够全部成功提交参赛论文并有一半以上获奖。尽管二年级学员缺少建模经验、掌握的建模方法较少较简单，但往往正是他们更具有参与学习的激情和践行梦想的渴望。在数学建模俱乐部里，每个人都能尽情展现敏锐的观察力、科学的思维力和丰富的想象力，而能够展现出它们的前提是本身掌握一定的建模方法与技巧，并且具备脑快、眼快、手快的综合实力，同时拥有愿意与队友并肩奋战到底的勇气和决心。对于俱乐部的三年级学员，更多的是求新求质地学习建模方法，同时由他们带领二年级学员成立了俱乐部办公室，主要完成建模团队的磨炼与合作，负责俱乐部的日常活动秩序管理及活动安排。

借助数学建模俱乐部这个平台，选择有代表性的建模案例，先让俱乐部成员自己学习研究，然后上台讲解，这种“讨论式”的教学方式，可以激励学员学习数学的积极性，使学员从被动地接受知识转变为主动地获取知识，切实培养创新精神和团队协作能力，并为全军、全国建模竞赛培养出优秀的参赛种子选手。

2) 激励学员在数学建模俱乐部中搭建人生堡垒

为培养学员对数学建模的热情，指导教员在数学建模俱乐部分时段开展讲座，每位教员每周负责主讲不同的模块，如数据挖掘十大算法，k 均值及其 MATLAB 应用，数值分析之差值拟合，高级绘图之特殊形状编程等。这些讲座对于帮助学生初步了解数学建模的神奇和趣味，避免想开始建模的步伐又担心顾虑能否学会，或是想提高建模水平却寻不到妙法等困惑都很有针对性。

俱乐部注重科学指导，在管理、培养过程中为学员树立正确目标导向，因人制宜地用符合学员成长发展规律的方式方法指导开展活动；注重学员培养的系统性和针对性，按照循序渐进的原则由浅入深开展活动；注重发挥学员在俱乐部中的“主人翁”作用，让学员在俱乐部运行管理、活动组织、建设发展等环节中承担主要任务，充分调动学员的积极性和创造性，激发学员学习兴趣，促进个性发展和能力培养；注重实践培养，将理论学习与各类实践活动有机结合，推动俱乐部工作不断向前发展。

知识储备、软件应用、论文写作是参加数学建模竞赛需要具备的三个重要基础。俱乐部学员要想在建模竞赛中获奖，必须具有扎实的专业基础和优秀的综合素质与能力，参加竞赛也是推进军校教学改革和学员通识教育的重要动力。每年在相关单位的积极协调与配合下，由教练组选拔出实力成员参加年度全国大学生数学建模竞赛和军事运筹学学会举办的全军军事数学建模竞赛。

以点带面是数学建模俱乐部突出的一项重要任务。建模方法的培训和论文写作的练习是实现这一目标的核心途径和首要目标。只有真正对数学建模有兴趣、对数学本身有兴趣、对数学知识的应用有兴趣的学员才能加入到俱乐部这个温暖的集体中来，俱乐部里有志同道合的伙伴，有丰富的资源，大家能够面对面交流，在建模的道路上携手走下去，收获属于自己的喜悦和成功。经过一年充满智慧博弈的俱乐部团队生活，参加一场兼具体力坚持的脑力竞赛，将会有更多出类拔萃的本科生学员走出学院，走向部队。

5.5.2 融入数学建模思想完善课程教学体系改革创新

数学建模俱乐部工作的开展，其意义就在于让教学和竞赛在长期实践中建立理论与实践之间的桥梁。通过竞赛让学员进一步感知大学数学知识的应用领域及其重要性，不仅激发了学员的学习积极性，也为学员指明了运用数学知识分析和解决实际问题的方法和方向，完善了大学数学教学体系。

1. 数学建模融入数学教学的现实意义

1）符合信息化战争的实战化需要

为贯彻习主席强军目标重大战略思想，深入落实中央军委《关于提高军事训练实战化水平的意见》的有关精神，在军队院校大力扶持创变的基础上，教学体系改革要直指打赢信息化战争的需求。在大学数学课程教学过程中营造定量化分析和解决问题的氛围，增强广大学员的数据意识、应用意识和创新意识，推动作战理论建设向精确化、标准化、模型化和工程化转变，促进院校数学教育向实战聚焦，面向战场、面向部队、面向未来，培养和提高各级指挥员指挥现代化战争的能力。

高素质人才的培养能够推动新军事变革，学员创新能力的培养是军队院校的重要目标，“高等数学”“线性代数”“概率论与数理统计”是本科生尤为重要的基础课程，本科生学员的数学能力培养尤其是数学应用能力和创新能力的培养是这些课程最根本的目的之一，将数学建模思想方法融入到此类主干课程的教材及课堂中去，从全国及全军范围内来看都是大势所趋，且日益常态化，在提高学员的综合素养、增强学员应用数学知识分析与解决实际问题的能力等方面也都取得了良好的效果。

2）有利于夯实学员的数学理论基础

传统的数学课程教学偏重理论讲授，缺乏对学员运用数学知识解决实际问题能力的培养。数学思想方法是数学知识的精髓，是理论联系实际的桥梁，是知识、技能转化为能力的纽带。数学建模是用数学语言描述、分析和解决实际问题的过程，如果能够将两者相互融合相互渗透，特别有助于改变枯燥的教学内容和单调的教学模式，有助于将数学理论和实际问题紧密结合，促进学员活学活用，有助于锻炼学员根据不同的实际问题渗透使用数形结合、化归转化、最优化、局部线性化、迭代、逼近、变换等各种不同的数学思想，使学员对数学基础理论的掌握程度和认知水平得到进一步提升，并在学和用的过程中充分锻炼和培养数学应用能力和创新能力。

3）有利于促进数学与军事学科的融合

加强与其他各学科的联系一方面可以拓广建模问题来源，另一方面可以使数学课程尽可能地贴近学员需求和实际生活。在教学中融入数学建模的思想方法，将军事理论和学科前沿知识有效糅合到数学课程教学中去，不是单纯地为了解决数学问题，而是通过发现、收集其他学科如作战模拟、军事训练、效能评价等军事上的问题，以数学的方法去假设、分析、研究和解决，从而促进数学与其他学科(特别是军事学科)的交叉渗透，同时也为其他学科的研究发展提供基本的科研方法和技术手段。

2. 数学建模融入数学教学的重要作用

1) 增强学员的心理素质和意志力

在未来的信息化战争中，环境严酷，节奏加快，空间增大，对人的心理冲击强烈，要求本科生学员必须具有良好的心理素质，要有坚强的意志力、从容的应变力、冷静的判断力和超常的承受力。如果军校学员在校园里就能在这些方面得到发展，无疑将对未来走上工作岗位有很好的帮助。

数学建模也是一门心智艺术，在整个建模过程中实现预定目标并不总是一帆风顺，在付出艰苦的脑力劳动之后，常常还是会遇到挫折和失败。教学过程中融入建模思想也不会顺理成章，可能存在例题艰涩、计算难以实现等问题。这都需要有毅力、有耐心，需要勤奋、刻苦、机智、顽强的精神。在向自我挑战、向困难挑战、向失败挑战的过程中，教员和学员一起锻炼谦虚谨慎、严谨求实、吃苦耐劳、不断进取的精神，以顽强的毅力和巨大的热情克服困难，就是在为探求真理而奋斗。

2) 锻炼学员相互交流与团队合作能力

未来信息化战争的一个显著特点，就是知识和科技高度密集，要求军事人才必须具备现代科技知识。而现代军事科学研究的许多领域及课题，都需要多学科的专业人才和科技人才协作攻关。各个成员之间需要相互理解支持、相互交流，才能成功地进行合作。

数学建模问题的解决需要多人组队，这样设置的初衷就是为了建立队员之间的相互信任关系，培养队员的相互协作能力。要完成从查阅文献、调查研究、数据分析，到建立模型、设计算法，再到编程求解、分析结果，最后提出应用方案并写出研究论文等各个环节，单靠某个人和某一两门学科的知识，是难以完成的，队员相互之间既要合理分工，又要集思广益、密切协作，通过跨学科、跨专业的知识综合一起合力攻关。如果把这样的过程应用到数学课程教学中去，将时时处处在课堂上培养学员彼此磋商、相互交流的合作意识和尊重他人、团结互助、相互协调等优秀品质。

3) 提高学员的自学能力和计算机应用能力

数学模型的范围常常相当广泛，当学员面临一个实际生活中的问题时，需要查阅资料、阅读文献来获取相关知识信息，以加深对问题的理解，进一步建立合理的模型。这不仅要求学员了解和掌握有关的数学知识，还要求他们掌握相关的专业知识。在数学课程的教学中融入这样的数学建模思想方法，采用启发式教学，能够促进学员形成学习新知识的意识和习惯，不断拓宽知识结构，完成从知识继承到知识创造的飞跃，在潜移默化的过程中培养学员的自学能力。

来源于现实生活的问题往往比较复杂，一支笔、一张纸常难以解决，大都需要借助计算机和软件来进行资料检索、计算模拟、图像与表格的处理等，建模结果的正确与否也需要用计算机来检验，这就要求学员要具有扎实的基础知识和较强的动手能力，间接地培养了学员使用计算机的能力。

4）*培养学员的创新精神与信息素养*

培养高素质本科生学员的能力是多方面的，但是培养创新能力是根本也是核心。新军事变革的发展证明，创新能力是军事人才最宝贵的品格之一。作为军校学员，应该开阔视野、大胆质疑、勇于进取、勇于创新，不仅会学，还要会想、会创造。数学建模思想方法要求学员在原有知识的基础上，将新感知的形象、思维与记忆中的形象、思维相比较，重新组合，加工整理，以发现新问题、提出新观点、创造新思维。在建模过程中，学员在充分占有资料的基础上，经过机理分析，能够抓住问题的主要矛盾，简化问题层次，对不同方法的优劣做出判断，这些都是获取信息、甄别信息、利用信息的过程，也完全是一个创造性的过程。所以，将数学建模思想方法融入数学课程教学，能够使军事人才具备高敏度的信息捕捉、全方位的信息获取、去伪存真的信息甄别和透彻灵活的信息分析运用等能力，同时为培养军校学员创造性思维能力和创新精神提供广阔的空间。研究生导师也特别欢迎参加过数学建模培训的学员去攻读他们的研究生，这些学员往往具备较强的创新能力，其毕业设计也明显优于其他学员。在参加实际工作后，也能很快独立开展工作，深受用人单位的青睐。将数学建模思想方法融入数学课程教学是培养创新型人才的一条可行之路，也是广大本科生学员的一条成才之路。为此，应不断总结数学建模培训、竞赛与教学经验，将数学建模的思想和方法，继续有效渗入到大学数学课程教学体系改革创新中去。

5）*促进教员教学水平的提高*

结合数学建模的特点，从数学教学内容、教学方法和教学手段上实施创新，在数学基础课程的教学中已经取得了良好的教学效果。这也从另一方面促进了教员教学水平的提高。教研室先后有二十多位教员参与指导数学建模活动，且主要以年青教员为主。通过对数学建模工作的指导，激发了学习新知识、研究新问题的热情，使他们的教学、科研水平都有了大幅度的提高。数学建模活动与教学的开展，也培养了一支优秀的应用数学研究队伍，推动了跨学科研究的发展。

3. 数学建模融入大学数学教学的方法与途径

1）*以问题为抓手，激发学员学习兴趣*

爱因斯坦说过："兴趣是最好的老师。"这就是说一个人一旦对某事物产生了浓厚的兴趣，就会主动去求知、去探索、去实践，并在求知、探索、实践中产生愉快的情绪和体验。

针对学员对数学课程学习兴趣不高的现象，从学员感兴趣的实际问题入手，使抽象的概念和理论在解决问题的过程中被汇总和重新发现出来，并用以解决给出的实际问题，让学员切身感受到实际问题与数学概念方法的密切联系，从而激发学习热情和兴趣，使学员在学习基本知识、基本理论和基本方法的同时能够熟悉数学思想和建模思想，真正起到锻炼能力的目的。

2) **创新教学方式方法，重组数学课程内容体系**

(1) 在课题引入与概念讲授中渗透数学建模思想方法

在教学过程中注重把建模问题与抽象理论有效结合，有利于对大学数学知识结构和内容体系进行适度组合优化。例如，在讲述连续函数的介值性定理时，可以介绍椅子在不平的地面上能不能放稳和爬山等问题。在讲述数列问题时，可以介绍高阶等差、自然数幂求和、人口问题和兔子繁殖等问题。在全概率公式的教学中，引入航母舰载机着舰事故风险分析的典型军事案例，增加学员应用数学解决军事问题的兴趣。在格林公式的讲解中增加南海热点军事问题，利用数学方法计算海域面积，进一步开拓学员运用数学知识解决实际问题的眼界。在多元函数极值的教学中，增加求解多目标打击最优解问题及蜂巢模型，增强学员的数学分析能力和应用能力。在概率论与数理统计中，对每一个统计问题中的参数与实际意义给予建模方法上的关注，都可以不同程度地拉近抽象的数学概念与现实问题的距离，还可使学员看到现实生活中的数学之奇和客观世界中的数学之美，更重要的是学员的能力、毅力、创新精神、协作意识等综合素质得到了培养。

(2) 在定理阐述与例题习题中渗透数学建模思想方法

为了加强对数学课程中多种多样艰涩难懂的复杂定理及证明过程的理解，加入一些实际应用的例子，往往会起到事半功倍的效果。“从特殊到一般”是一种常用的数学建模思想，如果采取这样的方式对数学课程教学中的定理进行“粗”处理，选取简单的示例，把定理的条件与结论看作是实际问题的数学模型，则可由实际问题的结果得出定理需要的一般条件和结论。这对于应用型的军校学员来说，尤为适用。

(3) 在课后作业与考核评价中渗透数学建模思想方法

单纯的数学训练是一种形式变换的训练，学员完全处于一种被动情形，整个练习过程在学员身上体现得更多的是模仿与强迫记忆，难以帮助学员理解数学概念的研究动机，进而无从谈起对数学真正的全面的理解。融入数学建模思想方法后，采用群体思维的作业练习方式，作业内容不受课程内容的局限，根据学员实际情况布置训练内容，这就给学员留下了一定发挥创造的空间。教员提出具体要求，学员课后以小组为单位合作完成，提交简短的书面报告。通过教员讲评和学员之间的相互交流讨论，实现相互启发、相互学习、共同提高的目的，改变了学员独立思考的习惯。教员在进行作业的考核评价时，主要依据合理性、创新性、结果正确性和表述清晰性等原则，给出成绩，重点突出创新性，这种带有科研性质的方式，对培养实践创新能力有积极的作用。

3) *利用计算机软件辅助数学课程教学*

线性代数与概率统计课程尤其注重概念的理解和统计思想的传授，但是一直以来教学手段较滞后，缺少实践性教学环节，一定程度上影响了学员的学习积极性和自信心，影响了后继课程的学习，不利于应用型人才的培养。在概率统计的教学中增加数学实验，使数学演示实验在课堂教学中即时呈现，可以跳出课本和课堂的限制，增加课堂教学的信息量，树立教员主导、学员主体的教学理念。例如，发展史上的著名实验、重要且难理解的概念定理及重要分布、描述性统计量、参数估计、假设检验等，可以借助 MATLAB 软件编制随机模拟实验的 M 文件，根据课堂需要随时调用运行，或者利用多媒体演示计算，在观察、实验、操作、猜测、归纳和验证等方面给学员提供丰富直观的背景素材，带领学员一起参与大样本数据和统计回归模型的处理等，使学员能真正参与到教学活动中去，加深学员对概念、理论及方法的认识和理解，尝试发现和创造的过程，发掘潜能，扩展视野，认识到学习概率统计知识的重要性。

高等数学的教学也可以注意建模教学案例的典型性、实用性、前沿性和数学方法的综合性，增加计算机解题的训练。例如求曲率问题时，可以用建模例子借助 Mathematica 的绘图功能加以模拟引申。讲解常微分方程时，可以引入案例进行建模分析提炼微分方程并用 MATLAB 软件求解。通过这些数学模型的建立、求解，使学员了解数学概念的产生发展过程，明确概念的内涵，以及其中孕育的重要数学思想方法。

5.5.3 数学建模竞赛案例分析

全国建模竞赛的赛题对参赛选手来说极具挑战性。例如近年来的题目有小区开放对道路通行的影响、太阳影子定位、“互联网 + ”时代的出租车资源配置、“嫦娥三号”软着陆轨道设计与控制策略、创意平板折叠桌、车道被占用对城市道路通行能力的影响、碎纸片的拼接复原、葡萄酒的评价、太阳能小屋的设计、储油罐的变位识别与罐容表标定、上海世博会影响力的定量评估等等，涉及社会经济、工农业生产、工程科技、天文地理等方方面面的现实生活问题甚至难题。

下面，以全国大学生数学建模竞赛问题“上海世博会影响力的定量评估”为例，简要介绍三名学员与指导教员如何通过协同配合，实践建模竞赛对创新能力的要求，取得了全国一等奖。

“上海世博会影响力的定量评估”题目：上海世博会是首次在中国举办的世界博览会。从 1851 年伦敦的“万国工业博览会”开始，世博会正日益成为各国人民交流历史文化、展示科技成果、体现合作精神、展望未来发展等的重要舞台。请你们选择感兴趣的某个侧面，建立数学模型，利用互联网数据，定量评估上海世博会的影响力。

1. 初赛建模

从 9 月上旬的某天 8 时整开始，至三天三夜后的 8 时整结束，某队三位学员组成一组，在宿舍完成了一篇 20 页左右的原创性的数学建模论文。

1) 问题分析

探讨了上海世博会影响力的问题，利用互联网数据，从经济这一侧面，对上海世博会的影响力进行了定量评估。

上海世博会是上海经济发展的又一历史机遇，对于加速推进上海国际化大都市建设和国际经济、金融、贸易、航运中心的建设具有积极作用。本文要求选择某个侧面，建立数学模型，利用互联网数据，定量评估上海世博会的影响力。世博会是通过世博经济对举办国家和城市产生影响的，世博经济是指举办城市在筹办和举办世博会期间，以及世博会后的一段时间内进行的、与世博会直接关联的一系列经济活动，是以世博会为契机，推动举办城市乃至周边地区经济发展的各种经济活动的有机结合体，故本文从经济角度定量评估世博会的影响力。

首先查阅互联网数据，得到历届世博会的举办时间、举办城市、会展天数、参观人数、投资花费等信息。这些指标对经济都有直接或间接的影响，为了能够综合评价这些数据，对数据先进行相关性分析，最终建立世博会影响力模型，对世博会的影响力进行定量评估。

其次考虑 GDP 与经济有直接的相关性，所以分析世博会对 GDP 的作用。比对所得数据发现 GDP 的增长量与经济的增长是成一定的线性关系的，用近几年的 GDP 增量与经济的增量的比值的平均值作为乘数，来估计最后世博会投资创造的 GDP 数额。

再次考虑世博会对上海的就业人数的影响。基于经济学的就业弹性思想及劳动生产率理论，发现从业人数增加量与 GDP 的增长量的比值是基本固定的，用其比值关系测算 GDP 增长所拉动的就业人数的增加量。

然后分析世博会对经济因素中旅游的影响。考虑到在旅游中人数是较为直观的量，故从旅游人数的变化上，定量评估世博会对旅游的影响。世博会现在正在进行中，有些人数的采集是不容易的，因此想到利用以往的类似重大事件对旅游人数的影响来预测未来有可能的游客人数；根据人数的变化来量化世博会对财政收入的贡献。

最后综合考虑近两年中国所举办的两次较大规模的世界性盛会——奥运会和世博会，它们均会对举办城市产生巨大的影响，通过比较两者的异同，可得出世博会与奥运会的影响力对比。

2) 模型建立与求解

首先,考虑到决定世博会影响力的因素的不同,建立评估模型,综合展出天数、参观人数、参展国家、占地面积、花费五项指标,对二战后历届综合性世博会举办城市的影响力进行定量评估,建立各城市的影响力函数:

$$f_i = \sum_{j=1}^{7} y_{ij} \quad (i = 1,2,\cdots,7) \tag{5.1}$$

对二战后历届世博会的影响力函数值进行排序,给出影响力得分值。其中,上海第一,布鲁塞尔第七,具体排序如表5.1所示。

表5.1　影响力排序

城市	上海	大阪	塞维利亚	蒙特利尔	爱知	汉诺威	布鲁塞尔
得分	1.314	0.843	0.624	0.612	0.582	0.577	0.449

其次,探讨世博会对上海GDP拉动效应的影响。通过查阅上海统计局年鉴,得到1985～2003年上海的GDP、最终消费量及资本形成总额等数据,运用MATLAB拟合出估计结果 $C_t = -28.909 + 0.444Y_t$,其中 C_t 指当期消费,Y_t 指当期收入。运用乘数原理,建立消费模型:

$$k = \Delta Y / \Delta I \tag{5.2}$$

在不计预期和资产因素与考虑预期和资产因素两种情况下,分别计算出上海市每增加1元投资最终可产生1.794元、1.46元的GDP;并估算出上海世博会投资总共可为上海市创造GDP 1859.99亿～2093.23亿元。

再次,通过分析GDP增长与就业增加的关系,计算出平均就业弹性值:

$$N = \sum_{t=1}^{k} \left(\frac{N_t - N_{t-1}}{GDP_t - GDP_{t-1}} \right) \Big/ K \tag{5.3}$$

其中,N 指GDP增长1亿元拉动的从业人数增加数,N_t、N_{t-1}分别指 t 年和 $t-1$ 年的就业人数,GDP_t、GDP_{t-1}分别指 t 年和 $t-1$ 年的国内生产总值,K 指年数。对其进行评估,可得上海市GDP每增加1亿元,可带动就业增加119.5人,上海世博会投资大致可为上海市创造22万～25万个就业岗位。

然后,对比昆明世园会,从上海已接待的国际旅游者的人数统计状况看,国际旅游人数基本呈线性分布,因此采用时间作为自变量来拟合线性方程,运用时间序列法的点估计、区间估计,借用最近三次世博会的经验系数来推断世博会对上海国际旅游人数的放大系数,得到放大系数 $Z_s = (1.0621 + 1.0842 + 1.0689)/3 = 1.0717$,计算出5～10月份上海世博会举办期间上海市国际旅游人数有95%的可能在95.12万～477.88万人次。还考察了世博会影响下的旅游经济效应,算出上海财政收入将达到3835.1亿元,世博会旅游人数将为财政收入贡献54.3%,达到2082亿元。

最后,将上海世博会与国际重大活动,特别是北京奥运会的影响力进行对比,得出上海世博会的综合影响力优于北京奥运会。

3) **模型评价**

对上海世博会的影响力做一个全方位、多角度的定量评估，能让大家很好地认识世博会这一“经济、科技与文化的奥林匹克”盛会，总结其成功经验，也能为我国更科学、合理地筹办国际重大活动添砖添瓦。鉴于此，从经济方面运用数学模型对其中一些关系进行梳理，得出一些参考结论。模型有优点也有不足之处。

优点：

(1) 消费函数模型从实际出发，所得结果更全面、更科学。

(2) 放大系数法有很好的可移植性，很好地解决了上海世博会旅游人数的预测问题。

(3) 从多方面对世博会影响力进行定量评估，所得结论比较客观。

缺点：

(1) 由于许多数据来源于互联网，真实性无法考究，所以存在一定的误差。

(2) 经济方面指标选取不全面，存在一定片面性。

2. 复赛答辩

全国大学生数学建模复赛答辩环节，对于入围的参赛队伍是极具挑战性的。小组成员要在规定的时间内回答专家评委的提问，这就要求参赛队员对问题的背景、建模建立的过程、模型优缺点、程序的运行及对问题的进一步思考等方面都要有较为深入的思考和讨论。

从初赛中脱颖而出后，该建模队进入 10 月份的全国复赛答辩环节。国庆期间，按照复赛答辩要求，三名队员反复琢磨论文，提炼模型优点、挖掘论文不足、充分练习讲稿，最终在答辩现场他们以严密的逻辑、务实的态度征服了评委，荣获全国一等奖。

第6章　人文类课程改革创新

人文教育，是指对受教育者所进行的旨在促进其人性境界提升、理想人格塑造以及个人与社会价值实现的教育，其实质是人性教育，其核心是涵养人文精神。重视人文教育是当今世界高等教育改革的趋势。自新世纪以来，我国高等教育理论研究与实践领域对于人文素质探索日渐频繁。

人文素质对于军人的全面发展具有不可忽视的重要作用。新世纪的军事人才，应当是具有高军事素质和人文素质的人才。强军兴国，关键靠人才，基础在教育；教育兴则国家兴，教育强则国家强；人才强则事业强，人才兴则军队兴。聚焦打赢，面向战场、面向部队、面向未来的军校高等教育的主要任务是培养未来军队高素质人才。因此，人文课程教育在培养军人的过程中至关重要，人文课程改革创新势在必行，军校人文课程教育能否在强军兴军实践中阔步前行，是人文教育者需要深刻思考的重要议题。

6.1　人文类课程概述

教育的功能是“育人”，而非“制器”，人文教育更是如此。军队高等院校应正确认识人文教育的内涵和功能，使之落实到人文教育课程的设置和内容的选择上，反映在教学方法和教学管理上，采取多种途径、多种方法，使军校人文教育走向科学化、规范化、制度化和创新化。

6.1.1　人文课程的责任与担当

人文课程教育的根本目标在于促进人的发展。就军校而言，人文课程教育主要有两大任务：一是塑造“军人样子”，二是促进“军人职业价值实现”。人文课程教育必须高度关注学员全面、长远发展需求，突出军事职业岗位指向性，确立具有军事特色的人文课程建设目标。

军校人文类课程培养的终极旨归是以习近平强军思想为引领，根植强军兴国新时代，注重高素质新型军事人才培养实践，关注军人气质的培养和指挥能力的形成，通过对传统人文类课程的结构性调整，将课程建设与学员领导管理能力的培养相结合，培养既具有深厚人文底蕴，又具备较强实践能力的应用型人才，以适应部队发展对人才的需求。

军队院校人文类课程体系重点在于构造适应军事岗位需求的人文社科类通识课程，优化教学内容体系，注重教学内容的动态更新，凸显课程建设的军事指挥特色，建设精品课程，形成并丰富主干课程外的课程补充体系。军校人文课程改革必须要遵循四个原则：一是遵循指向性原则，必须与院校总体发展战略和顶层设计目标相一致，全力推进有针对性的人才梯队、教材、课程、科研、实践平台和学习氛围的建设；二是遵循科学性原则，按照人文类课程的自身发展规律，结合院校整体定位及军队人才培养需求，科学地制定建设规划；三是遵循创新性原则，根据军队人才培养方案着力打造切合院校发展实际的发展规划，确立具有前瞻性的建设目标，以体现军队院校人文课程的特点和创新；四是遵循协调性原则，注重教学与科研的协调发展，人文课程和其他相关课程的协调发展。

6.1.2　人文课程的全人教育理念

全人教育理念是指在满足社会需要的前提下充分发挥学员的主体价值，把学员的全面发展作为教育的终极目标，使学员在德、智、体、美、事、情等方面通过院校教育得到全面进步，成为一个各方面全面均衡发展的人。

中国传统的通识全人教育主张培养博通的“君子儒”型人才，而不是“小人儒”型人才，追求道德理性，重视道德修养，真正关注人的内在价值与尊严，实现个人充实而有光辉的生命价值。以大学语文为代表课程的人文课程的重要要义就是在全人教育理念大背景下，通过文学教育等提升学员汉语母语能力，树立终生学习的语文观，培养人文通识素养，成为一个各方面均衡发展的人。

习主席要求，全军院校要把握现代军事、科技发展新趋势，把握实现强军目标、建设世界一流军队新要求，在培养高素质新型军事人才、推进军事理论和军事科技等方面实现新跨越。新型军事人才要有在世界舞台上应对各种挑战的素质能力。培养有灵魂、有本事、有血性、有品德的新时代革命军人的要求促使官兵在学校这个大熔炉中要既增长知识才干又提升思想境界，做到德智体美全面发展。因此，军队院校教育人文课程的全人教育一定要体现出与“四有军人”目标要求密切结合、高度一致的军事特色。

6.1.3　人文课程的互联网机遇与挑战

随着新世纪的到来，一波新技术浪潮席卷而来，改变着我们的工作、生活以及娱乐消遣方式，对人文教学也带来了新的挑战。我们要正确地认识到变化是一种常态。当我们还在以PPT为课堂主要教学手段时，慕课、微课、在线学习、雨课堂、电子书包等已经成为一种趋势，并逐渐成为日常教学的一部分。改变的不仅仅是这些技术，改变的是一种资源、一种教学环境、一种教学理念的重新构建。毫无疑问，互联网背景下的新技术给我们的人文教学带来了无限可能，比如利用翻转课堂，可以让学员的学习兴趣变得更加浓厚，学习动力更足；利用互联网资源，可以解决大班教学一半人“吃不饱”，一半人“不够吃”的情形；利用多维课堂，可以有效利用各种资源，开拓师生视野等。

对于人文课程教学来说，我们既要发现并坚持传统教学的特色，同时更要善于纳新，不断提升自我。对于教员来说，这是最好的时代，因为互联网可以为我们提供更多的便利，随时随地接受继续教育，汲取他人经验，开拓自己视野；对于学员来说，这是最好的时代，他们以新世纪千禧一代的新生方式催进着我们人文教育改革的步伐，新技术给予他们机遇，同时也给予他们挑战，甚至是危机。这样的时代，无比急迫地需要“请慢一点，等一等我们的灵魂”的人文精神的滋养，需要以文化人的人文课程的引领。

6.2　大学语文课程实践创新

长期以来，对于语文课的学习一直存在一些误区，或者说在语文教学上存在一些弊病。学习语文不是为了写好一篇文章，不是为了应付考试，语文课也不仅仅是一门知识课。毫无疑问，语文课堂可以是唯美的、诗意的，充满着理性的思辨与感性的律动，激扬着人的生命追求，成就人生诗意的发展。因此，对于军校“大学语文”课程而言，一方面要坚持传统的语文教学本色，以厚重的文化积淀确保教学有内涵地展开，培育学员深厚宽广的人文情怀和深邃的历史文化视野；另一方面，要体现军事特色，让红色基因得以传承，让语文教学催生文化战斗力，让爱国情怀、战斗精神等正能量在人文课中得以潜移默化，滋润学员心田。

6.2.1　明确“五大特性”，善用教学方法

“大学语文”课程是军队院校科学文化基础课程，是教学大纲和人才培养方案规定的通识课程。它对军校学员人文素质的培养、健全人格的形成，文化修养、审美能力的提高有着重要的作用。对学员职业所需的语言文字表达、思想文化修养、人文情怀等方面素质起到直接的支撑作用，能有效促进军人气质和指挥能力的形成。

“大学语文”课程旨在通过课程学习，使学员获得文学、文化、写作、演讲等基础

知识，提升其阅读鉴赏、文化解读、语言表达能力，树立正确的人生观价值观，培育优秀的中国传统文化素养、批判性思维，初步形成本科生学员应该具备的较完善的人文素养。

“大学语文”课程具有“五大特性”，分别是基础性、工具性、知识性、人文性和军事性。其一，基础性。大学语文教学是科学文化课的重要基础，其听、说、读、写等能力广泛应用于各专业、各领域的交流和研究。其二，工具性。大学语文是重要的工具，不但是人文素质教育的工具，也是通识教育的工具，乃至是整个人生的工具。其三，知识性。大学语文所选取的经典文章内涵丰富，学员从中可以掌握大量文学常识和历史典故，通过学习，可以“腹有诗书气自华”，从简单的“读得”升华到“悟得”和“习得”。其四，人文性。大学语文教学是给学员打精神底子，鼓励并启发学员热爱生活，感悟生命之美，形成深刻的人生体验，从而参与到文学解读中，实现人与文的深度交汇。其五，军事性。较之以上，军校的大学语文课程与普通国民高等教育显著不同的是具有鲜明的军事性。它紧贴部队岗位需求，以文化人、以情动人、以美育人，从思想、形式到内容向实战靠拢，“姓军为战”。

“大学语文”课程的授课对象为各专业本专科学员，他们经过完备的国民基础教育，总体上具备了较扎实的语文基础，有较强的创新思维能力，乐于接受新生事物，能熟练使用网络，能使用在线课程、雨课堂等信息化资源进行自主学习，信息化素养较好。但也存在一些问题：一是深度阅读基础不够，亲近文娱热点，疏离经典著作；阅读数量少，缺乏深度和广度；信息来源单一，容易受到娱乐化、碎片化阅读影响；语言应用能力不突出。二是存在学用不一、理论与实践断层现象，书面、口头表达不精准、不优雅，到部队踢不好“头三脚”。三是文化学习动力不足，在应试教育模式制约下，关注学习结果胜于学习过程，轻文化、重军事，终生学习目标不够明确，个人职业规划不明确。四是人文情怀部分缺失，快节奏、高强度的学习、训练、竞争导致部分学员缺乏生活情趣，审美感悟不够，心态疲惫，聚焦打赢能力不足；极个别人有精致利己主义和狭隘功利思想的倾向。

因此，针对学员的心理特征、语文学习的习惯及未来基层部队任职岗位能力培养的需求，在语文教学内容上就要充分重视内容的合理化、科学化设计，以此有效提升学员人文思维的广度与深度。在教学方法上要突出“五大特性”，善于使用教学方法，如在工具性的体现上要突出语言交际，多运用演讲、辩论、表演、汇报等教学方式；在知识性上要重知识融会贯通、旁征博引，引领启发学员掌握阅读、体悟、思辨、表达之道；在人文性上要引导学员把阅读经典与体悟生活紧密联系，升华思想境界，获得人生启示；在军事性上要突出“姓军为战”，精选军旅作品，突出主题教育，传承红色基因。

6.2.2　遵循文学规律，突出主题教育

根据军队院校教学大纲和人才培养方案规定，“大学语文”课程教学在内容安

排上，注重以文学作品为切入点，加强对民族文化、历史传承的情感认同，重点是对母语的精致优雅的认识了解和运用，提高理解应用、文学审美等综合能力，难点是文学与军事的有机融合。作为语文教育，一定要遵循文学规律，如按照文学史发展，从先秦文学、汉魏晋文学、唐宋文学、元明清文学到现当代文学讲授；按照文学体裁，兼顾诗词曲赋、小说戏曲，文体兼备；按照能力发展，既有作品阅读赏析层次，也有语言表达应用层次；按照学习方式，可分为精读精讲、泛读导学和自学拓展部分，实践学时可以通过语文课外的选修课、俱乐部、实习、社会实践活动等方式完成。

要突出主题教育，以文学作品选为载体，如家国情怀、品格修养、英雄叙事，选择文情优美、思想深刻有艺术魅力的作品，如《诗经》《先秦诸子散文》《垓下之围》等，通过品读与体会引导学员对人性善恶、品德高低有所辨别，领悟优秀传统文化的魅力；要紧扣时代发展，让抗战、长征、楷模、强军等特色专题“三进入”，如《抗战诗歌赏析》《毛泽东长征诗词》等思想真挚、积极向上的作品，引领学员关注历史、关注生活，融入时代发展与民族复兴伟业。

要紧贴部队需求，在作品选材上精选军旅名篇，重点讲授，突出战斗精神培育，在文学审美上，突出铸魂、塑魂和育魂，如《采薇》《白马篇》《燕歌行》《行路难》《水龙吟》等作品；在能力培养上，听、说、读、写综合应用，全面提高，如开展汉字文化及听写、情境模拟写作、诗歌朗诵会等灵活多样、富有趣味的语言活动，锻炼提升学员适应部队岗位需求的语言文字应用能力。

此外，为了使学员更好地掌握这些知识，还要在资源构建上，搜集、整理、制作教学资源，构建军队网络教学平台，自编适宜院校特色的教材，完善建设试题库，建设课程学习图书资料室。在考核机制上，要更好地考察学员知识掌握情况，既注重过程化考核，鼓励学员积极参与任务性学习活动；也通过终期考核重点考察学员综合分析能力，对时事热点的关注辨析，对重大问题的思考理解。

6.2.3 强化“听说读写”，激发课堂活力

军校“大学语文”课程不是思想教育课，不是单纯的文学欣赏课，不是专门的写作等技能训练课，它需要积极体现语言表达、人文素养、道德情操的综合培养及发展。因此，在实施策略上，要以课堂为中心，既要强化“听说读写”能力训练，更要注重创新策略实施，从而激发课堂活力，有效打通多元信息渠道，引导学员多元发展。

我国教育家叶圣陶先生在《认真努力地把语文学好》一文中说：“学习语文，目的何在呢？就在于把听、说、读、写四项本领学得更好。”他又在《听说读写都重要》一文中强调：“在接受方面，听和读同样重要，在发表方面，说和写同样重要。所以听、说、读、写四项缺一不可，学生都得学好。”在母语学习中，听说读写训练是非常重要的，不仅仅是中小学阶段的基础教育，高等教育阶段的大学语文对于听说读写的能力训练更应该有更高的要求。有语文教育专家更是把母语与语文、母语高等

教育视为基本上的同一概念，强调“听说读写”是母语教育的基本内容(图 6.1)。

图 6.1　课堂内外的“听说读写”活动

听。如何听？如何倾听？如何听到重点？对于时下的学员来说并不是一件简单的事情。在课堂上，听经典作品、听教员讲授分析、听他人发言阐述；在课外，听校园广播、听重要新闻、听身边的人和事，这些都是训练“听”的能力一种很好的途径。此外，随着电子技术的日益发展，双手正逐渐被键盘取代，提笔忘字、错字连篇，已然是当代青年的共性问题。语文课堂可以借鉴中央电视台《汉字听写大赛》等优秀节目的活动方式，针对性地组织开展专题语言文化活动，把“听”的感官通道变得更多，重点字词、成语、文章的听写融入灵活多样的语言活动中去，从而促使学员充分意识到母语学习的重要性。

说。在课堂里不能只是教员说，更重要的是让学员说，主动说，说他们感兴趣的，说他们熟悉的人与事，通过说的过程，熟练表达的技巧。比如，“讲军旅故事”，讲出心中的自豪，讲出学习努力的目标。那昔日训练、比武赛场上所忍受的剧痛，就是他们未来胸前挂着的闪闪发光的军功章。要敢于说出“你”的故事、“我”的故事还有“他”的故事，让那些时代楷模、标兵的故事在语文课上鲜活起来，把程开甲、林俊德、南仁东、杜富国这些榜样的力量与文学作品很好地结合起来，这些力量将促使学员矢志强军，砺剑打赢。

读。学好语文，读是根本。读不仅是在课堂上朗读课文，诵读诗词，还要把阅读变成一种生活方式。有人说，如果能将阅读的习惯坚持一个月，一个学期，或许就可以把这个习惯保持一生。信息爆炸的时代，阅读绝不应只是电子产品的碎片化阅读，回归纸的阅读，深度阅读，才能让人静心思考，深入学习。教员要努力通过语文课堂让热爱阅读成为学员的一种良好的生活方式，让学员努力亲近阅读。比如，创造机会多一些时间阅读，多一些彼此阅读的交流，用阅读打开学员迈入新世界的大门，让文字变得更有温度。

写。“上马击狂胡，下马草军书”是每一位优秀军人的追寻目标。然而，写作能力的提升任重道远。对于军校学员来说，“上马击狂胡”是轻车熟路的家常便饭，但“草军书”却难倒了很多人。有些同志毕业时不会写论文，工作时不会写总结，面试时不会写自我介绍，演讲时求人写讲稿，而在校期间，字迹潦草、写作能力欠佳更是多数学员的“心病”。对此，教员应采取循序渐进的写作练习，先从观点表达入手，从课堂上的主题探讨开始，鼓励学员勇于表达并付之于文字，如“何谓风度”“英雄的内涵"这些片段式练习,再到专门写作练习,学期结束时结合读书活动撰写读书心得,结合大项活动写主题演讲稿,模拟情境代入身份写系列说话稿等。通过多种练习,让学员感受到写作没有那么可怕,写作水平能够因为良好的训练与练习得到针对性的提升。

6.2.4 语文教学活动设计

《诗经·采薇》:一曲家国矛盾的变奏曲

《诗经·采薇》是具有军事特色的经典文学作品,在全国及全军"大学语文"统编教材中均选入该授课内容,以下为该作品教学设计思路及实施过程。

第一部分　教学设计思路

一、学情分析

该授课内容面向各专业本科学员。学情优势是学员总体上有较好的文学基础,具备良好的军事素养,对于课堂实践活动等具有较高的参与积极性,学习能力好,能够完成课前自学内容及课后拓展内容的自主学习。薄弱之处可能是学员对文学作品情感的深层次体悟,参与课堂讨论时对交流重点的把握还不够。

二、内容设计

该教学活动的前导学习内容是《诗经》的总体介绍、思想内容,后续学习内容是《诗经》中的爱情诗专题以及诗经六义。

1. 教学目标:深入解读《采薇》,了解其内容主题,领会诗中的意象之美、语言之美和情感之美;领会《诗经》的艺术魅力及对后世文学的积极影响;体会诗中的军人情怀,坚定打胜仗、献国防的信心。

2. 重难点分析:根据教学目标和学情分析,本课将重点审视在战争背景下诗歌如何凸显人性,表现生命的本真和无奈,引导学员用心灵感受诗歌的艺术美。学习重点是对作品感情的体会,难点是对作品主题多重性的理解。

三、实施策略

1. 教学理念:针对教学对象特点和教学目标要求,教学过程中始终坚持贯彻"美育"无声的教学理念,注重挖掘文学作品内部的艺术审美和情感的共鸣升华,不以说教灌输,重在"用心体会 ",在鉴赏活动中着重理解作品的深层内涵,把军人职业体验融入家国情怀之中。

2. 学习过程:该学习内容要求前后知识有衔接,以"一种情感"为基调,"两个线索”为主线,“多重主题”为探讨(图 6.2)。

(1) 课前自学:重点阅读《诗经》中的战争诗篇,梳理曾经学习过的军旅诗(边塞诗等),预习《采薇》,疏通字音字意,对作品有自己初步的感受理解。

(2) 课堂导学:主要包括背景知识导入、情感体验引导、主题理解导学三个部分。在背景知识上,交代“猃狁”和“薇”的相关知识及文化背景,要求学员关注两者在作品中的重要作用。在情感体验上,以“哀”为主体基调,体会“思”的复杂矛盾。在主题探索上,以前面两者为铺垫,体会作品所传达的家国矛盾中人性的真实性、复杂性、矛盾性。

(3) 课后拓展:与《采薇》相关的同题材的战争诗,后代的边塞诗;《诗经》中的植物与诗;战争题材诗歌的意象表达等。

3. 学习方法:重点体现学员的学习主体性,强调知识积累、铺垫在课堂中的作用,注重运用比较分析和研讨的方法解决学习中的重难点问题。

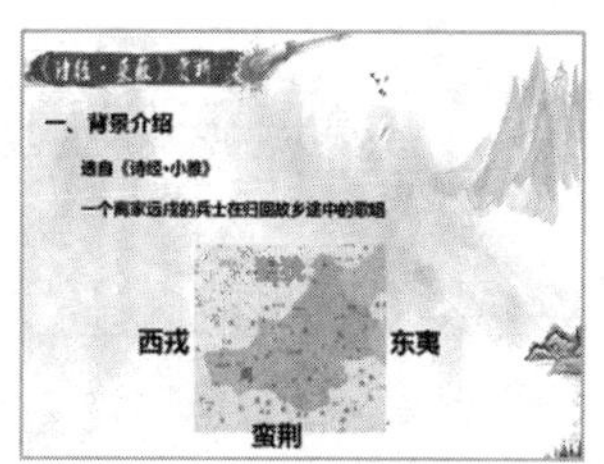

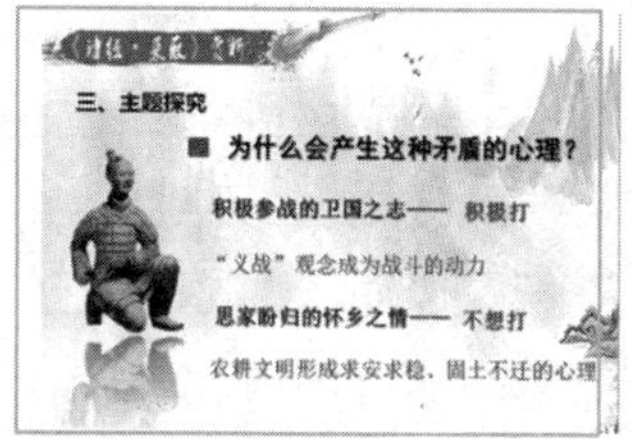

图 6.2　《诗经・采薇》教学主线环节

四、特色创新

1. 创设情境,激发学习兴趣,深层次理解诗歌情感:在课件背景图片、音乐素材以及内容的选用上都注重围绕诗歌情感主线进行,情境化地渗透,任务型地学习。

2. 依托教学平台,提供信息化资源,破解理论难点:网络教学平台提供《诗经》相关背景知识及拓展学习内容,要求学员在课前、课后进入学习,并且在课堂上有所反馈。

3. 全程学习理念,注重师生互动,前后知识体系一体化:军人情怀主题是贯穿学习过程的一个重要内容;从文学角度,以“意象”为专题,把高适的边塞诗《燕歌行》和抗战诗歌的学习有机联系到一起,形成一个学习单元,做到知识整体化(图 6.3)。

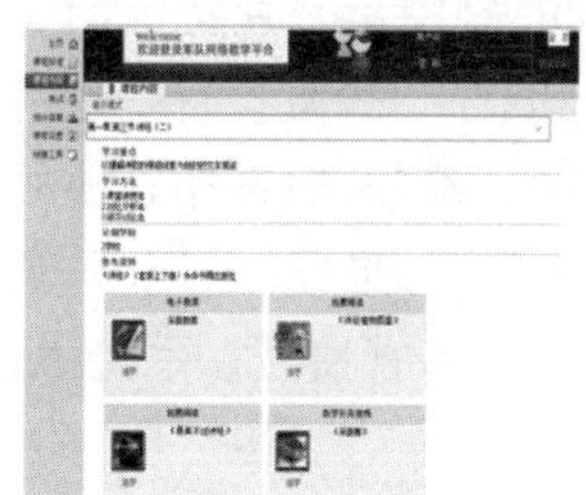
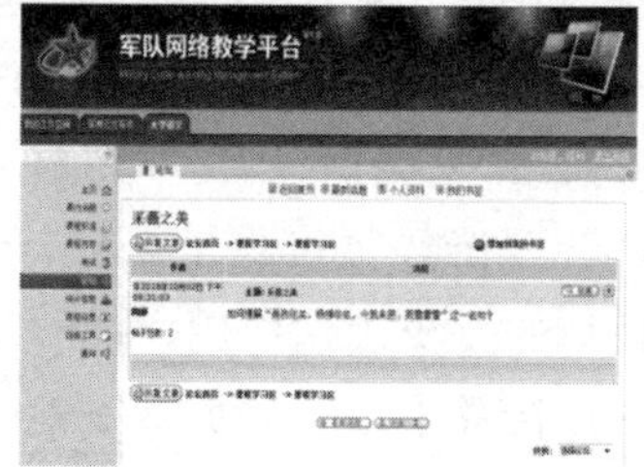

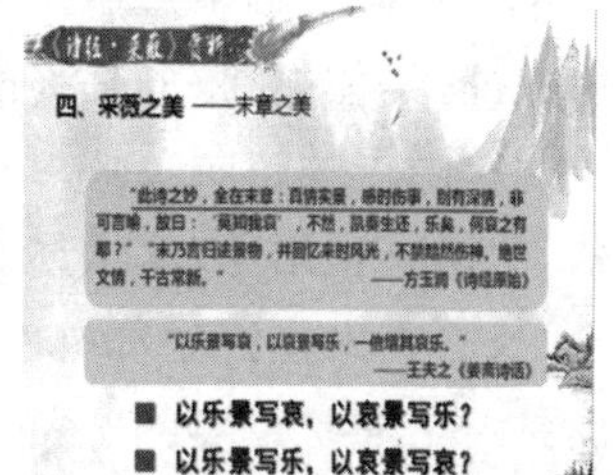

图 6.3　《诗经・采薇》教学特色环节

第二部分 《诗经·采薇》教学设计

【引题】

思乡与《诗经》的艺术呈现:思念是美好的情愫,思乡是中国古典诗歌的永恒主题之一。思念是《诗经》隽永的美,《诗经》有诗云:“一日不见,如三秋兮”(《王风·采葛》),为恋人之思;“愿言思伯,甘心首疾。愿言思伯。使我心痗”(《卫风·伯兮》),为思妇之痛;“我来自东,零雨其濛,我东曰归,我心西悲”(《豳风·东山》),乃征人之悲。

《诗经》中有很多诗句在表现常规战争场面之外,给人展现了另一种遐想,尤以“昔我往矣,杨柳依依”(《小雅·采薇》)为代表。

【内容】

一、背景介绍

本篇选自《诗经·小雅》。关于它的写作年代有“三王说”,即写于或周文王、或周懿王、或周宣王时期。

1. 猃狁。西周王朝自文王创业起,直到幽王亡国,始终受到外患侵扰。周王朝四方,东有淮夷,西有徐戎,南有蛮荆,北有猃狁,西周王朝难得安宁。特别是活动于陕西、甘肃、山西北部一带的北方少数民族猃狁,熟习弓马,勇于战斗,经常进犯周朝疆域,一度迫近周都镐京。猃狁,殷时为鬼方,后又称戎狄,秦汉时期称作匈奴。猃狁强悍,入侵中原,给当时北方人民生活带来不少灾难。西周统治阶级为维护自身安全,让百姓不得不从军戍边,许多男子背井离乡,跋涉万里,他们长年守卫边境,风餐露宿,与亲人离散,心情十分忧伤。《采薇》这首诗就是以一个离家远戍的士兵的口吻来写的,为归乡途中的吟唱。

2. 薇。薇菜,草名,又名“大巢菜”,别名是野豌豆。一种草本植物,花紫红色,长得像现在的茼蒿,结扁荚,有种子五六粒,可吃。在《诗经》中,也有其他篇章提到“薇”:“陟彼南山,言采其薇。未见君子,我心伤悲。”“山有蕨薇,隰有杞桋。君子作歌,维以告哀。”

薇在中国传统文化中的特殊含义:其一,“薇,山菜也,今官园种之。以供寺庙祭祀。”(《说文解字》)薇是祭祀贡品。其二,薇在中国文人的心中是一种特定的文化象征,是伯夷、叔齐临终前的生命吟唱,是一种贫贱不改其节的“采薇”精神,是陶渊明等隐士的超脱情怀。有诗云:“采薇而食者。”“知君秉性甘薇蕨,暇日相思还杖藜。”“饥食首阳薇,渴饮易水流。”《诗经》中,除了采薇,还有采葛、采蘩、采杞、采苹等,这些草木在诗中都有着独特的意象表达作用,诗经草木、摇落有情。在本诗中,薇是一个非常重要的意象,它是诗歌中隐含的关键线索。

二、情感解读

（一）情感基调

诗中能体现情感的表达有“忧”：“心亦忧止”“忧心孔疚”“忧心烈烈”；“伤”和“悲”：“我心伤悲”“莫知我哀”。《采薇》中士兵的忧愁是什么应该重点关注，全篇以“我心伤悲，莫知我哀”结束，在“哀”的情绪中更需要知道他的“哀”是什么。

（二）段落解读

全诗共六章，分三部分。是归途中的追忆，故用倒叙手法。

1. 第一部分（前三章）：追忆思归之情，叙述难归原因。

（1）薇的作用：首句以薇起兴，兴中兼赋。薇菜可食，戍卒采薇充饥，反映了戍边士卒的生活苦况。戍役不仅艰苦，而且漫长。据《待轩诗记》记载：“薇，芽于冬末，柔于春，刚于夏。”“作止”“柔止”“刚止”，形象地刻画了薇菜从破土发芽，到幼苗柔嫩，再到茎叶老硬的生长过程，它同“岁亦莫止”和“岁亦阳止”一起，喻示了时间的流逝和戍役的漫长。物换星移，“曰归曰归”，却久戍不归，这对时时有生命之虞的戍卒来说，怎能不“忧心烈烈”？

（2）久戍难归的原因分析。

士兵们久戍难归：远离家园，是因为猃狁之患；戍地不定，是因为战事频频；无暇休整，是因为王差无穷。其根本原因，则是“猃狁之故”。《汉书 • 匈奴传》说：“（周）懿王时，王室遂衰，戎狄交侵，暴虐中国。”

“猃狁之故”的两层含义：一是“恨”，恨的是猃狁让士卒没有家室，无处安息，乡音未知；二是内在的责任感，猃狁之患，匹夫有责。

因此，于士卒心中，一方面是怀乡情结，另一方面是战斗意识，交织着恋家思亲的个人情和为国赴难的责任感，互相矛盾又同样真实的思想感情构成了全诗的情感基调：思归与忧愤。

2. 第二部分（第四、五章）：主要写将帅车马服饰之盛和戍卒的辛劳。

（1）特定表达方法：“尔”借作“薾”，花开茂盛的样子；“常”是“常棣”之花，指兄弟情谊；“路”是“辂”，车上的横木。冷兵器时代，战车尤为重要，古代的战车上有指挥、赶车、车右，分工明确，围绕战车还配有固定的人员，约二十五人。前四句，诗人自问自答，以“维常之华”，兴起“君子之车”，流露出军人特有的自豪之情。

（2）战斗场面描写：四、五两章从远观和近观两个视角，围绕战车描写了两个战斗场面。

第一个场面：“戎车既驾，四牡业业。岂敢定居，一月三捷”，概括描写了威武的军容、高昂的士气和频繁的战斗。“捷”通“接”，再一次说明是“猃狁之故”导致了一月至少有三次以上的战斗，对手实力不容小觑，并且交战的结果以我方胜利为主。

第二个场面：“驾彼四牡，四牡骙骙。君子所依，小人所腓”，“君子”指有文化、有地位的人，文中指将帅，士兵就是“小人”，在车周围或者后边。在战车的掩护和将帅的指挥下,士卒们紧随战车冲锋陷阵,将帅同心。

(3) 精良的装备:“鱼服”是鲨鱼皮做的弓箭袋,如此装束必然是一位威风凛凛的高贵的将帅。对于马的描写非常细致生动,人强马壮,这是一支训练有素的队伍,武器精良而战无不胜。将士们天天严阵以待,只因为猃狁实在猖狂,“岂不日戒,猃狁孔棘”,既反映了当时边关的形势,又再次说明了久戍难归的原因。

第二部分的内容与感情基调是战斗和昂扬(自豪)。从全诗表现的矛盾情感看,这位戍卒既恋家也识大局,不乏国家兴亡匹夫有责的责任感。

3. 第三部分(第六章):表现了归途中风雪饥渴的苦楚和不知希望能否实现的悲哀心情。

(1) 写景记实,抒情伤怀:“昔我往矣,杨柳依依。今我来思,雨雪霏霏。”或许是突然大作的霏霏雪花惊醒了戍卒,他从追忆中回到现实,随之陷入更深的悲伤之中。“少小离家老大回,乡音无改鬓毛衰”,在“今”与“昔”、“来”与“往”、“雨雪霏霏”与“杨柳依依”的情境变化中,戍卒深切体验到了岁月无情。加之归路漫漫,道途险阻,又饥又渴,这眼前的生活困境又加深了他的忧伤。

(2) 对“哀”的深度解读。

理解戍卒的“哀”:读“莫知我哀”,不禁令人黯然神伤,那是因为诗境深层的生命流逝感,曾经同袍的战友,出征时的年轻潇洒,家中的父母妻儿,一别经年,生死存亡,两不可知。“近乡情更怯,不敢问来人”,这些忧伤在雨雪霏霏的旷野中,无人知道更无人安慰,便只能是“我心伤悲,莫知我哀”的悲叹。因此,第三部分的感情基调是归途和伤悲。

三、主题探究

讨论 1:对本诗主题如何理解?

对本诗的主题理解,存在一定分歧:有人认为此诗表现了下层士兵对战争的厌倦,有人则认为是歌颂士兵积极作战、保家卫国的爱国精神等。就诗歌本身而言,诗中确有看似自相矛盾之处。如诗中既有体现军队生活的雄壮、威武,乃至强烈的自豪感:军队是多么雄壮!战马是何等雄健!豪壮之感溢于言表;亦有“采薇采薇”“曰归曰归”的一唱三叹,饱含着无奈与凄楚。一方面是积极参战的卫国之志——积极打,一方面又有思家盼归的怀乡之情——不想打。

讨论 2:为什么会产生这种矛盾的心理?

从中国传统文化角度分析,原因有:(1) 出征打仗对于国人来说还是特别重大而荣耀的事情。西周兵役制度与后代不同,从兵源上看,必须是“国人”担当,“国”也就是新兴西周贵族带领同族周人居住的地方,与“国人”相对的“野人”是没有政治权利的、被征服的殷人。“国人”政治地位高,与此同时,也必须履行“执干戈以卫社稷”的义务。体现在国家层面上,是“国之大事,在祀与戎”;体现在普通民众日常生活中,出征打仗是重大而荣耀的。因此我们能够鲜明地感受到诗中豪迈乐观的情绪。(2) 农耕文明形成求安求稳、固土不迁的心理。我国古代农业社会是自给自足的自然经济,日出而作,日暮而归,生活安定平稳。农业文化决定了周王朝崇尚和平,反对战争。此外,男子不仅是家庭的主要劳动力,而且还担负徭役和兵役。被抽调戍边,就要忍饥受饿,经受背井离乡的痛苦。因此,士卒渴望结束战争,渴望回家与亲人团聚,然而却常常难以如愿。很多诗句都表达了这样的情感:“三十从军今发白”(陆游《关山月》),“去时里正与裹头,归来头白还戍边”(杜甫《兵车行》),“十五从军征,八十始得归”(《十五从军征》)。战争是残酷的、无情的,总会有伤亡,正所谓“古来征战几人回”(王翰《凉州词》)。

全诗的纠结也是精彩之处凝聚于戍卒在家与国之间不可调和的矛盾中的痛苦挣扎。家是温暖的,充满爱,有家人需要呵护,然而战争的硝烟会在一瞬间就毁灭这一切,父母妻儿可能会被战火无情吞噬。总是要有人去阻止这样的灾难,总要有人站出来牺牲小家、成全大家。因此,《采薇》在“我心伤悲,莫知我哀”之处流淌的不仅仅是字面上的“哀”,更是演绎了一首悲壮的家国矛盾的变奏曲。

四、采薇之美

1. 采薇的总体艺术特点:语言上重章叠句,一唱三叹;意象上,以“薇”起兴,“车”“马”雄壮,“杨柳”“雨雪”两个意象对比鲜明,匠心独具、妙笔生花;情感上,矛盾而痛苦,真实而细微。

2. 末章之美:采薇末章具有独特的魅力,深受人们喜爱。对采薇末章之美的欣赏与评价,自古有之。方玉润《诗经原始》中评说:“此诗之妙,全在末章:真情实景,感时伤事,别有深情,非可言喻,故曰:‘莫知我哀’,不然,凯奏生还,乐矣,何哀之有耶?”又说“末乃言归途景物,并回忆来时风光,不禁黯然伤神。绝世文情,千古常新。”清人王夫之在《姜斋诗话》中说:“以乐景写哀,以哀景写乐,一倍增其哀乐。”

3. 拓展知识。

《诗经》中类似末章的写法还有:

《小雅·出车》中“昔我往矣,黍稷方华。今我来思,雨雪载途。王事多难,不遑启居。岂不怀归?畏此简书”。

《小雅·小明》中“昔我往矣,日月方奥。曷云其还?政事愈蹙。岁聿云莫,采萧获菽。心之忧矣,自诒伊戚”。

《采薇》的末章之美备受士人关注,自问世以来不断有模仿之作:

曹植《朔风诗》“昔我初迁,朱华未希。今我旋止,素雪云飞”。

陶渊明《答庞参军·其五》“昔我云别,仓庚载鸣;今也遇之,霰雪飘零。大藩有命,作使上京;岂忘宴安?王事靡宁”。

毛泽东《五律·挽戴安澜将军》:1943年,毛主席惊闻戴安澜将军在远征军战场牺牲时,挥笔而作:“外侮需人御,将军赋采薇。师称机械化,勇夺虎罴威。浴血冬瓜守,驱倭棠吉归。沙场竟殒命,壮志也无违。”这首诗在化用采薇意境、升华采薇主题上尤其令人称绝。既是主席对于戴将军英年殒命、以身许国的高度评价，又从另一个角度肯定了《采薇》所昂扬的奉献主题。

【小结】

“凡传世之文者，必先有可以传世之心。”（清·李渔）习近平总书记在文艺座谈会上指出：“能不能写出优秀作品，最根本的决定于是否能为人民抒写，为人民抒情，为人民抒怀。”《采薇》等优秀战争诗篇中的将士用“采薇”的精神出征，保家卫国，如戴安澜一样英勇无畏，热血洒疆场，在他们的心中，国家安定，家方安好！正如军歌《说句心里话》所说：“说句心里话，我也想家，说句那实在话，我也有爱……你不扛枪，我不扛枪，谁来保卫咱妈妈，谁来保卫她？”某种角度上来说，《采薇》就是千年前保家卫国的将士们的《说句心里话》！

6.2.5 语文实践活动设计

翻转课堂，重读文学经典

语文实践活动研究是指在教学大纲规定下，围绕教学目标要求，由教员引导、学员自主完成的为教学内容服务的教学、实践研究过程。在大学语文课堂上，适宜的实践活动能够激发学员的学习兴趣，鼓励并引领学员发现自身特长，选择适合的方式展现个人风采，通过团队合作的方式，呈现出实践成果。这是一个多元互动的过程，是任务性教学引导下的一种灵活的、开放性的教学探索研究，非常适合军校人文课程教育。以下以一组语文教学活动设计为例，介绍实践研究活动的设计思路及指导过程。

一、活动目的

“昔我往矣，杨柳依依。今我来思，雨雪霏霏。”一段诗词，一脉相承，中华文化博大精深，中国文学积年沉淀又经久不衰。如何能把其中的思想精华、文学之美通过45分钟的课堂较好地展现出来，教员给教学班学员进行了具体实践任务指导，要求学员利用课余及假期时间围绕大学语文精品课题展开实践活动研究，鼓励学员发挥丰富的想象力，以丰富多彩的形式“翻转课堂”，做课堂的主人。

二、活动过程

接到课题任务后，学员“八仙过海，各显神通”，开始各自的“才艺展示”：自编自导自演的情景剧、交谈激烈深入的讨论组、意境深邃恬淡的飞花令、场景磅礴大气的朗诵词……台前大显身手，幕后不逊分毫，特效、合成、包装、剪辑配乐、调色输出，面面俱到，表现优异，一切有条不紊地进行着。

三、指导重点

1．编辑策划。怎样在体现文学艺术性的同时又不失“军味”？怎样创新文本的表现形式？对于第一次当“编剧”的学员来说是有难度的。在通读作品的基础上，他们不断推敲、策划脚本；在质量的把握上，更是精益求精，反复修改，精简深化。在课题“采薇”的情景讨论中，仅时长就从 5 分钟到 2 分钟，再到 1 分钟，脚本一改再改，力求主题鲜明，语句娴熟，这对编辑策划提出了更高的要求和挑战。同时，在细节上“编剧”们也追求完美，对场景设计、话题衔接甚至是面部情感，都进行了详细具体的策划。

2．导演拍摄。“对，面部表情再自然点”“讨论前后衔接时再流畅一点”……一组只有几十秒的镜头，“导演”“演员”却从不同的角度，用不同的台词反复尝试，只为达到最完美的画面效果。在拍摄情景剧《垓下之围》时，为了拍出那种历史的厚重感和英雄末路的悲凉，从情景对白到人物动作，再到情感演绎，“导演”根据实际情况，一次次修改、完善，仅“项王乌江自刎”的情景就拍了不下 10 次，每一帧画面都饱含学员的努力。

3．后期处理。调色、降噪……这些从未接触的专业术语从视频处理一开始就使学员手足无措。为解决这一难题，他们组建视频处理小组，自学 PR、AE 等软件的使用方法，并向专业人士请教。“越简洁，越有力”，在课题“伤逝”中，小组从已有的几十段采访中反复筛选，并将内容一再精简，从半小时到 3 分钟，剪辑成一段衔接紧凑、观点鲜明的视频，而略显生硬的场景和动作，在经过调色后变得温暖而协调；“音乐是思维着的声音”，小组成员仔细研读经典，带着对作品的思考认真寻找配乐，使视频更具历史性和代入感。

四、活动效果

“台上三分钟，台下十年功”，一段短短几百字的脚本，一组不过几十秒的镜头，背后是学员们对文学作品的深入挖掘，对主题思想的深刻把握，对表现形式的不断创新。“翻转课堂”形式不拘，它不单纯是学员和教员的角色互换，更是教学理念的大胆革新。在这一过程中，学员们不拘泥于传统的课堂教学模式，在新的场景，以新的形式主动参与到对文学经典的研究中去，从“要我学”到“我要学”，学员对这些课题的理解入木三分，很好地完成了预期的教学目标（图 6.4）。

图 6.4　指导学员实践活动研究

6.3　人文素质培养模式探索

"凡为教者必期于达到不须教。教师所务惟在启发导引，俾学生逐步增益其知能，展卷而能通解，执笔而自能合度。"人文课程对于学员人文素质的培养，健全人格的形成，文化修养、审美能力的提高有着重要的作用，对职业所需的语言文字表达、思想文化修养、人文情怀等方面素质起到直接的支撑作用，能有效促进军人气质和指挥能力的形成。对于教员来说，在教书育人中要尤为注重情感输入及输出，以其丰富的专业学识、人生经历，良好的个人修养等潜移默化地影响学员。"教"的目标是教书育人，"学"的目的是求真知学做人，教员内外兼修的人格魅力，以及由此散发出来的对学员真挚的人文关怀，是学员需要的、可信任的无形力量，能直接有效地传达正确的价值观，给予学员在关键时刻解决问题的方法。因此，在设计本科生学员知识结构上，要突出军事特色并强调军人素质培养；要强调课程体系的选择性，突出军事人文精神培育；要强调课程体系的开放性，打破传统的人文课程的封闭性，课程体系体现人文科学与军事科目、信息化教育的兼容性。

6.3.1　多维创新，塑造军校新型课堂

我们需要什么样的课堂？"十年树木，百年树人"，教书育人与实践育人要紧密结合，既不教死书，也不学死书，我们需要具有人文关怀的课堂，需要多种维度的课堂。目前，作为教与学的互动环节，主要还停留在知识传授的课堂上，至多是课外的答疑解惑等，这显然跟不上学员的需求与时代的发展。除了传统课堂，我们应尽力将目光触及可能的空间，立足学员"软实力"发展目标，充分整合各种教学资源，构建"多维课堂"统一而灵活的教学体系。在多维课堂中，课堂教学是主渠道，是稳健有力的保障；学员军事、文化、心理等素质教育的多元化培养，是个性化的打造；丰富而具有针对性的社会实践是有益的补充；无形而有力的网络教学，实践性强、易见效用快、把控难度大（图 6.5）。具体来说，在"多维课堂"塑造上要做到以下几点：

(1) 以任务牵引，实现教与学的动力助推、目标引领。人文课程教授时可以以每一堂课或主题为单元，围绕教学重难点，提前设定具体任务，牵引学员展开知识点的学习。通过微课讲授、新闻播报、读书交流、原创写作等方式开展活动，在思想碰撞和任务实施中，教员做针对性引导，让学员做课堂的主人。如在大学语文"四大名著"学习活动中，组织学员开展读书演讲活动；在逻辑学基础课程"直接推理"学习活动中，指导学员运用逻辑学原理分析生活中的逻辑问题等（图 6.6）。

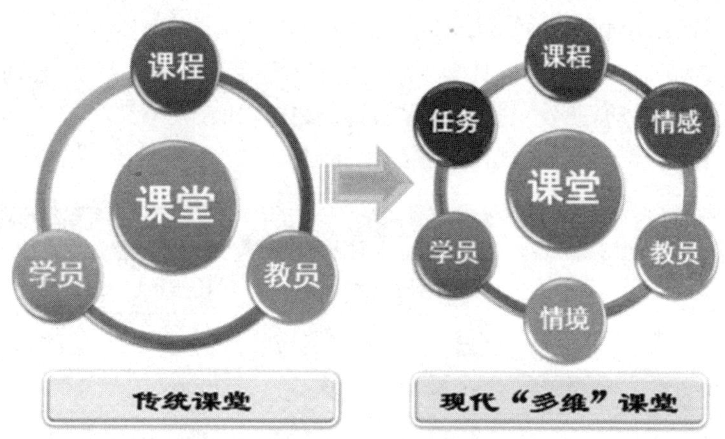

图 6.5　“多维课堂”导图

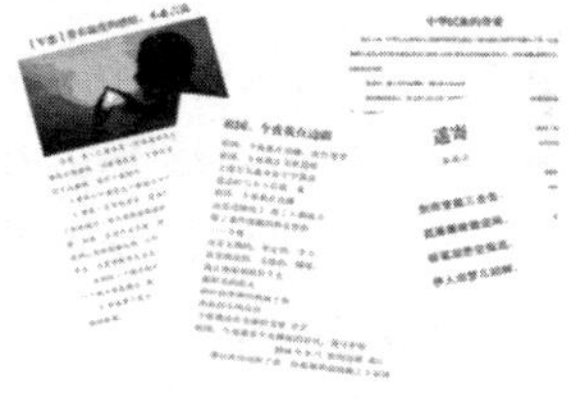

图 6.6　任务牵引下的活动呈现

(2) 以情境再现，让课堂充满生机、产生创造性成果。认真领会作品主题，针对性地设定情境，以现场或音频、视频录制等方式呈现，如“逻辑学”期末知识竞赛、《垓下之围》情景剧表演、“西湖七月半”吟月赛诗会、“伤逝”专题访谈“爱是什么”等。教员主导，学员自主完成，或个人、或小组、或集体，参与形式不拘(图 6.7)。

图 6.7　主题教学活动情境再现

(3) 以信息互动，激发学习主动力，促进多渠道思维共鸣。不拘泥于传统课堂信息，充分利用网络信息、社会信息、实践信息等，以多点汇集，实现融合碰撞，从而打破时空、形式制约，跳出传统课堂束缚，实现“翻转课堂”教学。积极利用国家精品资源共享课、慕课学习平台，军队网络教学平台、雨课堂、电子书包等信息化教学手段，用学员乐于参与的网络学习方式，通过课前自学、课堂导学、课后拓展环节，实现教学目标，解决教学重难点，教员实时掌握学员参与学习的动态，充分利用课前课后碎片时间，变零为整，以教学平台、微信答疑等现代信息手段，鼓励学员参与形式多样的教学活动，萌发对人文课程的喜爱之情，如大学语文“采薇”课后习题的在线论坛讨论，逻辑学“基本规律”的探索，外国文学“浮士德的追求”等(图 6.8)。

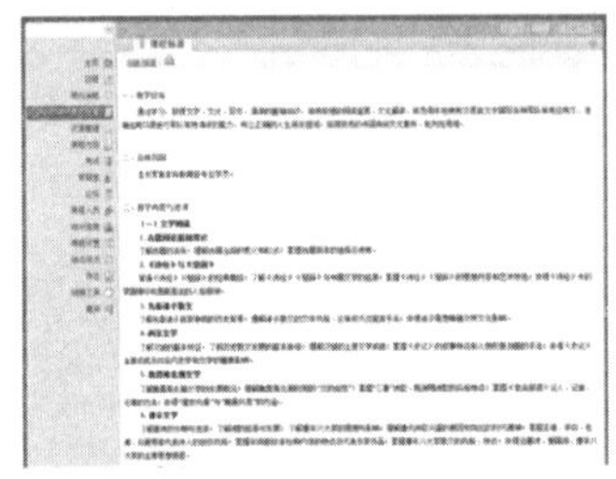
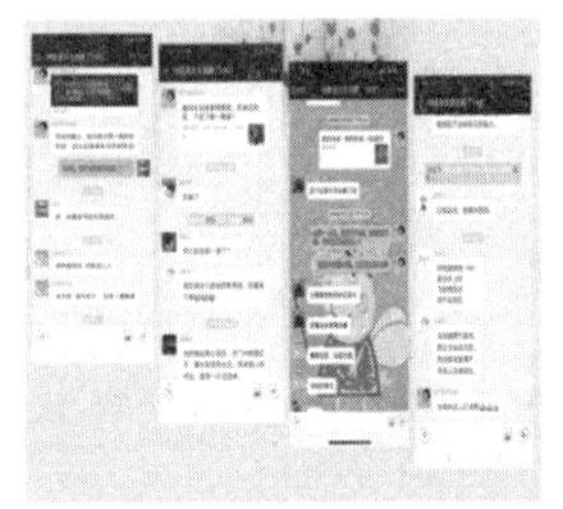
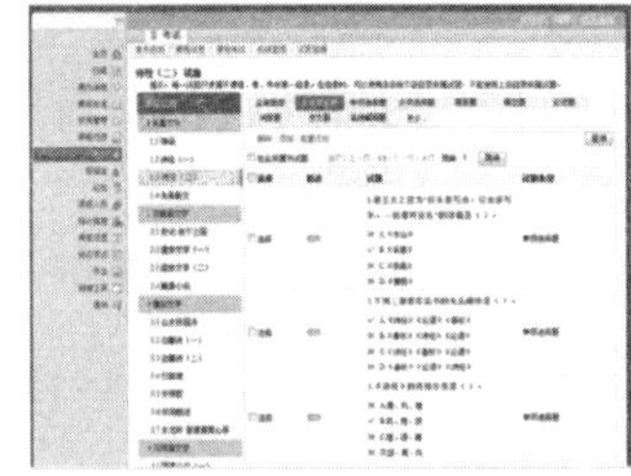

图 6.8 教学信息互动平台

(4) 大力拓展人文课程实践平台，让实践成果助力教学。培养学员职业岗位所需的人文素质与能力，仅靠课堂有限的教学时间是远远不够的。除开展必修、选修课程建设外，还应积极开展实践课程建设，从多方面、多渠道拓展学员实践的平台，为学员提供丰富的人文才华展示机会。首先，通过有学时保障的实践活动课，提高学员的组织、表达和创新能力，着重从实践角度培养学员人文知识素养，提升文学鉴赏能力，丰富演说表达技巧，夯实军用文书写作基础手法，充分施展个人魅力和才华。其次，打通课堂教学与实践活动的通道，实现知识与技能、过程与方法、情感态度与价值观等教学分类目标。一是与俱乐部活动紧密结合。“演讲与口才”“文学鉴赏”等人文俱乐部的教学内容可以成为实践学时的有益补充，着重解决课内学时较难完成的任务，演讲、写作、朗诵等。二是与实践活动相结合。通过军地高水平语言文字应用竞技比赛等实践活动锻炼学员综合实践能力，将竞赛中的实践成果及时引入课堂，作为教学素材，促进学员读、写、说、演技能的提高(图 6.9)。

图 6.9 人文实践活动

(5) 让红色基因常驻课堂，革命精神熠熠生辉。人文课程应时刻关注强军改革主题，积极传承红色基因，把好作品、好话题引入课堂，入脑入心。以“强军故事会”“新时代、好家风”等形式多样的活动，让学员时刻铭记红色记忆，把战斗精神培育从课堂延伸到更为广阔的社会舞台，如英雄专题讨论，以作品《白马篇》《垓下之围》《抗战诗歌赏析》为主线，形成“什么是英雄”“什么是新时代的英雄”“如何成为新时代的英雄”系列讨论，学员全程参与，贯穿学期始末，多角度深入理解英雄主题（图 6.10）。

图 6.10　红色基因主题教育

课堂是有生命力的课堂，教员和学员都应该成为其主人。无论是传统课堂，还是多维课堂，对于教员和学员来说，关键是解放思想、勇于探索、突显个性，富有创造力地让课堂充满活力。当然，在这其中也有几个问题需要妥善解决，一是教员除业务水平以外其他能力也要不断提升，二是相关管理制度的灵活变通，三是保障条件的积极跟进，四是多维课堂各维度的有机创新融合。当然，随着教育改革力度的增加、技术的革新，我们的人文课堂可能会有更多的组成模式，但无论有多少个课堂，其关键是要敢于解放教员、解放学员、解放课堂，这样的重组和再建才能焕发生机和活力。

6.3.2　继承发展，培养学员文化自信

第一，抓质量，重实践，突出学员主体地位。首先，要主动作为，关注学员个人成长。对于学员的综合人文素质培养全程靠上去，主动作为，积极促进。充分利用课堂内外的时间，对学员进行宣传、动员，激励其对人文课程感兴趣，让有底子的学员能够大有所为。如包人到户、个别指导；明方向、指路子，联系编辑、报社、网络等出版平台帮助学员出版文集，指导他们参加院内外各种比赛等，广泛开展各类教学及实践活动，全程跟踪学员的每一个实践环节，加强锻炼和考核，要求学员在校期间要能够较好地具备精通至少一项读、写、说、演的实践技能。其次，要摸清底数，培养未来的部队“小能人”。在日常教学中，要重视学员积累人文实践成果的意识，培养其独立参与实践的能力，挖掘其主动性，通过课堂以及俱乐部等课外活动，广泛物色各种人文社科专长人才，建立学员人才档案，对有特长的学员做特色培养，让他们早日成为“小能人”，到部队能够踢好头三脚，从而树立信心。再者，通过人文实践以赛促学促教。鼓励学员积极参加各类人文实践活动，促进综合素质创新能力全面提升，如举办大学生辩论赛、原创诗文及朗诵大赛、陆军大讲堂等活动，培

养优秀主持人、辩手。辅导学员参加诗文朗诵大赛、语言文字通用能力大赛等高水平人文赛事(图 6.11)。

图 6.11　参加语言文字应用能力大赛

第二,尝试探索实施精英化的培养模式。精英指少数有特长、有追求、有思想的学员,探索精英化教学模式就是在广泛育人的前提下,重点关注这些学员,并以他们为中心形成“网状”学习结构,发挥人才良性辐射效应,起到传、帮、带、建作用。例如,定位于为基层部队输送综合素质全面、创新能力突出、政工素质技能扎实的政治工作骨干能手,可与政治部门合作,开办政工研修班,从招生选拔、授课考核等环节,从能力素养模块设置、授课内容准备等方面全面实施精英化培养。培养过程中要在学员文化修养、思维层次和写作能力、口头表达能力等方面提出更高要求,要为基层部队培养综合素质全面、创新能力突出、政工素质技能扎实的骨干能手。鼓励有新闻写作特长、文学特长、专业特长的学员创作新闻、文学作品与学术论文,为他们提供发表平台,助其积累成果(图 6.12)。

人性之问与人的自觉追求

图 6.12　学员发表文章及出版著作

6.3.3　多种模式,建设大中文课程

第一,“1+多维课堂”。任何一种教学法都不是孤立的理论存在,“多维课堂”

教学法必须扎根于人文课程课堂中心，必须时刻以教员、学员为首要对象，必须以促进教与学为首要任务。在"1+多维课堂"的教学改革中，一方面要对以往优秀的人文教学经验方法进行有效梳理归纳，尤其是要对前期形成并积累的教学成果进行很好的总结；另一方面要重点关注未来人文教学的发展趋势，着力于新时期军队院校中文课程教学规律的探索实践。以课题教学、实践活动、教改研究等"多维"发展趋势构建"大中文课程教学观"，打破之前各自为营的单一课程体系，形成大学语文、逻辑学基础等课程的优化组合、调整、更新和重构。"多维课堂"教学理念指导教学、实践的日益创新，"多维课堂"教学方法是新型人文课教学模式的有效组成，通过课堂教学实际检验，能为中文课程教学理论及实践提供参考，并在教学中发挥重要作用。

第二，"1+多门课程"。以通识基础课"大学语文"为主干，结合选修课"逻辑学基础"、文学课程"中国现代文学概论""文学理论与创作""现代汉语""外国文学""中国当代文学与文化"形成主干人文课程群；在理念、思路、内容上紧贴部队发展实际，遵循军事教育发展规律，开设如"军事艺术欣赏""武德精神与中国传统文化""军事社交礼仪""中国当代军旅小说""中国历代军旅诗词""军旅影视鉴赏""军事新闻采访""军事应用文写作""汉语沟通与交流"等选修或讲座课程，作为主干课程的补充和丰富。与此同时，以俱乐部作为学员的实践培养基地，努力提升学员学与用的能力。"1+多门课程"的课程群建设有助于发挥人文学科优势，并以此为依托形成培养模式结构性的调整改造，在以红色基因的传承、战斗精神的培育和实用技能培养为中心，坚持思想育人、情感育人和审美育人中，培养出具有深厚人文修养、"军政兼通"式的应用型人才。

第三，"1+多种结合"。在人文课程培养体系上，注重"多个结合"，即与部队需求相结合、与院校发展相结合、与学员成长相结合、与科学研究相结合等。注重以服务于职业需求为建设指向，突出"指技合一、军政兼通"的培养特色，优化教员学术背景结构，按教学、研究分类建设，区分重点，稳步推进，系统优化人文课程体系，注重教学内容的动态更新，凸显"姓军为战"特色。将教学实践和科学研究形成的"多维课堂"教学法、博雅英才培养经验等教学理念应用于教学中，促使语言和文化软实力向战斗力转化。

6.3.4　博雅精通，做有人文情怀的教员

教员的人文素质是教员队伍整体素质的重要组成部分之一，提高教员自身的人文素质及业务水平刻不容缓。首先，教员自身应该努力增加人文积淀。不具备一定程度的人文知识，人文素质很难提高，对军校人文课教员来说，要尽可能多地阅读人文书籍，增加人文知识的积累是提高人文素质的重要途径。其次，对教员人文素质方面的专门培训应常态化。要努力发现、挖掘各学科知识中所蕴涵的人文

精神,要让教员在学科知识的学习中,真正感受到人文素质对于掌握和运用科学知识的重要性,一些人文科学课程,诸如伦理学、社会学、历史学、艺术鉴赏等,有助内化提升教员的自身素质。“学高为师,德高为范”,内外兼修的教员,才是真正意义上的优秀教员。

要打造能力突出,素质过硬的人才队伍。在人文课程教学团队中,老教员要热心指导帮带,中年教员要敢负责、敢担当,年轻教员要能冲在前、敢于亮剑。聚能团结办大事,不论年长与否,教员要能分工协作,全力参加各项集体活动,要敢于承办大项赛事,挑战大项任务,如教学比武、大学生辩论赛、政研班、诗文朗诵大赛、大讲堂辅导等。散则鲜明有特色,教学上,人人有风格;指导学员实践上,人人有方向;科研上,人人有主题。要积极承担项目研究,积累学术成果,并让教学研究和科研学术成果进入课堂,成为人文课程的有力支撑。

要精益求精,克服短板,善教会学,勇于创新。让学员在课堂上能感受到文学的优美意境,体会教学艺术的魅力。以课堂的生动精彩,激发学员的兴趣,让学员爱听爱学。以文学滋养学员心灵,为他们撑起一片灿烂的天空。还要注重军内外横向交流、外出学习,不搞闭门造车,多调研基层职业需要,发挥代职干部专长,在军事写作、军事演讲、军队基层管理等方面为课堂教学和俱乐部实践提供理论指导及经验借鉴。

要努力成为具有人文情怀的教员。我们的教员应严于律己、率先垂范,忠于教育事业,具备良好的教育观和人才观,有强烈的事业心和责任感,对工作充满“热情”,具备足够的人文关怀,关心学员,对学员有“真情”,做学员的终生导师。或是知心朋友,或是善解人意的导师,与学员促膝谈心,谈谈学习,聊聊生活,说说开心与失意。做学员的引路人,在其渴望成长的道路上为他们助力前行,用教员真挚的言行温暖那些需要关爱的学员。

一个有生命力的课堂,是教员与学员全身心投入的课堂,只有真心、用心、爱心、耐心,才能真实地品味出文学审美意趣,才能在美的熏陶里锻炼出一名优秀指挥员所需要的军事综合能力。综合能力的提高离不开教员在每一次课堂上的精心设计、课后的用心耕耘,离不开学员的自我培养,只有两者努力,与组织培养形成合力,才能提升学员的军事能力。这是对人文教学提出的更高要求,更是突出军队教育特色,以此实现培养未来高素质新型军事人才的教育目标。

6.3.5　教学促管,全面提升学员领导力

通过以“大学语文”为代表的人文课程的学习,学员一方面可以传承我国优良的传统文化,掌握未来部队任职需要的写作能力、口头表达能力,另一方面还可以提升学员领导力、管理能力等。管理能力的培育是一个循序渐进的过程,管理能力的习得体现在学员的一日养成之中。如何多维有效地利用好课堂内外时间,通过

创新教学模式，提升学员领导管理能力，对于以“大学语文”为代表的人文课程教学模式创新具有一定意义。

第一，正确认识问题，回归课堂真实。人文课程教学在大学阶段，体现出的是融语言、文学、文化的多元综合，最终是要通过教员和学员在课堂内外的共同努力，获得各自身心美的感受与文学陶冶。然而，由于某些认识上的不足，造成了课堂上教员热情、学员淡漠的“怪相”。很多学员思想认识上比较实际，觉得人文课实用性不强，因此抑制了认知的兴趣，造成了厌学情绪。再加上长期以来拘于传统教学模式，缺乏自主思考，无论是对文本学习，还是口语表达，以及书面写作，都体现出学习的程式化和模式化，认为靠死记硬背是可以解决一切问题的，因而体验不到学习的快乐和应用的成就感。作为课堂的组织实施者，授课教员有时仅仅关注知识的传授，忽略形成自己独特的教学风格。真实的课堂不是教员的独角戏，它是在师生之间可以产生情感共鸣、能够进行双向沟通的课堂，只有这样，学员才能摆脱掉尴尬的被动的“听众”的角色，教员才能打破口干舌燥而无人领会的尴尬的“一言堂”局面。

第二，优化课程设计，体现军事管理特色。在授课内容选材上，要关注学员知识结构分布，重点突出“军味”。如有重点地选择具有军事特色的篇目精读细讲，让学员在文学熏陶中自然而然地感受到作为一名优秀的基层指挥官应该具备什么样的领导素质和管理能力。在基础人文课授课时，每次课前可由课代表安排 2 名学员做 3 分钟以内即兴演讲，提供一个便捷的口语锻炼平台。在教学内容方面，留有 30%的机动内容安排，通过分发调查问卷，有针对性地选择学员感兴趣的作家作品补充进入课堂，满足学员兴趣。这些机动内容，可交由学员在课堂上主讲，并组织同学讨论，教员仅需做关键性的点评和指导即可。可设计场景模拟和情境教学，让学员回归作品本身，设身处地地思考问题。比如讲授《史记・垓下之围》时，让学员构建刘邦和项羽的“伟大的对话”，体会当时与当下不同历史时代背景下的人物及其处事方式，通过角色扮演，学员体会作品的内容与情感。以上活动作为过程考核的重要组成部分，教员要充分把握好平时成绩的评定，让学员全程参与课程评价，“放权”给学员，自我评价、相互评价、师生互评的多元评价过程是开放、透明、全面、可测的，目的在于发掘学员的自我管理能力。

第三，发掘学员管理潜能，促其主动参与课堂管理。在现有编制管理模式中，学员承担着不同的角色，既担任下级，也有可能担任上级。下级学员要接受领导的安排，骨干学员则要示范其他学员成为优秀学员所具备的技能。教员可充分发挥骨干的先锋力量，给课代表、班排长、连长分配任务，由他们将任务进一步细化到每一个学员。可根据课堂交流和课后学习的需要，划分学习小组，每个小组由小组长负责监督、安排学习情况。比如，在预习《诗经》时，集体小组活动就由小组长直接负责人员的职责、分工、选材等，鼓励团队成员相互坦诚合作，贡献自己的智慧。既学习了知识，又增强了团队情感，更锻炼了管理能力。

第四,关注学员的自身成长,突出能力培养。要不怕露短,能者为师。学员在课堂管理能力培养的过程中,难免会遇到各种各样的问题,比如他人的不理解、不配合等,也正是这些问题的正确解决,才促使学员综合素质不断提高。实施管理时,学员要虚心求教,不要怕暴露自己的缺点,只有知不足,才能有进步。要不怕出丑,勇于锻炼。这是学员培养管理能力必须跨出的重要一步。学员一般自尊心都较强,自己哪方面不行,往往怕出丑,不敢抛头露面,比如不敢当众发言、表演等,而管理能力却是在不断实践中锻炼出来的,它要求学员在大庭广众下不怕出丑,勇于锻炼,敢于表现自我。要不怕挫折,坚持不懈。学习的过程是一个艰苦的追求与探索的过程,不可能经过短暂的时日就取得成功。领导管理能力是在成功和失败、经验和教训不断交替之中得以提高的。因此在管理实践中,学员应树立信心,不怕失败和挫折,做到坚持不懈,持之以恒。

6.3.6 语言文化活动设计

探寻徽州文化,研读文学经典

以“1+多”模式指导的“大中文课程”视野应该是开阔的。有生命力的灵动的课堂不能局限于黑板上、课桌间,应到广阔的社会大课堂里充分吸收文化滋养,这于学员人文情怀培育而言是非常有益的。下面以“徽州文化”专题活动为例,介绍语文文化活动的设计思路及实施过程。

一、活动目标

泱泱中华,历史悠久。五千年的沧桑历史孕育了为世界赞叹的中国传统文化,孕育了中华民族勤劳、奋进的民族精神。徽州文化作为中国传统文化不可或缺的组成部分,闪耀着独特的光辉。为了使学员更好地了解驻地所在的徽州文化,特别是徽州大地上和文学作品相关的重要的历史事件、历史人物以及独具特色的建筑文化,结合课程安排,教研室计划组织带领学员赴驻地博物院开展文化实践活动。

二、活动方式

此次活动,作为“大学语文”课程“探寻徽州文化,研读文学经典”专题教学的重要组成部分,包括课堂学习和参观见学两个部分,采用教员授课、讨论辨析、视频学习、课堂讨论、课堂演讲等多种教学方法,方法灵活。

三、活动内容

1. 课堂教学:感受历史文化背景

文学作品植根于浩瀚的历史文化背景之中,结合课程教学,在教员指导下,要求学员对相关文化常识做泛读式学习。在日常教学指导之外，教员对汉字文化和青铜文化做专题讲课。从结绳记事、文字画、甲骨文再到现行汉字，学员在汉字的演变中看到书写工具的变迁，看到中华民族思维方式的变更；从实用青铜器到青铜礼器，学员了解了国之重器的象征意义，深刻认识到只有传承优秀传统文化，方能屹立世界民族之林。

授课之外，学员就"如何继承中国传统文化"进行课外自学和深入探讨，充分感受中国传统文化的传承，是知识的传递，更是优良传统的继承和发扬。

2. 实地参观：鲜活的文化课堂

在前期知识准备和讨论的基础上，学员前往驻地博物院参观见学。当课堂上的图片变成了鲜活的文物，学员们脑海里的记忆被充分激活。"原来楚大鼎真有'安邦'二字""难怪鼎是国之重器""毛主席曾经盛赞过的楚大鼎果然了得"，这些赞叹不仅是教员与学员对课堂内外知识融合的反馈，也传达了学员对历史文明的喜爱和亲近。

教员结合展品对历史发展做精当的概述，根据大学语文的学习内容，对"垓下之围"的路线、三曹文学的发展、桐城文派的特点做精要介绍，课本上的知识顿时鲜活了起来。一件件文物、一幅幅图示充分证明了我国文化的历史悠久、博大精深，徽州大地的景致不凡。

"大学语文"课程要树立大语文观，要将语文的外延看成是生活的外延，把语文学习的边界拓宽。当图片和视频变成鲜活的文物和建筑，当教员成为讲解员，当课堂从教室来到博物院，这场文化亲近之旅就画上了圆满的句号(图6.13)。

图6.13　"徽州文化"文化活动

3. 活动拓展：青铜器里的"现代汉语"

文字是文化的载体，现代汉语中的许多汉字与词语，是从甲骨文或青铜铭文中衍袭而来的，并在长期的语言运用过程中，逐渐引申了文字的含义，使之所表达的意念更加丰富。博物院馆藏青铜器等文物上就有许多与文字相关之处。

中国最早的三个朝代分别是夏朝、商朝和周朝。那时地位最高的人称为天子，天子、诸侯这些高等级贵族，在祭祀活动和日常生活中，用青铜器作为供奉和宴饮的用具，以显示他们尊贵的地位，与祭祀等重要活动有关的青铜器就叫作礼器(图6.14)。

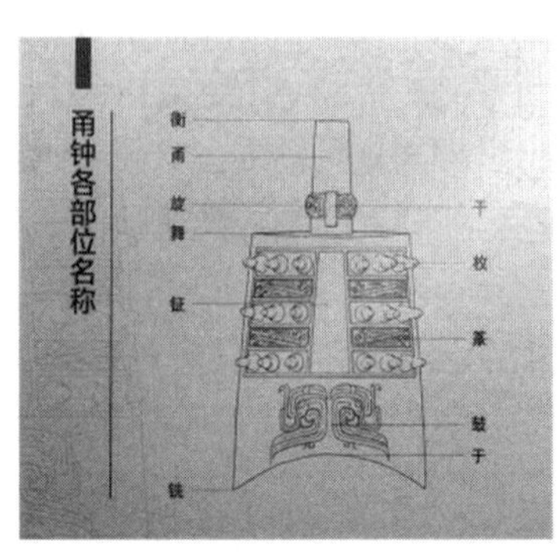

图 6.14 青铜器里的现代汉语

(1) 尊

青铜尊是盛酒的礼器,用酒祭祀上天和祖先,是那个时代最重要和有意义的活动。在甲骨文中,“尊”的写法就像一个人双手捧着酒器供奉。由于“尊”在祭祀中的重要作用和礼器的地位,在现代汉语中,“尊”被引申出尊长、尊卑、尊贵之意,后又延伸出敬重的意思,如尊敬、尊重。

(2) 钟

中国古代常用的八类材质制作的乐器,被称为上古八音,它们分别是:金、石、土、革、丝、木、匏、竹。其中,金就是指钟镈之音,是古代用青铜制作的打击乐器,悬挂在长架上,用木棒槌击鸣奏。单一的钟称为“特钟”,而由形状相似、数量大小不同、厚薄不同的钟组成的队列,则称为“编钟”。

在每个甬钟的“干”和“旋”的部位,有一个铜制的钩挂,穿过“干”让钟稳固地悬挂在架子上,这里就是控制这只铜钟的关键所在。“斡旋”一词就来源于钟甬上这两个相关联的部件,后来被引申为“运转、扭转、奔走活动”之意,进一步延伸为调解、调停,而今天则常常用来形容在国际局势中奔走周旋进行调解、调停。

在编钟上,还有两个部位被我们引申过来。钟体的上平面叫作“舞”,在介绍时我们通常称这个部位为“舞部”,钟下方这个部位称为“鼓”,这里也就是“鼓部”。演奏编钟时,需要用木槌敲击“鼓”部,通常敲击正面,也就是有纹饰的这个位置,叫作正鼓音。到了周朝的中后期,出现了能敲击双音的编钟,通常在正鼓的右侧面还有个敲击的部位,称为“侧鼓音”。在钟体的部位上,上面的“舞”与下面的“鼓”相呼应形成一个合瓦形的空腔,用于传音产生共鸣和共振,这两个部位连用而产生了“鼓舞”一词,意指敲击产生的音乐能使人振作起来,增强信心和勇气。

(3) 鼎

夏、商、周三个朝代,贵族们在举行祭祀、宴饮活动时,以鼎作为烹煮和盛放肉食的用具。从鼎的造型来看,分为圆鼎和方鼎。鼎腹下方有底足为支撑。方鼎有四足,圆鼎有三足。三只足能够最为便捷地支撑起一个圆体,这个最简单而又最稳固的结构被现代汉语所引用,叫作“三足鼎立”,意指三方对立的局势,就像鼎的三足一样，稳固地各居一方。

另外，鼎还是立国的重器。相传远古时期，大禹在华夏民族大融合的时代，用各部族敬奉的青铜材料铸造了九只鼎，象征华夏拥有的九州之地。后来夏朝被商所灭，九鼎迁于商朝的都城亳邑。商朝被周朝灭亡后，九鼎又迁到周朝的国都镐京。在那个时期，鼎与朝代更迭有密切的关系，象征着拥有王权的统治。现代汉语中，“鼎”被引申为定鼎、鼎革、鼎新，意思是旧的时代已经被新的时代替换。

四、活动效果

博物院之行，意在把书本、文物和历史连接起来，让学员感受历史的变迁、中华文化的博大精深，并加深对优秀传统文化的认知和热爱，这是实施开放式教学，打造人文情怀与战斗精神并存的大学语文课堂的新举措。

文化自信首先从加强文化软实力建设开始。了解自己的文化，并将之发扬传承是当代青年不可推卸的历史重任。通过“徽州文化”专题教学活动，学员们坚定了做文化的宣传员、当好中国传统文化传播者的信念，愿意用自己的实际行动做新时代中国特色文化的践行者。

人文课程有其自身的独特规律、在军队院校教育中发挥着不可替代的作用。在长期的教学、研究、实践过程中形成的以“边讲边诵，边诵边演，边演边论”为主导的“三边”教学法，是人文课程改革创新的积极探索。

语言教学活动、语文实践活动、语文文化活动等这些有益的尝试丰富了人文教学的形式，充分调动了学员的主动性、积极性，增加了教员投身教学改革的挑战性，是教学、研究与实践的紧密结合，体现了学员为主、教员为导的教学理念，一定程度上实现了人文课堂的革新。

第 7 章　大学物理课程改革创新

大学物理课程包括理论课程“大学物理”与实验课程“大学物理实验”两部分，一直是我国理工科非物理专业开设的必修课程。在过去的一段时间，大学物理课程的主要任务是传授物理知识，为后续课程的学习打下基础。随着科学技术的发展及学科的综合化、整体化，科技与人文的相互渗透和融合，信息时代的发展和智能化时代的到来，通识教育阶段逐渐树立了素质教育、创新教育的思想，使得大学物理课程在培养学员的科学素养和创新精神方面的作用更为重要。近年来，我们从军校大学物理教学如何适应新形势下信息化人才培养的需要，如何为军事专业课更好地打牢基础，如何为落实人才培养方案提供有力的保证出发，着力进行融合培养模式下大学物理课程教学改革研究，取得了丰硕成果。

7.1　大学物理课程改革概述

物理学是自然科学的基础，是研究物质的基本结构、相互作用和物质最基本运动形式以及相互转化规律的学科。物理学的基本理论渗透到自然科学的一切领域，应用于生产技术的各个部门，是当代科学技术发展的主要源泉，其发展形成了一整套的研究方法，这些方法在自然科学的各个学科中已被广泛应用，是现代信息技术理论所需要的基本方法，物理学培养的科学思维能力是现代信息技术人才必须具备的基本能力。

7.1.1　理论课程概述

1. 课程基本信息

大学物理属于科学文化课程中的自然科学领域，是本科教育的共同核心课程，旨在打牢学员科学文化基本素养，为专业教育奠定必备基础。

考核评价按学期分别组织实施和计算成绩，包括形成性考核（平时成绩）和终结性考核（考试成绩）两部分。形成性考核可采用课堂提问研讨、作业、单元考试、期中考试、小论文、学科竞赛等多种形式；终结性考核为学期考试，成绩不及格的，课程成绩记为不及格。测试和考试均采取闭卷笔试。

2. 课程教学目标

1) 课程教学总体目标

根据本科教育与首次任职培训一体化融合培养的要求，在理论课程中，主要讲授运动学、动力学、气体动理论、热力学、静电场、稳恒磁场、电磁理论、振动与波、波动光学、狭义相对论和量子理论等内容。通过课程的学习，学员能够系统地理解并掌握基本的物理理论和物理规律、物理思想和物理方法，并在此基础上培养、训练出分析和解决物理问题的能力。通过了解物理原理在其他学科和技术领域的重要应用，掌握军事高新技术和信息技术中的物理原理，培养学员的科学思维方法，激发创新精神，提高综合素质，实现知识、能力与素质协调发展以适应信息化战争对军事人才的科学素质要求，为培养具有较强信息技术处理能力的高素质新型军事指挥人才奠定基础。

2) 课程教学分类目标

(1) 知识与技能

在知识与技能方面，在理论课程的各个教学环节中，我们在传授知识的同时注重对学员能力的培养。主要包括以下内容：

① 获取知识的能力。理论课程对培养学员好的学习方法至关重要，“教为不教”，应作为教员追求的教学目标。即通过课程的学习，要使学员能够逐步掌握科学的学习方法，独立学习以物理学为基础的各类文献资料，理解以物理学为基础的高技术设备和武器装备的原理，为终身学习奠定坚实基础。

② 解决实际问题的能力。物理学是科学技术的基础，通过介绍物理学在当今高新技术中的应用，激发学员学习物理的积极性和兴趣，培养学员初步树立工程意识，自觉将物理学的理论、观点和研究方法，如分析综合、演绎归纳、类比联想、理想化方法、模型化方法、统计方法等运用于工程实际，解决一些实际问题。

③ 创新能力。鼓励学员在学习过程中提出不同见解和发表创新性意见；鼓励学员能够大胆地向权威挑战，具有一定的独立思考和判断能力；鼓励学员打破常规，设疑猜想并进行推理求证；鼓励学员举一反三，多渠道探索解决问题的方案。

(2) 过程与方法

在过程与方法方面，通过课程学习，使学员掌握以下思想与方法：

① 物理思想的启迪。通过物理理论“溯源通今”的过程，介绍物理学中蕴含的物理思想，如实验是检验理论标准的思想、自然规律和谐简洁的思想、相互联系的思想、微积分的思想等等。物理思想是物理学的精髓，现在已经广泛应用于其他领域。

② 物理方法的借鉴。物理学的发展过程中建立了一整套的研究方法，如理想

模型方法——抓住所研究对象的主要因素，对研究对象进行合理的简化，建立相应的模型；定性分析方法——根据量纲分析、数量级估算、极限情形和特例进行研究；对较复杂的实际问题采用定性思考和半定量估算相结合的方法等，这些物理方法对学员岗位任职能力的生成大有益处。

(3) 情感态度与价值观

在情感态度与价值观方面，通过实施教学，培养学员的以下品德：

① 科学自然观。通过理论课程的系统学习，使学员认识到自然界是有规律可循的，发现规律的过程是不平凡的，从而培养学员追求真理的品德和献身科学的坚定信念；树立学员现代科学的自然观、宇宙观和辨证唯物主义世界观；使学员具有科学的成败观和探索疑难问题的信心、勇气。

② 创新精神。通过了解物理学发展史和物理学家成才的经历等，激发学员的求知热情，激活学员创造欲望，使学员敢于向旧观念挑战，善于思考，勇于实践，不断提高学员将所学知识联系工程实际和军事科技的悟性和潜能，培养学员怀疑和批判、探索与创新的精神。

③ 科学美感。通过引导学员认识物理学中具有的明快简洁、均衡对称、和谐统一等美学特征，培养学员的科学鉴赏力、洞察力和审美观，使学员学会用美学和哲学思想去欣赏和研究科学的内在规律，升华学员高尚情操，唤起学员求知欲。

3. 课程实施方法

理论课程的前导课程主要有“高等数学”等。要求学员具有一定的数学基础，掌握微积分运算、常微分方程求解方法、矢量运算理论等，还要具有基本的数理统计和抽象空间概念，能理解课程中的公式推导，具备分析和解决问题所需的数学能力。

为取得良好的教学效果，习题课、讨论课的学时数不应少于总学时的10%，并在课堂教学中充分发挥演示实验的教学功能，通过实物演示实验使学员形成直观的物理图像。通过“边讲边推，边推边练，边练边研”的“三边”教学方法，在讲授物理学知识的同时，加强物理学与军事问题的融合渗透，将军事应用典型实例引入教学。

7.1.2 实验课程概述

大学物理实验是高等理工科院校学员进行科学实验的必修基础课程，是学员接受系统实验方法和实验技能训练的开端。大学物理实验课程内容覆盖面广，具有丰富的实验思想、方法和手段，同时能提供综合性很强的基本实验技能训练，是锻炼学员科学实验能力、提高工程素质的重要基础。它在培养学员严谨的治学态度、活跃的创新意识、理论联系实际和适应科技发展的综合应用能力等方面具有其他实践类课程不可替代的作用。

1. 课程基本信息

大学物理实验属于科学文化课程中的自然科学领域，是本科教育的共同核心课程，旨在打牢现代本科生学员科学文化基本素养，为专业教育奠定必备基础。

考核评价包括形成性考核和终结性考核两部分。形成性考核成绩为所有实验成绩的加权平均分。终结性考核成绩以抽选实验项目操作、笔试等方式进行，成绩不及格的，课程成绩记为不合格。

大学物理实验在实验室进行授课。大学物理实验室严格按照标准要求配备实验教学场地和设备器材，在切实保障一线教学需求的同时，能够完成大学物理实验课程教学基本要求规定的实验任务。在建设过程中，我们紧跟科技发展步伐，引进先进的管理和模拟演示实验设备，有效提升实验手段和效果，形成了规范、科学的实验室开放管理模式，为培养新型军事人才提供了良好条件。

当前，大学物理实验室主要承担本科学员“大学物理实验”课程的教学任务，发挥着培养学员实践能力、创新能力和综合素质的重要作用。其主要功能定位为：(1) 开展“大学物理”课程演示实验教学；(2) 为学员提供物理实验平台，完成“大学物理实验”课程教学任务；(3) 为物理创新俱乐部学员开展相关的虚拟仿真实验和创新实践教学活动；(4) 为教员提供一个实验基地，提升教员在基础科学研究方面的水平。

2. 课程教学目标

1) 课程教学总体目标

通过大学物理实验的学习，学员能够获得物理量测量和数据处理知识，掌握力学、热学、电磁学、光学、近代物理等物理实验的基本方法和基本技能，培养观察分析物理实验现象、运用实验研究物理问题的能力，养成理论联系实际、实事求是的科学作风，勇于探索、认真严谨的科学态度，以及遵守纪律、团结协作的优良品德。

2) 课程教学分类目标

(1) 知识与技能

学员通过大学物理实验课程的学习，通过对实验现象的观察、分析和测量，掌握物理实验基本测试方法与手段、仪器设备的选用及操作方法和技能、仪器设备故障分析和处理技巧、数据采集和处理技巧、实验结果分析判断以及实验报告书写等；会运用物理学的原理研究物理现象和规律，能够理论联系实际，自己动手设计简单的物理演示仪器。

(2) 过程与方法

通过大学物理实验课程的教学，使学员学习和熟悉基本实验原理，了解科学发展的逻辑和科学研究的基本方法，熟悉和掌握与工程应用密切相关的科学实验方法与技能；培养和积累从事技术革新、技术改造和新产品开发等方面的初步创新设计能力；逐步养成严谨的科学态度、科学的思维方式、良好的个人品德和高度的社会责任感。

(3) 情感态度与价值观

教员将创新思想和创新教育贯穿于实验教学的各个层次，渗透到实验教学的各个方面，通过实验教学，培养学员的创新意识和创新能力。

3. 课程实施方法

实验课程的前导课程主要有"高等数学""大学物理"等，要求学员掌握一定的概率论、微积分及力、热、电学等基础知识。该课程的并行课程主要有大学物理理论课程，后续课程主要有电工电子实验和机械实验等。在理论课程学习的基础上，实验课程将理论和实际联系起来，为后续的其他专业实验课程打下良好的综合实验能力基础。

充分做好实验内容和知识点的衔接是大学物理实验教学的关键。在前导课程学习的基础上，大学物理实验开设的时间为第一学年第 2 学期和第二学年第 1 学期，前 4 课时为绪论课，在教室进行教学活动，后 52 课时为实验课，在实验室进行教学活动。

在课程实施过程中，实验课程每次将学员分为 8～10 组同时进行。其中基础性实验和综合性实验要求每个学员一套实验仪器独立完成，创新设计性和研究性实验为 2～3 人一组协作完成。每个实验室配置 1～2 套演示实验仪器设备，供教员演示使用。按照教学计划，我们建设有物理创新实验室和虚拟仿真实验室，能够开展相关的虚拟仿真实验和创新实践教学活动，为学员掌握物理学知识、获取实验技能、培养观察能力和科学研究能力提供有力保障(图 7.1)。同时我们还建有大学物理演示实验室，可供教员和学员了解和掌握物理学知识在军事高新技术上的应用，更好地激发学员的学习兴趣，突出军校特色。

图 7.1 物理创新实验室

7.1.3 新形势下大学物理课程教学改革的任务

新形势下大学物理课程改革的主要思想是:建设符合培养能力、提高素质、激发创新意识的大学物理课程体系,为落实军队院校人才培养方案提供保障。因此,可以将大学物理课程改革的主要任务归纳为以下三个方面:

1. 确立体现现代教育观念的教学目标

确立与课程地位相适应的教学目标是教学改革的出发点。经过多年的充分论证和深入研究,我们确立了如下的大学物理课程目标体系:通过物理知识的传授,培养学员的创新能力,提高学员的科学素质。用物理学提供的丰富的基本科学工作语言,特别是它提出科学问题、寻找合理科学模型、剖析总结客观世界基本规律的理论分析方法和实验分析手段,激发学员的创造性思维潜质,突出学员能力的培养和素质的提高,养成学员尊重客观事实和以科学实验为检验理论的标准等重要的科学精神和作风。

2. 构建三位一体的大学物理内容体系

课程内容的改革是实现教学目标的重要保证。通过大学物理知识这一载体,达到在掌握物理学知识的同时,培养学员的能力,提高学员的科学素质。为此,我们用现代观点重新审视经典物理教学内容,加强了近代物理学的教学内容,并从突出军校特色的角度增加了物理学在军事中的应用内容,最终形成了知识、能力、素质三位一体的大学物理课程标准,完成了内外结合的教学内容体系。

3. 探索与教学内容相适应的教学模式

大学物理课程的改革不仅表现在教学内容方面,还必须体现在教学方法和手段上。我们在多年的教学实践中探索出了灵活、多样的教学方法,同时广泛运用互联网平台,开展以网上教学为重点的教学手段改革。在课堂教学中,教员随时注意学员的反馈情况,根据实际情况对教学进度进行把握,引导学员积极有效地思考和学习,达到师生互动学习的目的。

经过多年的探索与实践,我们建立的大学物理课程教学体系符合新军事变革的需要,能够适应融合培养模式下科学文化课程的教学要求,在培养高素质新型军事指挥人才的知识能力和素质结构方面发挥了不可替代的作用。

7.2 理论课程教学改革

在科学技术迅猛发展,新军事变革蓬勃兴起,国际军事领域竞争日趋激烈的形势下,切实提高军校学员的科学素质和创新能力,是摆在军队院校面前亟待解决的问题。理论课程所包括的内容及其在军事技术、工程技术上的应用都是高科技军事人才所必须掌握的;它所提供的研究方法、科学思想更是每一个新型军事人才所必须具备的;它所蕴藏的创新思想、创新精神是培养创新人才的科学素质必不可少的。为此,大学物理理论课程教学必须顺应新军事变革的需要,与时俱进,开拓创新,既要完成教育部“理工科非物理专业物理课程教学基本要求”规定的必修内容,又要为打赢未来信息化战争和智能化战争,培养新型军事人才奠定坚实基础。

7.2.1 更新理念,推动教学观念向现代化发展

基础物理教学的现代化问题,一直是教育界关注和探讨的核心。作为非物理专业的物理课程,传统的教学内容大多以经典物理内容为主。为了实现理论课程教学的现代化,我们采取了以下两种方法对经典物理内容进行重组和优化。第一,用现代的观点审视经典内容,考察各经典内容与物理定律在整个物理学中的地位和作用。第二,在绪论课教学中点明大学物理与中学物理的区别,结合物理学史介绍物理学的一般研究方法,并在教学过程中增加科研方法内容。

物理思想是物理教学中的一个重要概念,如实验是检验理论的标准的思想、自然规律和谐简洁的思想、相互联系的思想、微积分的思想等等。物理思想是高于物理概念、规律、方法和理论,低于哲学思想和一般科学思想的一种科学认识,它是人类在创立和发展物理科学理论的过程中,对物理知识与方法进行概括而形成的科学认识,并对人们在理论创新和问题解决上具有意识导向作用。物理思想能够培养学员的创新意识和勇气,发展学员的创新思维能力,促进学员对物理科学理论的学习和运用。在理论课程教学中,应该把物理思想通过对物理概念、规律、方法甚至理论的进一步概括引入课堂,从而发挥育人的重要功能。

人文精神是一种普遍的人类自我关怀,主要表现为对人的尊严、价值、命运的维护、追求和关切,对人类遗留下来的各种精神文化现象的高度珍视。很多人认为物理教育只具有工具性价值而没有人文价值,人文精神培养只能在人文学科的教育中实施,物理教育不具备人文精神培养的条件。其实不仅物理学中的科学精神保证了人文精神的真正实现,整个物理学的发展史中也蕴含着丰富的人文精神。脱离人文精神的科学教育不利于高素质人才的培养,会出现有知识而无文化的现

象，在大学物理教学中培养现代军人的良好文化素养可以促进军队的现代化建设和战斗力的提高。

晚年的爱因斯坦说："照亮我的道路，并且不断地给我新的勇气去愉快地正视生活的理想，是善、美和真。"这种善、美和真就是我们在教学中所不断追求的目标，它们主要体现在能给人以深刻启迪的科学家的人格魅力和奉献精神之中。布鲁诺坚持"日心说"，受到宗教法庭的迫害，但他宁愿自己被烧死，也要坚持真理，将人类引进科学的殿堂，表现了一个真正的科学家为科学献身的大无畏精神；我国老一辈科学家钱学森、钱三强等，放弃国外的优厚待遇，冲破重重阻拦，义无反顾地归国，投身于发展和振兴祖国的科学研究事业。在课堂教学中穿插讲述这些物理学家的故事，能够震撼学员的心灵，塑造他们良好的人格品质。

7.2.2　精心筹划，实现课程建设向信息化转变

随着信息技术的飞速发展，大学物理的课堂教学模式和教学方法有了很大的改进和提高，但是仍旧存在很多问题。在课堂上，往往是教员费力地讲，学员被动地听。学员获得的信息主要来源于教员讲授和教材介绍，信息量较少，而且在学习过程中是被动地去接受学习，缺少互动，缺少研究，难以真正掌握课程内容。此外，由于大学物理课程体系复杂，物理概念之间的关联性强，导致学员课前预习时往往找不到重点，课后复习时很难掌握基本概念，最终使学习的效果大打折扣。现代 MOOC 技术的发展为解决这些问题提供了新的契机。

现代教学中的 MOOC 课程模式起源于基于互联网的开放课程，最早可以追溯到 2007 年，2012 年起在美国得到爆发式发展，进而形成席卷全球的新型知识传播模式。世界范围内，美国有面向高等教育的 Cousera、Udacity 和 edX，德国有 Iversity，法国有 Fun，英国有 FutureLearn 等 MOOC 平台，各平台上的注册学生数量接近 2000 万，课程总数约 2000 门。国内高校中，清华大学基于 open－edX 开放的源代码，构建了自主的 MOOC 平台"学堂在线"；2014 年，上海交通大学自主研发的"好大学在线"正式对外发布，并支持西南片高校的跨校学习，学分互认。

MOOC 教学平台集各种网络课程形式和网络教学模式于一体，有着海量的电子书、教学视频等学习资源(图 7.2)。但是这些资源一方面比较分散，另一方面与大学物理课程标准的要求也有所不同。学员直接通过终端学习往往费时费力，事倍功半。为解决这一问题，我们在 MOOC 教学平台上利用慕课纸编辑器，针对大学物理课程中的每一个知识单元制作了包含文本、图片、视频和幻灯片在内的富媒体学习内容，实现了整个课程体系中的知识碎片化。

基于 MOOC 教学平台建设的大学物理课程为学员在网络上创造了一个资源共享、互动交流的空间。利用该系统强大的统计功能，教员可以有针对性地指导学员进行课前预习、课后复习和自我测验，并对每一个学员的学习效果进行评价评

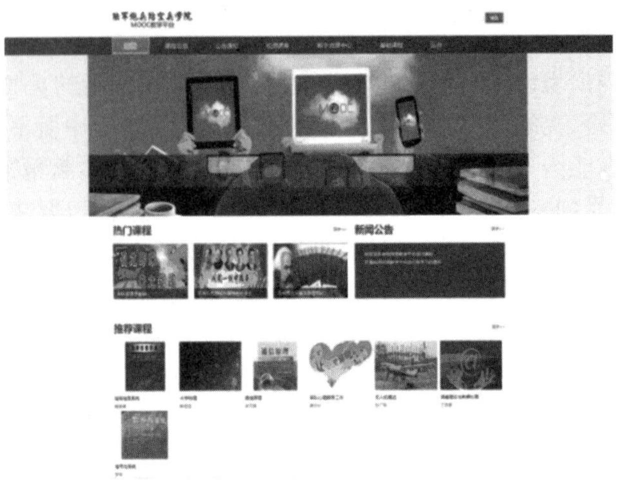

图 7.2　MOOC 教学平台

测，实现以学员为中心的教学。学员利用 MOOC 平台登录课程网站后，可以进行课程学习、做作业、测试、学习话题讨论等学习活动，也可查看教学资料、学习记录以及进入学习社区分享交流，在课上、课下、线上、线下随时随地进行学习。这一学习过程打破了时间和空间的屏障，不仅有效激发了学员学习的积极性和主动性，而且能够逐步提高学员利用所学知识分析问题和解决问题的能力(图 7.3)。

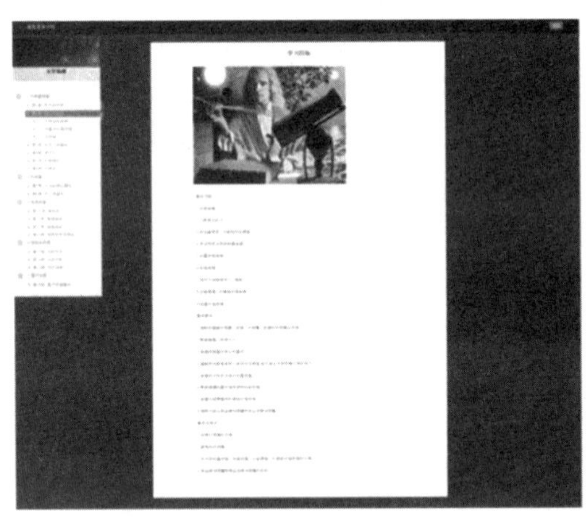

图 7.3　基于学院 MOOC 教学平台建设的大学物理课程

7.2.3　主动作为，加快课堂教学向军事化对接

作为科学文化课程，在教学内容上如何向实战靠拢，强化军事特色一直是大学物理课程教学改革的重点和难点。为此，我们积极顺应军事教育发展需要，拓思

路、想办法、抓落实。首先，通过开设“物理学与军事高新技术”公共选修课，让学员从理论上实现基础教学与任职需要的对接；其次，积极建设军事特色物理演示实验室，将物理学原理在军事装备上进行可拆分、可视化实物呈现，使学员从实践上实现基础教学与任职需要的对接。特别是在课堂教学中，通过引入军事应用实例(表7.1)，帮助学员了解物理原理在其他学科和技术领域的重要应用，掌握军事高新技术中的物理原理。在此过程中能够培养学员的科学思维方法，激发创新精神，提高综合素质，适应了信息化战争对军事人才的科学素质要求，为培养具有较强信息技术处理能力的高素质新型军事人才奠定了基础。

表7.1　大学物理教学中的军事应用实例

模块	军事应用典型实例	大学物理知识点
力学	火炮的弹道曲线	牛顿运动定律，抛体运动
	空气阻力与降落伞	自由落体运动
	飞鸟对飞机的威胁	动量定理
	来复线的作用	角动量定理，进动
热学	铀浓缩的气体扩散法	分子速率分布
	枪械消音器	绝热膨胀
电磁学	跨步电压	电场强度，电压
	高电压下的人员安全	静电感应，静电屏蔽
	电磁轨道炮	毕奥－萨伐尔定律，安培力
	粒子束武器	磁场对运动电荷的作用
	雷电对机身的影响	感应电动势
	探雷技术	电磁感应定律
振动与波	声音在海洋中的盲区	机械波的反射、折射
	声呐探测	波的传播，多普勒效应
光学	激光测距仪	光程，相位差
	激光陀螺	光的干涉
	相控阵雷达	光栅衍射
	伪装目标的偏振识别	光的偏振
近代物理	人造地球卫星的定位	狭义相对论
	核武器的能量	质能关系
	微光夜视仪	光电效应
	量子通信	波函数

以“电磁轨道炮”为例，电磁轨道炮是利用电流间相互作用的安培力将弹头发射出去的一种先进动能杀伤武器，我们在实际教学中将其以军事应用实例的方式引入课堂，在讲授磁场与电流的作用时进行介绍，以此激发学员的学习兴趣。

图7.4为电磁轨道炮的原理图，它由两条扁平的互相平行的长直导轨组成，导轨间放置一质量较小的金属滑块作为弹丸。当两导轨间接入电源时，强大的电流从一导轨流入，经过滑块后从另一导轨流回。电流在两导轨之间产生一个近似均匀的垂直于弹头的强磁场，通电的弹头在安培力的作用下被加速，最终以很大的速度射出。

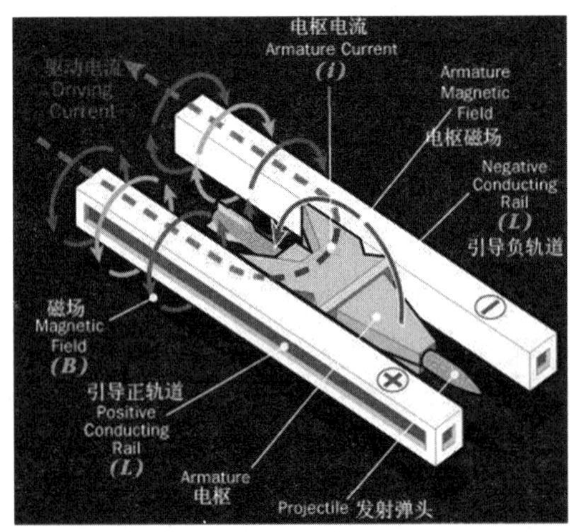

图7.4 电磁炮原理图

常规炮弹的发射大都借助于化学燃料的爆炸，但因为气体膨胀速度的限制，炮弹实际能够达到的发射速度约为2 km/s。与传统的大炮将火药燃气压力作用于弹丸不同，电磁炮利用电磁系统中电磁场的作用力，可大大提高弹丸的速度和射程，采用超导材料，在5 m长的导轨上，可使弹丸加速到6 km/s的速度。图7.5为电磁轨道炮的毁伤效果图。美军2008年的测试中电磁轨道炮达到了10 MJ的水平，其射程可以超过370 km。

图7.5 电磁炮毁伤效果

微光夜视仪是根据光电效应制作而成的一种夜视仪器，利用夜间目标反射的低亮度的月光、星光和大气辉光等微弱的自然光，能够将图像增强放大到几十万倍，从而适于肉眼夜间进行观察。其原理是：来自目标的微弱可见光线进入夜视仪后打在金属板上产生光电子，这些电子再通过光电倍增管实现电子数倍增，最后投射到荧光屏上转换成人眼看得见的图像。图 7.6 为微光夜视仪成像效果图片。微光夜视仪利用的光线主要来自太阳、地球、月亮、星球、云层、大气等自然辐射源，属于被动方式工作，因此能够较好地隐藏自己，不容易被敌人发现，在军事上已经实用于夜间侦察、瞄准、车辆驾驶、光电火控和其他战场作业，并可与红外、激光、雷达等技术结合，组成完整的光电侦察、测量和警告系统。

图 7.6　微光夜视仪成像效果

在学习光电效应的基础上，我们将微光夜视仪的物理理论与课程的基本理论相结合在课堂上进行介绍，使学员体会到现在的学习与将来的岗位任职能力之间的联系，收到了很好的教学效果。

7.2.4　以学员为中心的教学设计：静电场的环路定理和电势

电势是反映静电场本身特性的物理量，是静电学非常重要的物理量之一。静电场中电势的分析和计算是教学中的一个重点和难点内容，教学过程通常都是直接引入静电场的环路定理和电势的定义，再配合不同类型的例题进行教学。我们根据教学内容的特点，在教学设计过程中以学员为中心，采用灵活多样的教学方法，深受学员欢迎，取得了很好的效果。

教学内容：

本章是从功能关系来说明静电场的性质。从静电场力做功的特点可以发现静电场是保守场，能够得出反映静电场性质的环路定理，并引入电势能和电势的概念。熟练掌握电势的分析和计算方法有助于快捷解决一些静电场中的问题。

学情分析：

大二学员经过前一学期大学物理课程的学习，具备了基本的分析和解决实际物理问题的能力，在教员的引导和帮助下，能够理解和掌握本章的内容；学员在前面已经学习过保守力做功的特点和势能的定义，并对电场力和电场强度有了初步认识，为本章的学习奠定了一个良好的基础。

教学目标：

(1) 掌握静电场的环路定理，掌握电势与电场强度的积分关系和内在联系。

(2) 能够根据实际情况，选择采用定义法或者叠加法分析计算简单电场中的电势，增强处理问题的洞察力。

(3) 通过保守力做功的特点类比得出静电势能的定义和性质，树立学员探索疑难问题的信心和勇气；通过高斯定律和环路定理认识静电场的性质，培养学员的科学鉴赏力和审美观；通过对电场中电势的分析计算，培养学员分析判断问题的能力。

教学步骤：

(1) 简要回顾上一章节中电场强度的定义和高斯定律的内容，特别是高斯定律所揭示的静电场的性质。

(2) 引导学员思考计算静电场力做功的方法，回顾万有引力、重力和弹性力做功的特点，并与静电场力做功类比分析。

(3) 学员比较静电场力和摩擦力做功的区别，形象理解保守力做功与路径无关的特性。同时设难置疑，启发学员思考静电场力的保守性的其他表述形式。

(4) 通过逆向思维，从环路定理得出电场线不能闭合的结论。学员通过对水流漩涡、螺旋星系以及气体涡流炮中的有旋性的观察，进一步加深理解静电场的无旋性。

(5) 学员观看教学动画，观察静电场力做功和重力做功的特点。通过与重力势能类比得出静电势能的定义，并分析静电势能的特点。

(6) 启发学员从功和能的角度理解电势的概念和物理意义，掌握电势差和静电场力做功的关系式。

(7) 学员计算点电荷场中的电势，并与点电荷的电场强度对比，分析如何从电势的定义出发求点电荷系电场中的电势，进而掌握电势的叠加原理和点电荷系电场中电势的求法。

(8) 通过例题引导学员学会利用电势的定义计算带电体产生的电场中的电势，正确理解计算电势的叠加法和定义法之间的关系，并掌握它们的适用条件。

教学拓展：

(1) 计算电偶极子电场中任一点的电势。

(2) 为什么同样与高压线接触，鸟儿站在上面安全，而人接触时就会发生事故？

7.3　实验课程教学改革

大学物理实验是教学大纲明确的通用基础课程，是学员首先接触的实验课程，也是培养学员科学实验素质的基础。在实验课程教学中学员不仅应受到严格的、系统的实验技能训练，掌握科学实验的基本知识、方法和技能，更主要的是培养学员敏锐的观察力、严谨的科学思维能力和创新能力，培养学员理论联系实际，分析和解决问题的能力，特别是与科学技术的发展相适应的综合能力。因而实验教学应该面对时代发展、科技进步的新趋势和新挑战，围绕培养军队需要的创新性人才这一目标，不断审视现有的大学物理实验教学体系，与时俱进，改革实验教学内容与模式，积极思考，勇于实践，锐意改革，以适应军队对人才知识结构和科学素质越来越高的要求。

7.3.1　改进教学模式，激发学员学习兴趣

传统的实验课程教学模式中，教员首先讲述实验目的、实验内容，然后学员根据实验教材进行操作、观察和测量。在讲授过程中，教员相当于舞台上的演员，学员充当了观众的角色，学员仅仅是旁观者，没有直接参与教学过程。这种教学模式步骤简单，学员操作容易，但不利于发挥思维和主观能动性。学员不感兴趣，感觉收获不大，实验教学的效果也不好。此外，教学过程中一个班次的学员使用同一种方法和相同的仪器，在规定的时间内完成同一组实验，实验过程中容易导致部分学员看别人怎么做自己就怎么做，甚至有少数学员不留心实验观察，不进行实验操作。

针对这种情况，我们严格要求学员在实验之前必须进行实验预习，并写出预习实验报告。为检验预习效果，课前教员专门针对预习过程中的思考题进行提问，确保每个学员在实验前对实验目的、实验原理以及实验公式有详细的了解。在详细预习的基础上，教员对实验课程理论教学时的板书进行了重新设计，基本的原理与公式推导过程简要介绍，但在实验内容以及注意事项上写得比较详细，以强调其重要性，确保实验的安全操作。在讲解过程中，教员着重讲解历史上关于这一实验的出现、演变内容以及一些实验的趣闻。比如“密立根油滴”这一实验，是测量电子的电量值。开始时人们想到使水分子带电，测出不同水分子的带电量，通过求最大公约数估算出电子电量。但实际上水分子极易挥发，实验难以进行。有一天密立根坐在火车上突然想到为什么不把水变成油呢？从此密立根的实验获得了重大突破。此外，教员还会讲解物理实验在现代科学技术与军事中的运用，扩大学员的知

识面，激发学员对物理实验的兴趣。比如实验中使用的激光，在军事上可以作为辅助工具，指引导弹对目标实施精确打击，激光枪也可以作为常规武器使用等。

如果说实验原理的理解、实验仪器的操作、实验结果的分析构成了物理实验教学的主体部分，那么物理思想教育则是其精髓和灵魂。然而在实际介绍每一个实验的原理时，传统的教学方法是把已有的知识高度浓缩、概括后，再用演绎法讲授。这种方法虽然利于学员快速接受知识，却不利于培养学员的能力。因此，我们在向学员介绍实验原理的同时，特别强调物理思想教育。比如在讲述牛顿环实验时，教员就从1675年牛顿向英国皇家学会提交的那篇论文说起，引导学员思考为什么他不能解释牛顿环现象，进而介绍托马斯·杨提出波动学说的背景，帮助学员理解波动干涉、衍射现象的实质。事实证明，任何一个物理实验，从实验目的的提出、实验仪器的设计、实验数据的处理与分析到最后给出实验结果都经历了一个非常曲折、漫长的发展过程，而且很多经典实验的完成过程都迸发着灿烂的思想火花，如果让学员置身于实验完成过程的背景和思想溯源之中，按照认识过程进行想象、分析、判断和归纳，自然会激发他们的学习兴趣，锻炼他们的思维能力，培养他们客观、科学地认识事物的良好习惯。

7.3.2 融入前沿技术，培养学员创新能力

现代科学技术的发展可谓一日千里。尽管有很多高新技术、高新材料陆续被引入到物理实验中，但现行的物理实验教学仍然没有紧跟当代科学技术发展的步伐。如果教学内容不与时俱进，那么教学过程必定枯燥无味，因此我们在实验教学中特别注意融进现代成果。例如在讲授声速测量实验时，重点介绍整套仪器的关键部件——压电陶瓷，从压电效应、逆压电效应的产生机制到石英谐振器、电子打火机等常用家电器件，最后还会简要介绍最新开发的高效、环保无铅压电材料。在讲述多普勒效应综合实验时，介绍多普勒雷达、多普勒流量计等。总之，很多仪器设备、测量技术都与当今的高新材料、高新技术密切相关，如果教员在教学中适当引入一些高新材料、高新技术的介绍，不仅可以活跃学员的思维、拓宽他们的知识面，而且还可以培养他们的洞察力和创造力。

通过将与前沿技术密切相关的科学研究渗入实验教学，不仅有利于学员获得直接知识，培养学员逆向思维和发现问题、提出问题、分析问题、解决问题的能力，而且有利于学员对于未知新知识的探索能力的提高。对于那些有发展潜力、对科研有兴趣的学员，应该给他们提供机会，让他们尽早接触科研，这样既有利于创新思维的培养，掌握不同学员的特长，因材施教，另一方面也可以推动科研项目的进展。目前我们创建的“激光雷达技术”科研团队和“聚变堆关键技术”科研团队，全体教员主动参与，集体攻关，取得了多项科研成果，同时积极地将取得的科研成果与实验教学融合，取得了很好的教学效果。

激光雷达技术是集光学、机械及计算机技术于一体的综合性技术，是激光原理的一个重要应用。20 世纪 60 年代初激光器发明后不久，激光雷达技术便应运而生。它是物理学原理在高新技术中的典型应用。激光雷达技术可用于对大气参数如风速风向、大气能风度、大气中微量气体的精准探测，这些大气参数的精准探测，可直接应用于军工领域。我们开设了“激光雷达技术及其应用”选修课，通过介绍激光雷达技术拓宽学员的知识面，培养学员理论联系实际的能力；通过具体的激光雷达技术的介绍，培养学员分析问题、解决问题的能力和科学思维方法；通过介绍不同激光雷达的原理，培养学员的创新思维能力(图 7.7)。

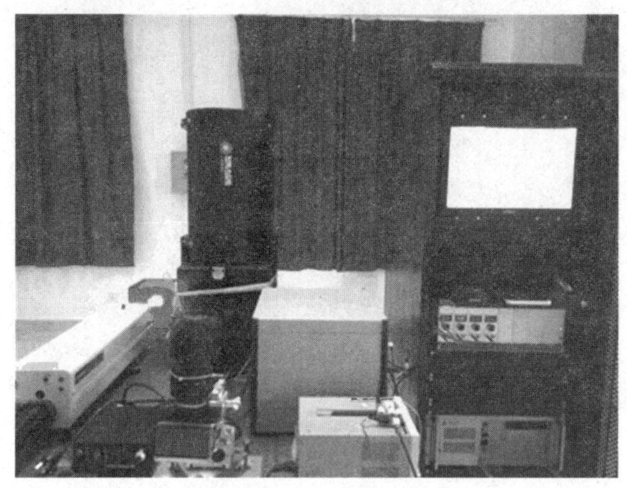

图 7.7　大气监测激光雷达实验室

在能源利用方面，从长远来看，核能将是继石油、煤和天然气之后的主要能源，人类将从“石油文明”走向“核能文明”。核能是通过质量转化从原子核释放出的能量。核聚变由较轻的原子核聚合成较重的原子核而释出能量，最常见的是由氢的同位素氘和氚聚合成较重的原子氦。太阳表面所发生的就是核聚变反应。太阳本身就是一个超大的核聚变反应堆。

由于直接利用太阳能比较困难和低效，人类就设想制造一个人造太阳，在地球上进行可控核聚变，也就是把太阳这个大反应堆缩小后搬到地球上。20 世纪 50 年代初，苏联科学家阿奇莫维奇提出了托卡马克(tokamak) 这个概念。托卡马克是“磁线圈圆环室”的俄文缩写，这是一个由封闭磁场组成的“容器”，能够用于进行核聚变反应。

60 年来，全世界共建造了上百个托卡马克装置，在改善磁场约束和等离子体加热上下足了功夫，掀起了世界范围内托卡马克的研究热潮。苏联(俄罗斯)、日、美、欧从 1985 年开始实施“ITER 计划”，这是一个大型的国际科技合作计划，拟建设一个大型的全超导非圆截面托卡马克，验证聚变反应堆的工程可行性，总工程造价 46 亿美元，目前正在工程建设阶段。中国从 2003 年开始参加 ITER 计划，中科院等离子体所是中国的主要承担单位之一。核聚变团队致力于聚变堆内部件关键技术的研究，取得了丰硕成果。实验课上向学员开设专题讲座，进一步提高了学员学习物理类课程的积极性，增强了学员的创新思维能力(图 7.8)。

图 7.8 聚变堆内部件关键技术实验室

7.3.3 完善考核办法，打牢学员专业基础

物理实验作为一门独立的基础课程，在学习过程中对每一个实验，实验教员都要做出及时、合理的评价，以激励学员的学习积极性。评价应包括实验要求的各个部分，如实验目的、原理的理解程度，能否独立组装实验仪器并按实验步骤正确完成操作过程，对各实验蕴含的科学思想的掌握情况，实验报告的完成情况等。在评价中教员对学员思维能力方面的进步应给予必要的关注和鼓励，促进他们不断提高。

考核是教学过程中的一个重要环节，是检验学员学习情况、评估教学质量的手段。我们重构了大学物理实验课程的评估体系，将原来的考查方式改为由平时考核、期末考核和综合考核三部分组成。其中平时考核成绩占总成绩的 50%，期末考核成绩占总成绩的 20%，综合考核成绩占总成绩的 30%。平时考核包括每一个实验的预习、操作和报告；期末考核指学期结束时的一次抽查实验考核；综合考核则是学员在演示实验室学习完四个学时的物理演示与探索实验后，写出自己对某一物理现象的理解和独到的想法，由教员对其进行全面评价。学院的演示实验室采用引进与开发相结合、基础与拓展相结合、定性与半定量相结合、实验与视频相结合、课内与课外相结合、教员与学员相结合的建设思路，购置了大量的演示教学仪器，如空气热机演示仪、超导磁悬浮演示仪等，并对教员与学员全面开放。

这种考核方式的改革要求学员不仅要认真参与实验教学，同时还要在实践中理解理论知识，真正实现了理论结合实践，相互促进、相互提高。对基础物理实验教学方法和实验室建设方向的调整也取得了很好的效果。许多实验技能优秀的学员脱颖而出，完成了多篇具有一定水平的实验研究论文，有些还发表在专业期刊上，这些成绩的取得进一步激发了学员对基础实验的浓厚兴趣和坚持不懈的科研精神（图 7.9）。

物理与工程　Vol.26　No.5　2016

等温条件下可压缩理想气体的伯努利方程

俞锦涛[1]　陶宗明[2]

([1]解放军陆军军官学院学员，安徽 合肥　230031；
[2]解放军陆军军官学院基础部物理教研室，安徽 合肥　230031)

摘　要　不可压缩流体的伯努利方程在解释飞机机翼升力时出现了矛盾．从这个矛盾出发，本文建立理想气体的等温过程模型，运用能量守恒推导出了等温条件下可压缩理想气体的伯努利方程．通过比较分析可知：不可压缩理想气体的伯努利方程在等温条件下形式上可变成等温可压缩理想气体的伯努利方程，但本质上是有区别的；与等熵条件下的伯努利方程比较，两者成立条件不同，方程的形式也不一样；等温条件与等焓条件在本质上是一致的，伯努利方程形式和本质都不变．

关键词　伯努利方程；理想气体；等温条件；可压缩条件

THE BERNOULLI'S EQUATION OF IDEAL GAS UNDERTHE ISOTHERMAL AND COMPRESSIBLE CONDITION

图 7.9　学员在核心期刊上发表的论文

7.3.4　牵引理论教学，实现学员全面发展

大学物理实验教学是理论教学的重要基础，而物理原理又是物理实验的灵魂和核心。如何将理论教学与实验教学融合在一起，增加实验教学对理论教学的牵引作用，是实验教学需要不断探索和实践的重要课题。

大学物理实验课程教授学员如何实验，如何做好实验，是培养学员养成良好科学实验作风的基础实验课程。但是，作为基础实验的大学物理实验课程，却滞后大学物理理论教学一个学期才开设。为发挥实验教学对理论教学的牵引作用，我们将物理演示实验室的建设摆在物理实验室建设发展的首要位置，建立了大学物理演示实验室（图 7.10）。其中有学院自己设计、研发与采购的近百种演示仪器，涵盖了力学、电磁学、光学和近代物理等不同领域。这些演示仪器如三维成像技术、高温超导磁悬浮、空间光波滤波、视觉暂留、空气动力演示、锥体上滚等，贴近自然界与生活，生动展现了物理原理在科技与军事上的运用。在实验教学之前，对学员先开放物理演示实验室，让学员在演示实验室得到感官和实际的操作体验，极大地激发他们探索物理知识的兴趣，为理论课程的学习提供了动力。

为更好地结合军队人才培养实际，我们在实验课程授课中突出了物理原理在

图 7.10 大学物理演示实验室

军事科技上的应用内容。在实验室建设中淘汰以往简单验证性的实验，如长度测量、单摆测重力加速度等。增开科技含量高、与军事技术相关的应用性、设计性实验，如光速测量、声速测定、音频信号的光纤传输、超声光栅测声速、光谱分析、光电转换、激光全息技术等实验。在教学过程中，一改以往的从原理到操作的简单教学方式，把实验介绍的内容进一步拓展至军事和高科技领域。通过增加介绍实验设计者和实验的历史背景，以及这些实验方法、技术在当今高科技和军事领域中的应用，培养学员一丝不苟的科学实验作风，为他们今后的学习与工作打下良好的基础。

7.4 物理创新俱乐部建设

为充分调动学员学习物理课程的积极性，为学员开展物理科技创新实践活动提供支持，我们组建了物理创新俱乐部。俱乐部坚持以学员自身兴趣发展为方向，以鼓励学员自主创新研究为主导，以教员传授知识、点拨思路方式为辅助，充分发挥学员自觉性、主动性，最大限度地挖掘自身的潜能，培养学员严谨求实的科学素养和攻坚克难的科学精神。

7.4.1 物理创新俱乐部创建背景

物理创新俱乐部成立于 2015 年 3 月，采用教员课堂引领、学员课后自学的模式，以参加安徽省大学生物理设计与创新大赛和“八一杯”军队院校大学生物理科技创新竞赛为契机，锻炼和提高学员理论钻研、实验技能和物理知识应用等方面的能力和素质。

俱乐部师资力量主要依托于物理教研室，专业涵盖理论物理、凝聚态物理、电子信息、光学等领域，师资队伍具有扎实的理论基础和丰富的教学经验，能够把科学研究与教书育人有机地结合起来，在传授知识的同时重视对学员科学素质和创新能力的培养，取得了良好的教学效果。俱乐部主要招收对物理实验和物理创新具有浓厚兴趣的大二和大三学员，锻炼具有扎实理论基础学员的动手能力，培养学员的团队协作意识和自主学习习惯。

7.4.2　物理创新俱乐部发展规划

俱乐部成立以来，参加各项创新竞赛取得了丰硕成果(图 7.11)，充分展现了学院扎实的基层教学水平。各项成果的取得，离不开学员之间的相互交流和共同探讨，也离不开教员的悉心教导和辛勤付出。俱乐部将继续坚持面向战场、面向部队、面向未来，加强课程建设，夯实学员基础，为学院教学建设再上新台阶贡献力量。

图 7.11　2018 年安徽省大学生物理实验设计与创新大赛获奖证书

在下阶段发展中，物理创新俱乐部将继续加强对学员创新能力的培养，以学年为周期规划俱乐部发展，上学期主要以各类竞赛为契机进行基础物理实验的挖掘和拓展，养成过硬的物理实验素养，培养动手能力和协作能力，以理论指导为主，定期开放实验室，让学员自主进行实验；下学期以学员动手完成创新实践项目为主，鼓励学员进行研讨交流，各成员之间冲撞思想的火花，大胆提出新问题、新思想、新看法，在不断发现问题、解决问题中取得进步、提升自我。教员在学员创作过程中帮助理清思路，指导要点，同时启发学员发现新的问题、提出新的想法。

对于俱乐部的未来发展，基础部物理教研室将以每次竞赛为发展契机，紧紧围绕岗位任职能力生成，着眼最大限度发挥整体战斗力和保障力，进一步加强课程建设，调动学员们主动探索、大胆创新的积极性，为培养具有创新意识和创新能力的高素质军事人才贡献力量。

7.4.3　物理创新俱乐部实施方法

经过多年实践活动的经验积累，物理创新俱乐部已经建立起一套行之有效的运行管理制度和办法，主要包括理论授课与实践参观、共享图书借阅制度、学员定期学习研讨交流、实验室开放与指导办法等。

不同于日常的课堂授课，俱乐部的授课内容主要以开拓学员视野、启发创新思维为主。授课人员以物理教研室为主，讲授物理创新精神思想与方法、物理理论在工程方面的应用，参观重点实验室，展示创新科研成果和经验，介绍前沿发展现状和最新成果，以达到启发学员自主创新的目的(图 7.12)。俱乐部还积极邀请其他教研室的专家教授进行授课指导，以开拓学员视野，促进全面发展。

图 7.12 学员参观激光雷达实验室

经过俱乐部数年时间的积累和毕业学员的赠送，现已初步建立起共享图书借阅制度，图书范围包括物理学相关教材教辅、科普读物、历史发展和部分工具书；图书内容由教研室共同推荐和筛选，确保图书质量；图书的日常管理和维护由教员执行，学员可定期借阅并按时归还，保证图书的利用效率。俱乐部每年都会使用部分经费对图书进行扩增和更新。

俱乐部为学员订阅了《大学物理》《大学物理实验》等物理学习研究的期刊，定期组织集体学习。学习前，由教员对期刊内容进行初步的筛选和分类整理，选取难度适合学员学习阅读的内容，形成大致分类目录。学员可根据个人的兴趣爱好选择相关的内容进行分组学习阅读，并在教员的指导下进行讨论研究(图 7.13)。

在俱乐部活动过程中，按照教员工作安排，开放物理实验室并对学员进行指导。原则上每个实验室每月至少安排一个晚上开放。有需要的学员可以联系相关教员，汇报自己的相关实验计划和实验需求，并约定开放指导时间。教员与学员相互协调，完成仪器和工具的准备工作，保证学员可以在教员的指导下，对自己的发现和想法进行验证，同时进行新的实验研究与设计。

图 7.13　学员研读物理期刊

第8章　外语课程改革创新

8.1　大学英语课程概述

8.1.1　背景与地位作用

军队院校“大学英语”课程的开设已有40余年的历史，最初以培养学员读写能力为主。时至今日，“大学英语”课程历经多次教学改革，已经是以英语语言知识与应用技能、学习策略和跨文化交际为主要内容，以外语教学理论为指导，并集多种教学模式和教学手段于一体的教学体系。在不断改革创新后，军队院校“大学英语”课程建设与教学逐渐步入良性发展的轨道，大学英语教学的良好环境已然形成，二年级本科生大学英语四级通过率呈稳步上升的趋势，近几年达到国家课程标准一般要求的学员比例为90%左右，超过全国重点院校的平均水平，在国内同层次的院校中处于领先地位。

“大学英语”课程教学是以英语语言知识与应用技能、学习策略和跨文化交际为主要内容，以外语教学理论为指导，并集多种教学模式和教学手段于一体的教学体系，旨在帮助学员打下扎实的语言基础，掌握良好的语言学习方法，培养较强的英语综合应用能力，特别是听说能力，使他们在今后工作和社会交往中能用英语较为有效地进行口头和书面的信息交流，同时增强其自主学习能力、提高综合文化素养，适应加强军事斗争准备、陆军信息化建设和军队建设“两个根本性转变”对人才培养的要求。大学英语教学是高等教育的有机组成部分，是“通识教育”阶段的核心基础课程，是培养新型高素质军事人才的必修课，是培养创新型军队院校本科生学员的需要，在我国军队现代化建设中起着十分重要的作用。

8.1.2　目标与建设思路

“大学英语”课程建设需要贯彻落实素质教育和创新教育思想，遵循语言教学的基本规律，体现军校大学英语教学的军事特色，注重培养学员学会获得知识的方法、提高学员综合文化素养和在军事活动中的语言实际运用能力。课程应体现英语教学的实用性、人文性和趣味性融合的原则,充分调动教员和学员两个方面的积极性,确立学员在教学过程中的主体地位。

此外,“大学英语”课程建设需要以现代信息技术为支撑,特别是网络技术,努力使英语教学朝着个性化教学、自主式学习方向发展。条件允许时,实施基于计算机和课堂联合的英语教学模式,改进以教员讲授为主的单一教学模式,在校园网或语言自主学习中心进行听说教学和训练,读写译课程的教学主要在课堂进行。

大学英语的教学内容与具体目标,分为通用英语和军事英语两块。

1. 通用英语

1) 教学内容

主要包括通用英语知识学习和技能训练、对象国知识学习以及跨文化交流能力培养等。

(1) 语言知识:包括英语语音、词汇、语法、语篇及语用等知识。

(2) 语言技能:包括英语听、说、读、写、译等应用技能。

(3) 对象国知识:包括社会、历史、政治、经济、科技、民族、文化、宗教、文学、艺术等方面的知识。

(4) 跨文化交流能力:包括中外文化差异认知能力、得体有效的对外交流能力以及传播中国文化的能力等。

2) 教学要求和目标

按照通用英语能力分级培养与考核要求基础级标准实施,学员毕业时必须达到本级标准的要求。院校根据学员实际水平,可按照提高级或发展级标准分级实施。

(1) 听力理解:能听懂有关日常话题的简单英语交谈;能基本听懂语速较慢的音、视频材料和题材熟悉的讲座,语速为每分钟130词左右,掌握中心大意,抓住要点;能听懂用英语讲授的相应级别的英语课程;能运用基本的听力技巧。

(2) 口头表达:能就日常话题进行简短、多话轮的交谈,能对一般性事件和物体进行简单的叙述或描述,经准备后能就所熟悉的话题做简短发言,能就学习或与未来工作相关的主题进行简单的讨论;语言表达结构比较清楚,语音、语调、语法等基本符合交际规范;能运用基本的会话技巧。

(3) 阅读理解:能基本读懂题材熟悉、语言难度中等的英语报刊文章和其他英语材料,阅读速度达到每分钟70词;能借助词典阅读英语教材、常见应用文、简单专业资料等,阅读速度达到每分钟100词,掌握中心大意,理解主要事实和有关细节;能根据阅读目的的不同和材料的难易,适当调整阅读速度和方法;能运用基本的阅读技巧。

(4) 书面表达:能就一般性话题或提纲在半小时内写出120词的短文,语篇结构基本完整，中心思想明确，用词较为恰当，语意连贯，句型准确；能用英语描述个人经历、观感、情感和发生的事件等；能写常见的应用文；能运用基本的写作技巧。

(5) 翻译：能借助词典对题材熟悉、结构清晰、语言难度较低的文章进行英汉互译，英汉译速为每小时 300 英语单词，汉英译速为每小时 250 个汉字，译文基本准确，无重大理解和语言表达错误；能有效地运用翻译技巧。

(6) 词汇量：掌握 5000 个单词和 700 个词组，其中 2000 个单词为积极词汇。

2. 军事英语

1) 教学内容

主要包括通用军事英语知识学习和技能训练、军事知识学习以及跨文化军事交流能力培养等。

(1) 语言知识：包括军事英语词汇、语法结构、语篇、军事用语及语用知识。

(2) 军事英语技能：包括军事文本解读能力、军事应用文写作能力、军事英语听力理解能力、军事英语口语能力和军事英语翻译能力等。

(3) 军事知识：包括中外国防政策、中外军队体制编制、军兵种知识、军事行动与作战指挥、军事科技与武器装备、军事后勤与作战保障、军事教育与训练、对外军事交流、联合军事演习、联合训练、国际维和、反恐、护航等内容。

(4) 跨文化军事交流能力：包括中外军事文化认知能力、军事英语思维能力、对外军事交往能力等。

2) 教学要求和目标

按照军事英语能力分级培养与考核要求一级、二级标准实施，学员毕业时须达到二级标准的要求。院校根据军兵种特点和学员实际水平，可按照三级或四级标准分级实施。

(1) 听力理解：能听懂军事背景下一般性工作交谈；能听懂标准英语的军事内容讲话，语速为每分钟 120 词左右；能听懂各类军事话题内容；能在军事领域的讲座、发言和讨论中领会要点；能较好地运用听力技巧。

(2) 口头表达：能就一般军事话题进行较为流利的交流；能描述军事场景中的人物和事件；能用英语下达简单的命令和指示；能使用简单的军事用语开展工作；能较好地运用常用交际策略。

(3) 阅读理解：能基本读懂题材较为熟悉、语言难度适中的通用军事英语材料，阅读速度达到每分钟 100 词；能借助词典阅读通用军事类报刊、网络军事报道和军事专题等文章，能掌握中心思想和重要细节；能较好地运用常用阅读策略。

(4) 书面表达：能书写备忘录、简报、公函等一般性军事应用文；能使用简单但完整的段落记述军事活动；能在半小时内写出不少于 150 词的军事性工作报告，军事用语选择恰当，表达基本得体；能较好地运用常用写作技巧。

(5) 翻译：能对题材熟悉、语言难度一般的通用军事类文献资料进行英汉互译，理解正确，译文基本达意，语言表达清晰；英汉译速为每小时 300 英语单词，汉英译速为每小时 250 个汉字；能较好地运用常用翻译技巧。

(6) 词汇量：累计掌握 3000 个军事词汇和 500 个常用军事术语和缩略语。

8.1.3　教材与教学条件

"大学英语"课程长期以来一直选用国家统编教材，同时根据各教材的特点，结合实际进行合理组合，形成具有鲜明特点的教材体系。目前，"大学英语"课程主干教材(精读)为外语教学与研究出版社的《新视野大学英语读写教程》(第 2 版)(1～4 册)，军事英语教材为外语教学与研究出版社的《军事英语听说教程》(第 1 版)，听说教材为外语教学与研究出版社的《新视野大学英语视听说教程》(第 3 版)(1～4 册)，泛读教材为中国科学技术大学出版社的《新目标大学英语快速阅读》(第 2 版)(1～4 册)，辅助教材为《一课一练》和《大学英语语法》。

课程组非常重视课程内容体系建设，力求给学员打下"宽、厚、牢"的语言基础，并紧跟全国大学英语教学与改革的形势和最新的研究成果和研究动向，对教学内容和教材使用实施了及时的更新。教育部颁布了最新的《大学英语课程教学要求》，明确了大学英语教学的目标是："培养学员英语综合应用能力，特别是听说能力，使他们在今后工作和社会交往中能用英语有效地进行口头和书面的信息交流，同时增强其自主学习能力、提高综合文化素养……"并极力推行基于计算机和网络课堂教学模式，使英语教学朝着个性化学习、自主式学习方向发展。新的课程教学要求注重对学员综合语言能力特别是听说能力的培养，同时要求培养学员的自主学习能力。近年来，我们根据教育部颁布的新的大学英语课程教学要求和全国四、六级考试新的改革及时更新了教学内容，将原先的听力教材更新为视听说教材，新增了快速阅读教材：中国科学技术大学出版社出版的《新目标大学英语快速阅读》。同时，引进了相配套的网络课程和电子课件供学员自主学习，实现了由过去单纯的纸质平面教材向立体化教材的逐步过渡。教材的特点有：第一，筛选出每课的重点词，加以反复操练；第二，进一步提高大纲词汇的覆盖率和重现率；第三，修订本对练习部分做了较大的修订，以加强句子和语篇水平上的操练。作为听力主讲教材的《新视野大学英语视听说教程》是经国务院批准的、由教育部实施的"面向 21 世纪振兴行动计划"工程之一，是教育部普通高等教育"十五"国家级规划教材，也是教育部大学外语推荐教材。该教材广泛借鉴了国内外优秀英语教材的编写经验，旨在通过真实的场景、地道的语言和多样的练习提高学员的英语听说能力。该教程同步提供课本、音带、光盘与网络教学管理平台。各种载体各具优势，互为补充，互相支持，为立体化、个性化、自主化的教学与学习提供了条件；充分发挥多媒体声像技术，通过丰富的资源、生动的形式、针对性的训练和有效的管理来提高学员的实际交流能力。部分辅助教材配置有现代多媒体教学内容的网络版，为学员个性化学习和大量的声像语言互动练习提供了保证，形成了一个由有声模仿、形式记忆、内容认知、文化习得、社会交际运用等学习活动组成的反复循环的语言学习过程，适合学员的自主学习。

自建成校园网以来，大学英语课程教学大力加强网络教学环境建设，引进了“雅信达”英语互动平台，制作了与教材配套的多媒体课件，建立了网上教学系统，为学员提供了方便快捷的英语学习条件。

外语教学网和“雅信达”英语互动平台为培养学员自主学习能力和综合语言能力提供了丰富的学习资源，包含词汇、语法、阅读、听力、翻译和写作等多方面的训练和信息资源，为学员提供了自主学习平台、在线交流平台、视频点播平台以及在线语音课程等。此外，“雅信达”英语互动平台还提供了自主测试和综合水平测试平台，通过该模块，学员可以接触丰富的内容、全新的信息，而且该平台操作方便，集知识性和趣味性于一体。网上教学系统主要包含幻灯片，电子教案，各单元的主要内容、重点以及难点，讨论专区，教员信箱等，课后学员可利用该系统调阅相关内容，并通过留言的方式与教员做课后交流，教员课后可利用网络进行答疑。

大学英语课程教学现有语音室 4 间(与计算机房合用)，总面积约 500 平方米，能同时容纳 500 人上听力课。语音室都经过了最新的改造和装修，每间语音室都配备了先进的语言教学设备，并由计算机教研室专人负责保养管理。数字化语言学习系统提供了强大的语言学习资料库，有效地实现了教学资源的网络共享。数字网络语言学习系统，既满足了课堂教学的语言训练的需要，同时也满足了学员自主学习和个别化学习的需要，让学员根据兴趣和要求自由学习口语、听力、阅读，实现自由点播式学习，大大提高了教学效果。此外，还配备了智能广播系统，为学员在多媒体教室进行课后听说训练提供了有力的硬件保障。

《大学英语课程教学要求》极力推行大学英语教学模式的改革，建议和鼓励采用以现代信息技术为支撑，特别是网络技术为支撑的、基于计算机和网络课堂的教学模式，使英语教学朝着个性化学习、不受时间和地点限制的学习、主动式学习方向发展。近年来，通过不断加强教学条件建设，建立了配套齐全、质量高、技术先进、完全满足教学要求的教学设施，适应了当前全国大学英语教学改革形势的发展和培养新型高素质军事人才和应急作战人才的要求。已安装的语言教学设备主要是南京利马科技有限公司生产的 AATV-DM 型多媒体语言教学、数字语言教学系统和广州蓝鸽科技有限公司生产的蓝鸽语言学习系统。AATV-DM 型多媒体语言教学系统通过国家教委成果鉴定，全部技术性能指标经上海电子产品质量检测，符合国家《语言学习设备通用技术条件》标准。该系统突破了传统单一的学习模式，增加了计算机多媒体教学、声像同步语言教学和可扩展的视频功能。与同类产品相比，具有可靠性高、功能强、兼容性好、操作简单等特点。蓝鸽语言学习系统平台软件不仅能实现模拟语音室的所有功能，而且引入了网络教学的功能。该产品的特点是：全数字化的传输方式，损耗小，传输速率快，声音保真度高；采用 ATM

网络协议，专有用于音频、视频的传输与处理，保证了传输的实时性与连续性；采用SMT表面安装工艺，系统稳定可靠，扩容性强；结构化的布线，使得线路简捷，维护方便；功能强大，界面简洁，操作简单；资料来源有三种途径，分别为本地库、外设和网络库。蓝鸽语言学习系统由教学系统、考试系统和阅卷系统三大部分组成。语音室还装备了智能广播系统，使用的是江西仙峰广电设备有限公司生产的“仙峰牌”3610型智能广播控制器。该控制器是一种高科技现代化广播设备，与计算机结合并在广播专用软件支持下能建立一个智能化操作平台，实现广播自动化。

8.2　大学英语改革创新方法

8.2.1　基于个性化、自主型和交互式为特点的课程建设

大学英语课程20世纪70年代以来就已在军队院校开设。80年代中后期，军队院校大学英语教学开始与地方接轨，按照国家教育部统一颁发的大学英语人才培养要求，采用国家推荐的优秀教材组织实施教学，并于1988年首次组织参加全国大学英语四级考试。从90年代开始，特别是进入21世纪后，随着多媒体和计算机技术等现代教育技术在教学中的应用和实践，语言学、社会学、心理学、教育学的发展，“交际法”“认知法”“功能意念法”“主题教学法”以及以学员为中心，强调学习的个性化、自主性和课堂教学的互动等新的教学理念和教学思想的出现，大学英语课程无论从形式到内容都发生了很大的变化，课程的建设取得了长足的进步。先后自主完成了《大学英语教学辅助课件》的开发和电子教案的编写以及《大学英语网络课程》的建设。教材的形式由过去的较为单一的平面纸介教材向集文字版、网络版、电子学习课件和电子教案于一身的立体化教材转化。在教学内容上，实现了综合英语类、语言技能类、语言应用类、语言文化类和专业英语类等必修课程和选修课程的有机结合，进一步实现了教学内容的优化和整合，满足了英语学习个性化、自主型和交互式的要求。

课程标准紧紧围绕人才培养目标，教学环节设计科学，时间分配恰当。按照课程教学特点和人才培养目标，对课程教学进行科学设计，主要针对综合英语类、语言技能类两大板块的教学目标实施训练，同时也涉及语言应用类、语言文化类板块。以精读和听说为主干课程，并根据学员的实际情况适当开设选修课及课外辅导班，其中精读、听说以课堂教学为主，泛读主要以学员自主学习为主，同时结合教员课上检查点评进行，词汇、语法以课外辅导形式进行。

大学英语课程建设规划主要包括：一是完善课程教学体系：大学英语教学可分为三个阶段五大板块，纵横交错相互联系形成一个立体的课程教学体系。二是完

善教学组织形式:教学组织形式主要依据三个原则,即分级教学原则、分层组织原则和分类指导原则。三是建设立体化学习环境:为巩固教学效果,在整个教学实施过程中大力开展第二课堂。四是优化教材结构体系:科学使用教材,优化教学内容。在反复论证的基础上,根据教学目标的要求,合理地选择国家级统编教材并加以适当整合。教学内容满足教学目的要求,按教学标准施训,具有系统性、科学性、前沿性。

课程教学由之前 4 个学期的通用英语教学改革为 6 个学期,前 4 个学期是通用英语教学,后 2 个学期是军事英语教学,教学环节符合教学规律,设计科学合理,保证了教学内容、效果和目标的有效落实。培养学员具有较强的阅读能力和一定的听、说、写、译能力,培养学员英语综合应用能力,特别是听说能力,使他们能用英语交流信息,帮助学员打下扎实的语言基础,掌握良好的语言学习方法,同时增强其自主学习能力、提高其综合文化素养,将大学英语课程建设成为增长知识、增长才干、增长能力和智慧,从而培养和造就出高素质新型军事人才的优质课程。

大学英语课程改革以更新教学观念、改变教学方式以及完善教学内容为重点内容,以培养学员的综合语言运用能力为目标,制定了课程改革方案,对教员队伍、教学实施等课程要素的建设与改革进行了系统设计和总体规划,努力把大学英语课程建设成军队院校优质课程。

坚持以深化课程改革牵引课程的建设与发展,成效明显。近年来,为进一步提高教学质量,全面提高学员的综合应用能力,根据国家大学英语课程教学要求,结合实际教学情况,对大学英语课程从多方面进行了立体改革。由集体统一规划型向个体自主学习型转变,由课程目标管理改为过程评估与目标评估相结合。重点加强了以下四个方面的建设与改革:首先,明确了以全面提高学员的综合应用能力和自主学习能力教学为改革总目标的指导思想。大学英语教学要适应新世纪社会经济发展,满足培养新型高素质军事人才的需要,需要妥善处理好传授知识、培养能力和提高素质的关系,把提高学员的英语综合应用能力放在重要位置;处理好教与学的关系,树立学员是教学活动的主体的思想,重视学员独立学习能力的培养;处理好听、说、读、写、译的相互关系,强调综合应用能力的整体提高和协调发展。在英语教学过程中加强分类指导,分级教学,使不同地域、不同层次以及不同水平的学员的英语应用能力和教学水平都能有所提高。其次,改革了现有的教学手段,教育和引导学员提高综合应用能力。改革现有的教学模式、教学方法、测评体系,改变传统的以教员为中心的模式,突出学员在教学实践活动中的主体地位,理论联系实际;改变学员被动接受的教学方式,重在启发、引导以及互动式语言交流,为学员创造足够的语言实践和交流的空间和时间;精心设计课外互动,积极提供学员自主学习和实践创造的语言环境;充分利用多媒体和现代化的教育技术开展网络教学,创新教学方法;突出能力测评,以学员的语言综合应用能力为出发点,建立多元化评价体系,适应发展的需要。第三,改革和完善大学英语教学管理。为了适应和满足人才培养要求，逐渐调整大学英语课程设置，推出语言技能类、语言应用类、语言文化类课程，供学员选修和自主学习。最后，加强教员队伍建设，有计划地安排年轻教员考研、考博，鼓励他们提升自己的学历层次，大大优化了教员队伍结构，提高了教员的教学水平。最终形成了以下四个特点。一是一体化：全方位地调动教、学、管各方面的积极因素，制定各类改革配套措施，从根本上提高工作效率，加强各方面的合作。二是自主化：充分尊重和激发学员的学习积极性，将传统的以教员为主的教育理念转变到以学员为主上来，把学习过程由传统的垂直灌输型向现代教育理念的师生互动型转变，从集体统一规划型向个体自主学习型转变。三是分类化：根据学员不同的英语基础，分级教学，分类指导，各个教学班可以有自己的特色，用自己的方式组织教学，以达到最大限度地调动学员的学习积极性，全面提高教学质量的目的。四是数字化：采取数字化教学手段，充分利用各种现代化教学媒体，使外语教学从单一的平面教学向纵深的立体化教学转变。

大学英语课程建设改革创新中，要注意以下几个方面：

(1) 抓好统一课和集体备课工作，做好课程建设的基础性和经常性工作。

统一课和集体备课是加强课程建设和保证教学质量的基础性和经常性工作。根据统一课的基本要求和规范，同时根据课程自身特点，依据语言教学的基本规律、人文课程特点及体现实战化教学要求，进行教学内容设计，对课程教学的基本内容、重难点、基本方法进行统一。各教学组依据本组的教学任务，由教学组长负责组织统一课，一般在新单元教学内容前两周进行。全体组员按照所分配的任务，每位教员重点准备一个单元，包括课件、教案的准备和板书的设计。在讨论之后，再由该教员负责吸收大家意见，做进一步修改完善之后，在授课前一周，分发给其他任课教员参考使用。

(2) 发挥三级教学督导对备课试讲和一线教学的检查指导作用，结合学员评教的反拨作用，努力提高课堂教学效果。

在专家和领导查课的基础上，主要依靠教学督导组加强对备课试讲工作和一线教学质量的督导检查。备课试讲是课堂教学的前期准备，课堂教学是教学方案的具体实施，二者是教学过程的两个不同阶段，是教学质量的根本保证。实施三级教学督导，宏观上重点要考查教员的教学内容设计是否符合当前人才培养方案中大学英语课程教学的三个基本指导思想，教学方法的使用是否服务于教学内容、是否有利于实现教学目标、是否符合学员的学习实际。微观上，通过教学督导，及时发现和反馈日常课堂教学各环节和要素中存在的问题，进行有针对性的指导。同时，积极发挥学期中和学期末的教学评价的反拨作用，针对教学评价排名靠后的教员进行不同程度的“约谈”，并做好对其一线课堂教学效果的“伴随”式帮扶指导。

(3) 加强教、学、管三方面的教学沟通和联系，定期召开教学联系会，进行有效的教学信息沟通和反馈。

制约当前一线教学质量的很重要的一个方面因素是“教”和“管”这两方面没有

形成有效合力作用于“学”。“教”对于“学”,“管”对于“学”两张皮,“一线教学”和“基层管理”各行其是,而且“以教学为中心”没有得到很好的贯彻,学员的管理没有充分服务于教学这个“中心”。因此,需要积极构建三级教学联系制度。一是教员与学员营的经常性联系,下位的教学联系制度。二是学员营和教研室之间的课程教学联系,中位的教学联系制度。三是基础部和学员大队之间的教学信息会商协调会等上位的教学联系制度。通过三级教学联系制度,形成“教、学、管”三方面有效合力,推动教学质量的提高和改善学习的有效性。

(4) 利用现有条件,积极推进小班教学,继续实行教学责任制,完善教学激励机制,充分调动教学积极性。

做到“科学文化课教学质量向‘985’院校看齐”,从师资力量、学员素质、软硬件设施等办学条件这三个关系到教学质量的核心要素来看,短时间内很难达到,但作为另一个核心要素:教学管理,军队院校在这方面具有天然的独特优势,也是任何地方院校所无法比拟的。因此,就现有条件而言,积极推进小班教学具有现实可能性。教学责任制是调动教员积极性的有效制度。多年来,我们为保证大学英语教学质量而一以贯之的制度就是小班教学和教学责任制。同时,需要切实完善“以教学为中心”的教学讲评和激励制度,比如课题申报、职称评审、评优评奖等。

(5) 充分发挥考试“牵引”作用,进行以语言应用能力为导向的课程考核评价,完善试题库,特别是补充以军事英语为内容的试题。

通过考试的“牵引”作用,充分调动学员学习主动性。考试内容突出应用性,回归大学英语教学的军事教育价值。课程考核评价的命题以所学内容为基本依据,主要考核学员相应阶段的语言知识和应用能力。大学英语考试成绩实行百分制,基础阶段的大学英语课程考试成绩由两部分构成,即第一、二、三、四学期组织的EGP测试的卷面成绩和平时成绩;应用阶段课程考试成绩则由第五、六学期组织的ESP测试卷面成绩和平时成绩构成。学员自愿参加全国大学英语四级考试,成绩达到426分以上者视为已达到大学英语课程标准的一般要求,可以折算成百分制,记为基础阶段大学英语课程考试成绩。

8.2.2 以知识学习与交际运用相结合为导向的教学实施

1. 教学准备

根据教育部新颁布实施的《大学英语课程教学要求》和《人才培养方案》对新型高素质军事人才的要求,结合英语教学的实际,我们拟定了《大学英语课程教学实施方案》。按照教学准备阶段、课程基础学习阶段、巩固提高阶段以及后续学习阶段四个环节来组织教学。根据学员英语基础层次参差不齐、整体水平差异较大的特点,积极进行分级教学,实施分类指导的尝试,且在教学管理、教学方法等方面对此模式进行深入研究，并不断调整实施策略。通过课堂的精讲精练，课外一年级补差、二年级四级辅导、讲座以及英语演讲比赛等活动，将素质教育与能力培养融为一体，整个课程组上下协调一致，各主讲教员分工明确，实现了对教学内容的严密组织和科学计划。教员教案和电子幻灯完备、规范，将现代化教育技术与教学过程有机结合，注重启发式教学、个别化学习、任务式教学、因材施教、素质教育等现代教育理念，运用了网络教学与辅导、多媒体教学、自主学习等手段，从而使学员将英语语言技能的学习与交际运用融为一体，创新了传统教学方法和手段。

课程组十分重视教学准备工作，在组织教学经验丰富的高职教员对课程的教学实施计划进行审核和研究的同时，还定期组织统一课，同时对教学实施中各部分内容所占比例、时间安排、教学手段、教学方法以及教学场地都展开了广泛的讨论，并在集体备课、教材培训、调研以及新教员的培训活动中对此加以贯彻落实。针对各任课教员的教学准备情况，我们还组织全体教员一一现场观摩评议，指出不足，肯定长处，做到互相学习、取长补短。根据大学英语四级考试考查侧重点的变化，课程组对原先的教学内容进行了修订，突出了对学员实际语言运用能力的培养，更加体现出大学英语教学的实用性和贴近生活性，科学可行，更具有现实意义。同时根据现代化教学工程的建设，明确了教案编写的要求。新的教学准备工作与以往相比在以下三个方面取得了突破：一是重点培养学员的主动性语言技能，即写与说的能力，从而将其由被动地接受语言改为主动地运用语言；二是采用了现代化多媒体手段培养学员的自主学习能力和交际能力；三是制作了电子教案、电子幻灯以及多媒体课件，实现了网络化教学。这些突破集中体现了现代教育技术的运用，有创新，有特色。

2. 课堂教学

大学英语课程充分利用多媒体、网络技术发展带来的契机，采用新的教学模式改进原来的以教员讲授为主的单一课堂教学模式。新的教学模式以现代信息技术为支撑，特别是网络技术，使英语教学朝着个性化学习、不受时间和地点限制的灵活学习、主动式学习方向发展。新的教学模式体现了英语教学的实用性、文化性和趣味性融合的原则，充分调动了教员和学员两个方面的积极性，确立了学员在教学过程中的主体地位。同时，也充分考虑和合理继承了现有教学模式中的优秀部分。通过在课堂教学中采用多媒体网络现代化教学手段，把先进的计算机技术和课堂教学相结合，从而实现了全方位、立体化、多视角的教学模式。一改以往课堂教学中教员一味讲授，学员死气沉沉的现象，变“填鸭式”“一言堂”的教学方法为启发式、讨论式、研究式，逐步实现以“教”为中心向以“学”为中心的转变，确立学员的主体地位。通过采用这种教学方法，不但容易激发学员的学习兴趣和学习积极性，更能使学员在解决真实的问题中学到知识，从而达到提高语言实际运用能力的教学目的。通过将各种教学资源提交到校园网上，极大地丰富了学员自主学习的资料。

针对学员入学时英语水平参差不齐的情况，实行了快慢班的分级教学模式，因材施教，优生优教，鼓励优生拔尖，鞭策差生进步并展开先进带后进的一对一对口互帮互助活动。在学员中形成良好的学风，在教员中形成良好的教风。除了课堂教学之外，还积极采用英语竞赛以及英语演讲比赛等各种课外教学活动，极大地提高了学员的学习积极性并激发了其学习英语的兴趣。

在精读课堂上，课程教员根据教材制作了同步的教学课件，大大增加了课堂上信息的提供量和教学内容的呈现手段，学员能够更加容易地理解、掌握新的知识，整个教学过程中教员与学员积极互动；在多媒体网络教室里，学员每人操作一台多媒体电脑，先进的网络教学系统为学员创设了活泼有趣的情境，让学员感觉到自身对学习的深度参与，并能促进复杂内容的学习以及独立思考能力的发展，激发学员学习英语的热情，用计算机辅助培养学员的听、说能力。同时课程组为了将传统的以教员为中心的授课模式转变为以学员为主体的学习方式，还积极推进学员的自主学习这一环节。学员每次课前必须对将要讲授的课文内容以自己的方法、自己的学习速度进行课前预习。将传统的英语教学法转变为“自主学习为主，教员辅导为辅”的“交互教学法”。教员在整个教学过程中起组织者、指导者和帮助者的作用，主要负责教学设计、教学组织、监督和评判。每次上课前教员必须提前十分钟到达授课地点并对学员进行答疑，并定期组织教员跟班答疑、辅导。同时充分依托校园网络资源，启动大学英语网络课程，学员可在网上查询教员课堂上讲解的相关知识点和背景知识并完成相应的习题。此外还通过阶段性测试、问卷调查和座谈等形式对学员学习过程进行观察、评估和监督，促进学员有效地学习。

3. 实践教学

大学英语课程确立了各年级英语教学“两条线”思想，(1) 一年级学员两条线：① 正常的课程教学；② 基础较弱的学员进行基础补习。(2) 二年级学员两条线：① 正常的课程教学；② 针对四、六级的语言基本功训练。(3) 三年级学员两条线：① 正常的军事英语教学；② 针对即将开设的全军军事英语等级考试的迎考训练。培养尖子学员和英语特长生，并为研究生教育打下基础。同时，在一年级进行英语基础知识竞赛，在日常教学中组织英语月考，进行成绩跟踪和记录，及时了解情况，有针对性地指导教学。课程标准规定的实验项目已全部开出，实践课约占总课时量的30%，实践教学中综合性、设计性、自主性实践的比例约为60%，且效果显著。相关实践教学活动设计合理，组织严密。

随着中国特色军事变革的加速推进、军队院校调整改革的不断深入，对军事人才培养质量提出了更高的要求。大学英语作为通识教育阶段的核心基础课程和学校评价的指标性课程，其教学改革必须适应新形势的发展。然而，军队院校面向全国招生，不同地区教育水平发展不平衡，不同地区的学员英语基础存在着较大的差异，其中来自东北、西北和西南省份的学员整体基础相对较弱，特别是听说和写作能力更为薄弱。近几年学员的入学高考成绩总体也呈下降的趋势。学员的英语基础在很大程度上制约着院校英语整体水平的提高。因此，结合当前全国大学英语教学形势、军校人才培养的规律和我军新时期新阶段的历史使命，培养新型高素质军事人才，必须致力于教学质量的提高，通过开展有效的课外实践性教学活动，进行有针对性的补缺补差，帮助学员全面打牢语言文化基础。

4. 课程考核

大学英语课程考核注重对学员知识运用和综合能力的考评，把传统的考核模式改变为语言能力考核与课堂活动评定、课外作业评定、平时测验相结合的考核方式，逐步将对语言点的考核转变为对语言运用能力的考核。建立了完备的试题库，试题总量超过15000道，覆盖了课程全部内容，种类多样。考试结束后，教员会根据学员的答题情况进行统计和分析，拟定卷面分析报告，并以此为依据召开学员座谈会和相应的月讲评会。

大学英语课程长期以来一直注重将完善考核方法作为检查与评估教学质量、激发学员学习积极性的重要途径。目前我们在不断总结经验的同时，已经对本课程的考核方法进行了改革，取得了令人满意的效果。完善了大学英语课程的综合测评体系，合理确定各部分所占的分值，确定了对期末考试和平时成绩进行综合考评的办法，其中期末考试成绩占70%，平时成绩占30%。期末考试采用试题库抽题的方法，且题库已实现微机管理。每学期期末考试后都组织教员进行卷面分析，并根据考试情况对题库进行扩充，增加新内容、新题型，注重考察学员的综合语言运用能力和交际能力。该试题库已成为实施教考分离，检查教学效果的重要依据。其次在试卷评阅方面，期末考试均采用统一考试、统一阅卷的方式，阅卷教员采用流水作业方式，确保了考试的信度和效度。此外在卷面分析、成绩测算及相关水平测试等各个环节均有明确要求并已形成制度。上述措施的实施确保了教学效果，提高了教学质量。

8.2.3　面向全方位、规范型和立体化的教学管理与评估

严格的教学管理与评估，是教学质量的重要保障。在大学英语课程建设的过程中，严格执行教员岗前培训制度、备课试讲制度、查课制度等一系列教学管理制度。同时，结合课程建设的自身特点，建立健全了教学管理制度，以进一步规范课程建设和管理。坚持把制度落实在课程建设的每一个环节，并进行经常性的总结、讲评。这些制度包括教学督导检查制度、备课试讲制度、年轻教员听课制度、教学形势分析制度、考试命题、阅卷和成绩登记制度、非现役文职人员管理规定、资料室管理规定等。广泛开展课程组评教评学活动，并在课程教学结束后，认真总结教学经验，查找教学中存在的薄弱环节，组织教学经验交流，使教学总结制度得到有效

落实。

对教学行为的规范和管理，以及教学的各项监督检查、考核、评价、质量认定是有效完成各项教学任务、加强教学过程控制、确保教学质量的关键。课程管理制度的建设历来受到重视，各种管理规定有序出台。教学督导制度和查课制度的建立，是为了准确掌握一线教学状态，及时调控课堂教学秩序，客观评价教员教学水平，从而进一步提高人才培养质量。备课试讲制度的建立，是为了进一步做好课前准备工作，统一教学内容，规范教学方法，确保课堂教学质量和教学效果。教学组在开课前组织任课教员共同研究所使用教材，统一主要知识点、语言点等各方面内容。每学期放假前组织教龄在 5 年以内的年轻教员就下学期教学内容进行试讲，参加试讲教员根据专家提出的意见和建议利用假期时间认真准备，开学前再次组织试讲检查，不符合教学要求的教员责令限期改进，改进效果不明显者，不得承担新学期的授课任务。对在备课试讲中表现突出的，由教学督导组组织观摩教学，相互学习，共同提高。为促进年轻教员尽快熟悉教学环节，积累教学经验，提高教学能力，规定教龄不满 3 年的年轻教员每学期跟班听课不得少于 5 次。要求在听课过程中，认真做好听课记录并在学期期末撰写一篇听课体会。此外，还为每位年轻教员指定一名教学经验丰富的老教员担任其指导老师，具体负责其备课试讲和课堂教学等工作的指导。指导老师随堂听课，及时了解其授课情况，做出讲评，提出改进意见。为了较为全面地掌握教学情况，在学期结束时，组织评教评学活动，收集教学双方信息，对课堂教学质量从教员的教学态度、教学内容、教学方法和手段、教学基本功、教学效果等方面以及学员的学习态度、课堂纪律、课堂气氛、教学互动、课后作业等方面进行全面的评估。在课程教学结束后，结合评教评学情况，全面分析和总结教学情况，发现教学中存在的薄弱环节，制定整改措施，实现对教学过程的宏观调控。任课教员认真总结教学经验，查找不足，撰写教学心得和体会文章。同时组织教学经验交流，使教学总结制度得到有效落实。

教员课程教学质量评价是加强教学管理与监控、评估教学运行状态、促进学员学习效果的重要手段，是全面提升教员课程教学质量的重要措施。评价主体包括领导和专家、同行、学员三类。领导是指院校和机关部门领导，专家是指院校教学督导组专家；同行是指部（系）领导、部（系）教学督导组专家以及学科专家；学员是指评价对象的授课对象。领导和专家主要对评价对象的课堂授课质量进行评价，占综合评价成绩的 30%。同行主要对评价对象的教学准备、教学实施、教学业绩三个方面进行评价，占综合评价成绩的 45%。学员主要对评价对象的教学态度、教学内容、教学方法、教学效果等方面进行评价，占综合评价成绩的 25%。近年来的大学英语课程教员课堂教学质量评价中，评价结果优良率≥70%，且优秀率≥30%。

8.3　大学英语改革创新的特色与成效

8.3.1　模式先进、内容优化和贴近实战的鲜明特色

大学英语课程经过改革，继承了传统课堂教学中的优秀内容，特别是阅读、写作和翻译等，同时大量使用信息技术，开发和引进基于计算机和网络技术平台的大学英语课程，教材集文字版、网络版、电子学习课件和电子教案于一身，实现了数字化和立体化，教学内容更具时代性、知识性、趣味性、可思性，并将综合英语类、语言技能类、语言应用类、语言文化类、军事实用英语类等必修课程和选修课程有机结合，进一步实现了教学内容的优化和整合，内容先进，信息量大，形成了具有鲜明特色的完整的大学英语课程体系。同时，能及时把教学、科研及部队训练最新成果引入教学，体现新理论、新技术、新装备、新战法，内容更新及时。通过改革，大学英语课程教学已形成以下鲜明特色：

(1) 教学理念、教学模式先进。以现代信息技术特别是网络技术为支撑，改进原来的以教员讲授为主的单一课堂教学模式，形成以学员为中心，课堂教学和自主学习相结合的、基于单机或局域网以及校园网的多媒体听说教学模式，理解和体现学员知识、智力、情感和学习策略的个性要求，培养学员语言综合应用能力和自主学习能力，增强其跨文化交际能力，利用“边讲边诵，边诵边演，边演边论”的“三边”教学法，真正提高学员的口头和书面表达的水平。

(2) 教学内容优化。继承传统课堂教学中的优秀部分，特别是阅读、写作和翻译等课程，同时大量使用信息技术，开发和引进基于计算机和网络技术平台的大学英语课程，使教材的形式由过去的较为单一的平面纸介教材向集文字版、网络版、电子学习课件和电子教案于一身的立体化教材转化，教学内容更具时代性、知识性、趣味性、可思性，并将综合英语类、语言技能类、语言应用类、语言文化类和专业英语类等必修课程和选修课程有机结合，进一步实现了教材内容的优化和整合，为学员提供了良好的语言学习环境和条件，形成了具有鲜明特色的完整的大学英语课程体系。

(3) 教学措施得当。为保证教学目标的顺利实现，摸索和总结出一套适合教学实际情况的行之有效的教学措施，并使其制度化。如：分级教学，分类辅导；分班承包，明确责任；一年级学员补差，二年级学员英语四级强化；实行“月考”和“分级测试”，建立学员成绩档案，把对学员学习的过程性评估和终结性评估有效结合起来等措施。

(4) 教学环境优良。通过改造现有的教学设备,新建数字化和网络化的语言教室,进一步改善语言教学的硬件条件。同时利用英语调频台、校园网、图书馆、语音室开放,以及形式活泼、内容丰富的第二课堂教学活动,营造出良好语言学习氛围。尤其重要的是,在全院范围内统一思想,提高认识,在英语教学方面齐抓共管,形成教、学、管、保有效合力。

(5) 师资队伍精良,教学科研成果迭出。经过建设,培养出一支政治素质过硬、思想品德优良,教学经验丰富、科研学术水平高,敬业勤业、无私奉献的师资队伍。通过教学实践和科研学术活动,造就了一批教学骨干和科研学术带头人,形成结构合理、充满活力的人才梯队,营造出成果专著迭出的大好局面,为大学英语课程建设提供了强有力的支撑。

8.3.2 考试竞赛、科研产出和翻译保障的突出成效

“大学英语”作为核心基础课程,改革以来其建设取得了长足的进步,逐渐成为质量优良、特色明显的课程,深得专家和学员的好评,为人才培养和学员今后学习奠定了良好基础。大学英语课程遵循外语教学的基本规律,注重学员听说读写语言技能的训练和语言综合运用能力及跨文化交际的培养,拓展学员国际视野,同时依据实战化教学的要求,突出英语教学的军事色彩,体现学以致用的教育理念。改革以来,学员和教员在各类考试竞赛、科研成果、翻译任务保障等多个方面有着突出的实践成果。

1. 学员考试成绩和参加各类竞赛成效

改革以来,军事本科学员在毕业前四级通过率均达 90%以上,部分专业毕业学员四级通过率达 100%。此外,学员参加各种英语比赛成绩斐然。2015 年,教学团队指导学员参加第八届“板桥杯”口译竞赛获二等奖、三等奖,参加“外研社杯”安徽省大学生英语挑战赛英语演讲比赛获安徽赛区二等奖,参加“外研社杯”安徽省大学生英语挑战赛演讲、阅读、写作比赛获安徽赛区三等奖。2016 年,教学团队指导学员参加南京协作区第九届“板桥杯”口译竞赛获一等奖,参加“外研社杯”安徽省大学生英语挑战赛阅读、写作比赛获安徽赛区一等奖,参加“外研社杯”安徽省大学生英语挑战赛演讲比赛获特等奖和二等奖,参加“外研社杯”安徽省大学生英语挑战赛获阅读、写作比赛三等奖,参加“21 世纪杯”演讲比赛获安徽赛区三等奖。2017 年,教学团队指导学员参加“外研社杯”安徽省大学生英语挑战赛演讲比赛获二等奖,参加“外研社杯”安徽省大学生英语挑战赛获阅读、写作、比赛三等奖。2018 年,教学团队指导学员参加国防科技大学模拟联合国大赛获二等奖(图 8.1)。

图 8.1　参加 2017 年"外研社杯"安徽省大学生英语挑战赛系列赛事

2. 教员科研成果和参加各类竞赛成效

大学英语课程教员一直坚持教学与科研并进，积极探索大学英语课程的规律，并取得了良好效果。大学英语课程教员基于学员基本情况，结合授课经验，深入探讨了大学英语课程教学的相关理论，认真研究了各类教学方法，并将这些先进的教学方法应用到实践中，取得了良好的效果。"着眼卓越军事指挥人才培养，推进通识教育改革创新"项目将课程教学实践和军事指挥人才培养目标相结合，通过优化教学设计，创新教学思路，从语言技能和实践角度提高和改进生长干部学员的基础英语学习和军事英语能力培养，为培养复合型军事指挥人才提供了理论指导。该项目不仅有效地提高了军队院校指挥人才的基本语言技能，还有效提高并保持了他们的英语应用水平，对通时教育进行了大胆的改革和创新，获得安徽省教学成果一等奖。"多元智能理论下的任务型教学法在军校大学英语教学中的应用"项目将多元智能理论与任务型教学法相结合，通过多元智能开启教员的思维空间，拓展教员的教学视野，同时在英语教学实践中培养学员的多元智能，在多元智能活动中提高学员的英语能力。该项目为提高学员英语综合能力提供了有效可行的方法与手段，获得院校级教学成果奖。除此之外，大学英语课程教员还认真研究英语教学模式，提升大学英语教学，促进学员综合能力的提高。"大学英语'四维'教学模式及其实践"项目从多方面、多层次构建具体的大学英语教学模式，并在实际教学中进行运用，获得院教学成果一等奖。"英语课堂教学中合作学习策略的探究与实践"项目将合作学习理论运用到军校英语课堂教学，通过在部分教学班的教学实践，取得了理想效果。这不仅发挥了教员的主导作用，还充分调动了学员的主动性，实现了学员知识、能力和素质的协调发展。除此之外，大学英语课程教员还进行了不同领域的探索，诸如"不断提高研究生英语教学效果和质量的实践""英汉炮兵技术词汇实用手册""英语课堂教学中合作学习策略的探究与实践""基于 STANAG6001

标准的英语语言能力培养模式”“大学英语教学改革研究与实践”等。

课程教员在各级教学竞赛中也频频获奖，包括第四届军队院校英语教学比赛全军一等奖，“外研社杯”全国教学之星教学比赛季军、一等奖，南京协作区教学比赛一等奖、二等奖，院校级教学比武竞赛一等奖、二等奖、三等奖，“板桥杯”翻译竞赛笔译一等奖、二等奖、三等奖等(图 8.2)。

图 8.2　参加第四届军队院校英语教学比赛

3. 学员参加各类翻译保障任务成效

通过课程改革，学员实用英语应用能力得到大幅提升，学员积极参加各类外事活动并圆满完成翻译保障任务，得到外方高度评价。近年来，我们组织了中外院校长论坛、西点军校教务长杰布准将一行来院访问以及巴基斯坦访问团来院访问等各类外事交流活动的翻译保障工作。2013 年 10 月，以“陆军院校课程体系的变革与创新”为主题的中外陆军院校长论坛顺利举办。此次论坛立足于世界陆军理论发展前沿，围绕陆军转型与本科生学员能力素质培养等专题进行讨论交流，邀请了加拿大、哥伦比亚、德国、泰国等国家，参加论坛的嘉宾有来自海内外的各个军校的院校长等。此次论坛是提升学员对外交流能力和军事素养的最佳机会。我们以此论坛为契机，对学员的外事交流和沟通能力以及语言水平进行辅导，提高了学员语言水平、军事素养和军事交流能力。

4. 英语俱乐部及模拟联合国获奖情况

在搞好日常教学工作的同时，我们还运用第二课堂培养学员的语言交际和应用能力。2012 年，在上级支持下，我们以教员为依托，成立了极限英语俱乐部。俱乐部为广大学员提供了一个展示和提高自己英语水平的舞台，是最具魅力与影响力的俱乐部之一。其主要目标是提高学员英语综合运用能力，激发学员学习英语的积极性；辅助第一课堂，提高第一课堂教学效果，增强学员英语学习氛围，为培养复合型军事人才打基础;锻炼学员的英语口语水平,提高英语演讲技巧和英语口译能力,为全国大学生英语演讲比赛及口译大赛培养后备人才。极限英语俱乐部由教员们精心辅导教授,结合个人经历与教学经验拓宽俱乐部成员的英语知识,并培养成员的英语演讲与口译能力。极限英语俱乐部举办了多项活动与赛事,如“极限杯”英语挑战赛暨“外研社杯”全国大学生英语挑战赛选拔赛、“极限杯”口译比赛和五四比武英语竞赛等,这些都极大地提高了学员学习英语的兴趣。除了举办众多英语赛事外,俱乐部还组织了丰富多彩的活动,如邀请“外研社杯”全国英语演讲大赛全国特等奖获得者孙耀航同学为大家讲授英语学习心得,邀请“外研社杯”全国英语演讲大赛安徽赛区二等奖获得者夏栩锴同学为大家讲解英语发音,举办英语歌曲分享会等。通过赛事和活动的历练,俱乐部的成员中涌现出多名优秀的学员,多人次参加全国性的大学生英语竞赛,并取得优异成绩。

模拟联合国活动是一项历史悠久、开展广泛的学生活动。学员们扮演不同国家或其他政治实体的外交代表,参与围绕国际上的热点问题召开会议进行探讨。在模拟联合国,学员们通过亲身经历熟悉联合国等多边议事机构的运作方式、基础国际关系与外交知识,并了解世界上发生的大事对他们未来的影响,了解自身在未来可以发挥的作用。随着全球化的发展,我军走出国门、走向世界将是一种必然。近年来,随着亚丁湾护航、叙利亚撤侨、联合军演、出国访问等军事外交活动的频繁开展,国防语言的重要性日益突出,军队外语人才的建设、管理和发展正在逐渐被提升到战略高度。作为模拟国际环境的模拟联合国大会,不仅可以让戎装学子更加直观地感受到国际形势的变化多端,推演国际事务的解决之道,更是提升综合素质的最好平台,作为身肩强军兴军光荣使命的军校学员,更要拥有强军道路践行者的广阔胸怀。

2016 年应合肥工业大学之邀,我们依托极限英语俱乐部选拔 7 名学员于 12 月份首次参加合肥工业大学举办的第二届模拟联合国大会,斩获五项大奖。由此,模联活动依托极限英语俱乐部,从无到有,逐渐发展起来。2017 年 6 月,应国防科技大学邀请,参与国防科技大学第八届模拟联合国大会暨军队院校邀请赛,参赛学员表现优异。2017 年 12 月,选拔 8 名学员代表参加合肥工业大学第四届模拟联合国大会,取得 8 名学员全部获奖的大满贯(图 8.3)。2018 年 6 月,应国防科技大学邀请,参与国防科技大学第九届模拟联合国大会暨军队院校邀请赛,参赛学员表现优异,获两项大奖。

图 8.3　参加模拟联合国大会

第 9 章　“互联网 + 人工智能”在科学文化课程教学改革创新中的应用

“互联网 + 教育”是随着当今科学技术的不断发展，互联网科技与教育领域相结合的一种新的教育形式。

互联网具有信息传播高效、快捷、方便的特点，在现代信息社会的学习和生活中发挥着不可替代的重要作用。“互联网 + 教育”的开展，不但有利于提高学员上网学习和交流的能力，帮助学员增长知识、开阔视野、启迪智慧，而且还能更有效地刺激学员的求知欲和好奇心，更有效地养成学员独立思考、勇于探索的良好行为习惯。

随着教育信息化的不断发展，科学文化课程教学的个性化以及科学文化课程的泛在学习环境变得很容易实现。2012 年我国教育领域引入了慕课这种新型的教学模式，它是一个包含最优秀教员资源与最优质学习资源的集合体，在给互联网产业和在线学习带来巨大影响的同时，也给高等教育科学文化课程教学改革创新提供了一个全新模式。

9.1　互联网教育

1. 互联网教育的定义

什么是互联网教育？我们认为，互联网教育（有时也称为“在线教育”，英文为 online education）是以互联网为渠道和平台开展的数字教育内容传播，是一种运用网络、多媒体和多种交互手段进行系统教学和互动的新型教育方式。

2. 互联网教育的基本构成

互联网教育是一个具有完整结构、成体系的信息传播系统，具有很多构成因素，其中最重要的因素有四个：学习者、教员、教学资源、教育平台。学习者是教育的接受者；教员是教育的发起者；内容（教学资源）是教育的核心；教育平台是内容的载体，也是教员与学员学习的窗口。如图 9.1 所示。

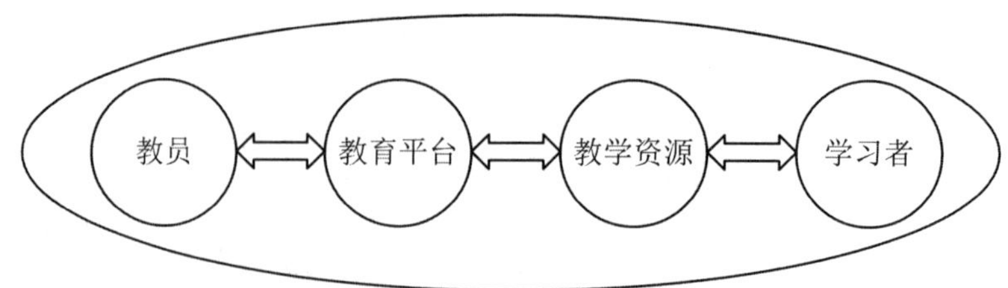

图 9.1　互联网教育的基本构成要素

1) 互联网教育的受众——学习者

学习者个体是一个具有复杂内在心理和外显行为的人。互联网教育中最容易被忽视的就是学习者的因素,因此建议应该特别关注在线学习中的人的因素。与互联网教育相关度较高的学习者的因素主要包括年龄、性别、原有知识与技能、自主学习能力、学习动因、职业取向等。

2) 互联网教育的实施者——教员

随着新技术的不断出现,互联网教育的不断普及,对教育的实施者提出了更高的要求,教员应不断克服网络教学中的障碍,并具备一定的网络教学技能。

一是要达成以学员为中心的思想转变。互联网教育与传统教育在教学时空、知识传播手段、教学实施对象等诸多方面存在巨大差异,需要教员转变观念,由“以教员为中心”向“以学员为中心”转变。教员不再单纯是知识的传授者,更是网络学习行为的组织者、督导者、答疑者。

二是要进一步提升授课技能。互联网教育擅长于优质师资资源的固化,通过计算机技术把优质师资的授课过程录制下来,形成优质的课程资源,从而低成本大量传播。教员应该具有优秀的授课技能,甚至是面对镜头的表演技能。

三是要具备良好的信息技术技能。良好的信息技术技能,是教员实施网络教学必须具备的条件。教员首先必须了解并掌握这些教育教学资源,才能使它们有效地为教员教学服务。另外,不同的教学资源需要应用不同的软件,教员必须熟悉各种常用软件,并能应用于音频、视频、图片、电子表格等资源的处理。

3) 互联网教育的载体——互联网教育平台

互联网教育平台是指互联网教育服务提供方为保障互联网教育开展而提供的技术平台,该平台主要包括用户注册与登录、课程制作、课程浏览与查询、学习、练习与考试、师生交流等功能。

互联网教育平台是一个复杂的系统,学习管理的数据和技术要求都比较复杂,所以通常都是由专业的团队组织人力、物力和财力进行开发搭建。随着慕课新型教学模式的推广,目前国内涌现出许多互联网慕课教育平台,常见的主要有学堂在线、好大学在线、智慧树、中国大学慕课、优客联盟、华文慕课、超星慕课、慕课中国、慕课学院等。不同的慕课平台模块不尽相同,一般都包含课程通知、教员信息、教学视频、学习资源、讨论区、作业提交与成绩公布、自测习题库、个人作品展示、意见建议和相关链接等模块内容。

4) 互联网教育的核心——教学资源

教学资源(contents)是互联网教育的客体,主要指各种数字化的内容资源,如视频课件、Flash课件、音频、文本、网页、PPT、试题库等。教学资源的分类,不同的标准下分类不同,通常按资源的用途进行划分,如图9.2所示。

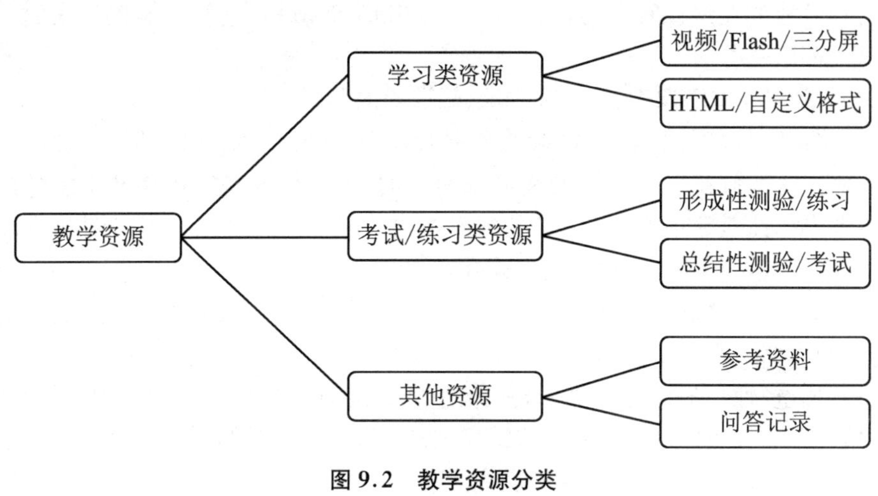

图9.2 教学资源分类

9.2 慕课课程开发制作

课程是互联网教育的核心内容,课程开发指的就是课程内容资源的开发,包括课件开发、试题开发、讲义编写等。课程开发不仅仅只是利用先进的计算机技术和互联网资源,还必须要有有能力驾驭先进工具的教员参与到其中。教学方法让教员去寻找最合适的技术,但新技术的出现也在倒逼着教员进行教学方法的革新。因此教员既需要了解教育学和心理学,还要了解一些新的技术,并具有一定的学科背景和分析能力。由于涉及各方面的内容,一个教员很难完整地开发出整个课程。一般来说,一个课程小组至少要包括学科教员、教学设计师、界面设计师(美工)等人员,因此应该发挥团队合作精神,集思广益,取长补短。课程开发质量的高低受教学理念、团队、创意设计、质量控制、技术水平和成本等因素的影响。

近些年,国内外慕课平台悄然崛起,慕课平台提供了历史、文化、科学、艺术等多方面的免费课程,受到广大学员和从业者的喜爱。那么在高校科学文化课程教学改革创新应用中,怎么样才能制作开发出被大众所喜爱的优秀慕课课程用于翻转课堂教学呢?

1. 慕课的教学设计

1) 了解慕课

(1) 慕课的概念

慕课(MOOC),即大规模开放在线课程,是“互联网+教育”的产物。英文直译“大规模开放的在线课程”(massive open online course),是新近涌现出来的一种在线课程开发模式。

(2) 慕课与网络课程、视频公开课、微课等的异同

网络课程从广义上说,可以涵盖慕课和视频公开课。而传统的网络课程是狭义的,大多是指放在某个校园网或局域网上的、为学校或特定机构教学服务的课程,需要专门注册登录才能进入。一般学校内的网络课程,大多数用于辅助课堂教学,而在远程教育系统,则以独立形式存在为主。

慕课包含教学资源与学习活动,属于广义上网络课程的范畴。不过,它具有某些与传统网络课程不一样的特点。

一是开放性。慕课的平台一般是基于互联网而不是某个局域网的,对全体大众开放。开放性还体现在课程建设或活动组织方面,人人都可以为慕课提供学习资源和话题,都可以参与各种学习交流活动。

二是规模较大。传统的网络课程学习者人数往往不多,以正式学习者为主;慕课的学习人数则动辄成千上万,除了正式学习者之外,也包含临时学习者,慕课是来者不拒。

三是灵活性。传统的网络课程一般由学校课程移植而来,强调学科和专业的系统性、逻辑性,其视频课件往往参照课堂教学形式录制,长度一般较长。慕课在内容和形式方面要开放得多。慕课的内容更贴近学习者的生活和需求,其视频形式一般也较短小精悍,向微课程靠拢。慕课的评价方式也更灵活多元,比如更多地引入同伴互评等。

视频公开课,只是一种公开的网络视频资源,一般不包括学习活动在内,大都以独立形式存在,不提供学分和证书。而慕课除了提供教学视频之外,还像大多数网络课程一样,有课程开课和结束时间,提供其他的学习资源,布置作业,组织在线交流和讨论,对学习者的作业进行评价,组织考试,甚至颁发学习证书和给予学分。

微课是为了适应网络时代学习碎片化的需要,围绕一个小知识点制作的,时间限制在20分钟以下(大多在5～15分钟范围内)的视频公开课。慕课的教学视频也有微课化倾向,即由一系列微课构成,时间控制在20分钟以内,但慕课以其知识连续性、课程规模等区别于微课。

(3) 慕课的变种——私播课

慕课由于规模大,学习者人数众多,给教员与学习者的互动交流带来了较大的干扰,批改作业、个别指导、考试监督等都非常困难;由于没有入学门槛,任何人都

可以来学，学习者水平参差不齐，动机不一，因此慕课学习者中途辍学率很高，完成率很低。对此，有人提出了一种改良的新模式，英文名为 small private online courses，缩写为 SPOC，中文名译为“私播课”。相对慕课而言，私播课有两方面改变：一是学习者人数有限制，一般在几人到数百人之间；二是开放度减少，对入学者有一定要求，达到要求者方可学习。这样就避免了上述慕课中存在的一些问题。在实践中，SPOC 往往与大学校内的课程学习互相配合。

2) **课程开发制作前的准备**

(1) 目录结构的确立

目录结构的确立，也就是我们说的拆分知识点，需要分析教材，分析透后把目录结构和知识点提取出来，这是一个重点和难点的提炼过程。一般都是以教学大纲或者考试大纲为依据。

(2) 搜集整理素材

慕课课程的素材构成主要包括文字、图片、动画、视频、音频、试题等。图片是课件的重要组成部分，在线课程的制作需要大量的图片素材，而不仅仅是文字。一些不便于语言描述或者拍摄的教学内容通常采用动画的形式展现。视频必要的时候也可以以素材的形式插入到课件之中。音频对于课程的表现力有着巨大的作用。试题主要是用于课程考核评价。但是如果试题集中在一个 Word 或其他格式的文档中，还只能算是文档，而不算是试题库。真正试题库的试题各项是分拆到数据库中的，这样才利于试题的使用。

课程的整体包装需要一个团队的支撑，课件的整合并不是将素材简单地叠加而成，它是教学设计人员和课件制作人员以及授课教员共同努力的结果。

3) **慕课课程设计**

(1) 教学分析

教学分析是教学设计的第一个重要环节，包括教的分析与学的分析两大方面。教的分析包括社会需求分析、教学内容分析、教学人员特征分析、现有教学条件分析等。学的分析包括学习者学习动机分析、兴趣爱好分析、起点水平分析、认知风格分析、学习条件分析等。具体来说，应该注意下面几点：

① 慕课的学习者大多是在校大学生，但也有中学生、已工作的成年人等，层次参差不齐，动机不一，学习习惯、学习风格差别很大，学习时间趋于碎片化。

② 慕课的学习高度依赖网络和终端，尤其是移动终端设备，如手机、平板电脑等。网络分有线、无线两种，无线又分为 WiFi 上网和手机流量上网两种。

③ 由于学习者大都以个别学习的方式来学习慕课，容易产生孤独感，因此线上线下的交流互动十分重要。

(2) 教学目标设计

在课程设计中，研究教学目标不仅有利于课程内容的具体设计，还有利于做好课程评价评估工作。教的目标是指教员对课程最终结果的期望，学习目标是学习者对课程学习结果的期望，在“以学员为中心”的教学中，教学研究和设计更多的是要围绕着学习者展开。慕课的学习者除了部分是为了获得证书和学分之外，更多的有较强的个人意愿，希望通过课程学习到自己想要的东西，而不一定都会按照教员的希望那样去行动。教员在设计课程目标时，一定要充分考虑到这一点，在教的目标与学的目标之间找到一种平衡。

制定教学目标时，一定要注意教学目标实现的可能性。慕课课程面对的学习者群体之中学习水平的差异度远大于同一学校的学员。基于这一点，对于基础较差的学习者，各知识点的教学目标不一定都要求达到最高层次。通常细化教学目标到单元目标甚至课时目标，将目标定在学习者的最新发展区内，即能促进学习者做出努力并且经过努力能够达到的层次要求。较高层次的教学目标一般由低到高，分阶段、有计划地实现。或者说，要在起点和最高目标之间设立若干必要的中间目标，要从学员的实际情况出发，为高层次教学目标的实现设计合理的台阶和步骤。

(3) 教学策略设计

慕课的教学策略主要分为教学资源建设策略、教学活动策略、教学流程设计三大部分。

① 教学资源建设策略

教学资源中最重要的是学习类资源中的视频资源，其次是课件、试题、参考资料、文本、工具、素材资源等。这里我们重点说说教学视频资源。

慕课的教学视频应选择优秀的教员来录制，内容就是拆分的知识点。教学视频的形式根据内容需要确定，可以采取教员、板书(黑板或手写板)、幻灯内容播放、动画等画面形式，也可利用多种形式交叉呈现。视频一定要清晰、流畅，节奏恰到好处，以突出教学效果、有效沟通为原则，尽可能去除一切与内容传递无关的冗余信息，降低学习者的认知负荷。设计时教员要充分考虑吸引学员的注意力，要能给学习者带来视觉冲击，吸引学习者的参与热情。视频时间不宜太长，以 5～15 分钟为佳。要配上字幕，同时提供字幕文本，以供不同习惯的学习者选择。

教员应努力营造学习氛围，出镜自然，授课氛围与坐在计算机前的学员所处的学习环境相契合时，很容易让学员产生一种亲切感。此外，教员也要运用语言营造一对一的氛围，比如用“你”而不是“你们”，用“我们”而不是“大家”。有些教员课程开头第一句话总是“同学们，大家好”，通常在这一刻，学员会感受到一种“诡异”的氛围。教员所使用的语言要富有感染力，感染力更能打动学员让他更加专注于听课之中。除了声音清晰之外，教员越热情，甚至是激情，越能吸引学员。不说废话，不要机械重复，也不要有太多“嗯”“啊”等口头语，因为这些都会降低语言的感染力。一般来说，抑扬顿挫的语调或者稍微快一点的语速可以增加课程的吸引力。

② 教学活动策略

慕课教学活动中最重要的是如何开展在线练习小组协作、作业评改、交流讨论、互动答疑等活动，线下的活动只能作为补充。在慕课平台上应该尽可能多地交流、互动、展示，也可以借助社交网络平台开展互动。由于慕课的学习人数众多，不可能仅依靠主讲教员来互动，必须按照一定的比例配备助教，助教可以由青年教员或研究生担任，也可选拔优秀的学习者或已修过该门慕课的结业者担任。

如果是局限在校内的 SPOC，则可以与校内的面对面教学相结合，采用翻转课堂的教学模式，学员在课外通过网络课程资源自主学习，课上则进行讨论、交流、练习、辅导等活动。

③ 教学流程设计

一门慕课可分为开课前的准备阶段、教学实施阶段、评价总结阶段三个阶段。

开课前的准备阶段需要做大量工作，除了要做好课程设计、录制教学视频、在平台上开设课程之外，还要进行招募学习者的宣传，组织好教学团队及技术支持团队。

教学实施阶段时间一般不宜太长，应比传统的学期为短，一般控制在两三个月内为宜，时间过长容易引起倦怠，增加辍学率。教学视频的发布一般以周为单位，每周发布一到数段短视频，同时提供教员精选过的学习资源、作业练习、讨论问题、自测试题等，按照课程内容体系由易到难、循序渐进。

④ 评价设计

慕课的教学评价可采用多种形式。教学评价包括对学习者的评价和对课程教学本身的评价两部分。

慕课学习者的学习成绩主要由平时成绩与最后考核两大部分构成。平时成绩根据观看视频资源、平时作业和练习完成情况、讨论交流表现等方面评定，最后考核由标准化考试或/和提交论文作品构成。作业的评改可以采用机改(即计算机系统自动评卷)、教员和助教评改以及学员之间互评等多种方式。其中学员之间的互评是一种解决大规模评卷困难的常见方式。主讲教员和助教应事先制定好评价量规、范例评分标准等，在合适的时候发给学员，以利于互评活动的顺利进行。同一个学员的作业和练习应接受 2～3 名同学的评价，每个学员一般要评价 2～3 名其他同学的作业和练习。主讲教员和助教应通过多种方式对互评活动进行指导、培训、检查和监督。对于需要获得学习证书和学分的学习者，最后考核非常重要，无论是现场考核还是在线考核，都必须保证是学习者本人参加，以保证学分和证书发放的权威性。证书一般分为电子证书和纸质证书两种形式。

对课程教学效果的评价可根据平台提供的学习者学习活动的各种数据、对学习者的问卷调查与深度访谈以及网络和社会对课程的各种反映等多种形式进行。学习者的评价能够反映出学习者的直观感受，但难以给出各设计因素的具体影响，而通过分析平台提供的具体数据来分析课程设计的好坏，这种“评价”可能是学员在无意识中完成的，因此评价得到的数据更能客观地反映教学设计的优缺点。对课程教学本身的评价有利于新一轮课开课时做出必要的改进与调整。

2. 慕课课程视频制作

1) 慕课视频形式

视频是慕课学习的核心内容,许多学员需要花费大量时间来观看视频。对教员而言,视频也成为传授知识的核心环节要素,一门课程通常由几十到上百个视频组成,在制作过程中教员需要投入大量的时间和精力。已有研究表明,精致的在线学习视频能够让知识更具吸引力,从而产生更好的学习效果。随着慕课课程数量越来越多,视频的表现形式也越来越多样化。有演播室录制、录屏软件录制、课堂实录、实地拍摄、可汗学院式等,不同表现形式的视频需要使用不同的制作方法,所需投入的时间和人力也不一样。

(1) 演播室录制式

演播室录制式对制作技术的要求较高(如使用抠像技术)。这种视频制作方法的时间成本、人力成本、沟通成本、经济成本也都较高。例如,与摄像人员的沟通、对环境的适应以及预约演播室和摄像人员等,都需要时间。由于演播室环境以及制作方法的不同,最终所呈现出的视频差别也很大。

(2) 录屏式

录屏式是指利用录屏软件将教员讲课的视频全程录制下来的方式,与此同时,还可用计算机自带(或外置)的摄像头录制教员形象。视频呈现以 PPT 为主,以教员影像为辅,有些只有 PPT 页面和教员声音。当然有相关研究表明:有教员出镜的视频比单纯的 PPT 更能吸引学员。这种形式的视频制作最为简单,教员可以独自完成录制,后期编辑时,既可以自己完成,也可以找一名助教协助完成。

(3) 课堂实录式

课堂实录式视频制作的优势在于上课形式不变,教员没有太大的心理压力,也不需要占用教员其他时间专门录制课程,后期制作只需考虑教员和 PPT 之间的镜头切换及内容剪辑。人员投入方面,除了主讲教员外,还需要一名摄像人员和一名后期制作人员。有的教员对自己所讲课程的视频制作要求较高,要求采用多机位拍摄,如教室全景、教员中景、学员镜头、PPI 镜头等各安排一台摄像机全程拍摄。这种方式固然能为后期制作带来更多可能性,但整理所有机位的素材工作量极大,同时需要更高配置的计算机来对这些数量庞大的素材进行处理。此外,有研究表明,由于慕课的教学特点跟传统课堂不完全一样,因此教员在制作课堂实录视频时还要对教学设计进行适当的调整。

(4) 可汗学院式

可汗学院式视频已成为数学慕课教学的典型视频制作形式。随着慕课的不断发展,基于最初的可汗学院风格又衍生出一些不完全相同的形式,比如使用传统的纸和笔,并出现教员的手。这种视频形式的优点是教员书写更方便,学员也感到更亲切,不足之处是教员书写时可能会遮挡文字内容。

除此之外,慕课视频还有其他一些制作方法。例如实地拍摄式,一般选择的拍摄地点与课程内容联系紧密,但因为成本比较高,所以目前使用得并不多。还有些学科(如医学、生物等),由于学科性质的特殊性会选择在实验室进行录课。有些课程会采用会议室讨论式,或者对专家进行采访的形式。

总之,在线教育视频呈现形式多种多样且各具特点,不同教员对视频形式的偏好也不相同,并且不同学科适宜采取的视频形式也不同,因此很难去判定哪种形式最好,具体实施时应综合考虑各种因素,选择最佳方案。

尽管不同的视频制作方法各有特点,但降低慕课视频制作的门槛,形成一套简单高效的视频制作方法,仍对慕课的发展和教育的改变具有重要意义。

2) *慕课视频制作大众化方法*

随着技术的进步,尤其是非专业摄像设备的发展与普及,慕课视频制作逐渐摆脱演播室的限制而走向大众化成为可能。下面主要从录制配置环境个人化、制作流程简单化和视频编辑制作三个方面为大家介绍一种大众化的慕课视频制作方法,教员可以根据自己的时间灵活地进行慕课视频录制。

(1) 配置环境个人化

所谓配置环境个人化,是指教员在家或办公室就可以拥有一个制作慕课视频的环境,而不需要使用价格昂贵的专业设备。录制视频的环境要安静,背景干净整洁,可以是书柜,也可以是蓝布背景(便于后期抠像)。录制慕课视频所需要的硬件设备在日常工作中已经普遍使用,例如家用计算机(自带或外置摄像头和麦克风来采集视频和音频),也可以使用家用级别的DV摄像机,为了便于观看,可以外接一个较大尺寸的显示器。制作慕课视频的软件需要具备录像、录屏幕、后期编辑等功能,常用的有Camtasia Studio和Adobe Captivates等。其中,Adobe Captivate的功能非常强大,但比较难学,适合于专业人士;Camtasia Studio相对简单易学,推荐个人制作视频时使用此款软件。配置环境的过程中,也可以根据需要选择多款软件进行搭配,各取所长。例如,使用iMovie进行录像,使用Camtasia Studio进行录屏,使用Adobe Premiere或Final Cuts等进行后期编辑。总之,软硬件的搭配可以根据个人的需要和偏好进行灵活选择。

(2) 制作流程简单化

慕课视频制作的流程相对比较简单,这里我们认为教员和PPT分开录制效果更好,所以将制作流程从编写PPT到最后输出视频总共分为6步:① 根据教学内容制作美化PPT(注意:制作的PPT的尺寸比例尽量与讲授视频录制尺寸比例一致);② 根据教学内容编写讲稿,并在讲稿上标注PPT的翻页和动画点;③ 基于讲稿录制教员讲授视频;④ 听看视频同步播放PPT并进行录屏;⑤ 两路视频编辑合成;⑥ 输出成品视频。

需要说明的是,在第③步中,最好的办法是将讲稿内容同步到较大的显示器上,同时尽量保证外置摄像头或DV与显示器居中对齐,教员利用讲稿面对镜头讲课时不再有压力，表情更自然，状态更好，录制的视频质量更高，不仅解决了教员低头看讲稿或 PPT 的问题，更能大大提高教员镜头的可用率，也为后期编辑提供了更多选择的余地，节省视频编辑时间。

另外，讲稿的运用不仅能降低教员讲课的出错率，还能缓解教员面对镜头录课时的紧张感，便于教员斟酌讲解的措辞，促进教学质量的提高。同时讲稿也成为一份重要的学习资料，如果在后期编辑时需要对慕课视频添加字幕，那么这份讲稿就是现成的字幕文档。

后期编辑合成时，教员的视频和 PPT 中的元素要进行统筹安排和合理布局。在教员视频录好后，可以根据教员视频是否出镜调整 PPT 的布局从而使画面整体更加协调。

3) Camtasia Studio 软件录屏及编辑功能介绍

(1) Camtasia Studio 简介

Camtasia Studio 提供从屏幕录制、视频编辑到视频输出的整套工具，可以轻松高效地完成整个教学视频的制作。它能在任何颜色模式下轻松地记录屏幕动作，包括影像、音效、鼠标移动的轨迹、解说声音等，还可以使用 Camtasia Studio PPT 插件快速地录制 PPT 视频并将视频转化为绝大部分的视频格式。此外，Camtasia Studio 软件还具有强大的编辑功能，可对录制好的视频进行编辑，也可插入音频、视频、图片以及幻灯媒体，通过裁剪、注释、添加各种效果、交互功能、字幕、旁白等操作，最终将多种格式的媒体编辑合并生成电影。

软件的不同版本界面或略有不同，目前最新的版本为 Camtasia 9。下面结合操作截图，为大家介绍该软件的主要功能。

(2) 软件启动

双击桌面软件图标(图 9.3)，显示启动页面(图 9.4)，选择“新建项目”，进入主界面(图 9.5)。

图 9.3

主界面中，主要的部分有上方的菜单和工具栏、左侧部分的资源和效果窗口、中间部分的媒体预览窗口、右侧的属性窗口和下方的素材编辑窗口。

菜单栏中集成了软件的一些常用命令，工具栏中有录制按钮，编辑、平移和裁剪按钮，画布选项以及分享按钮。

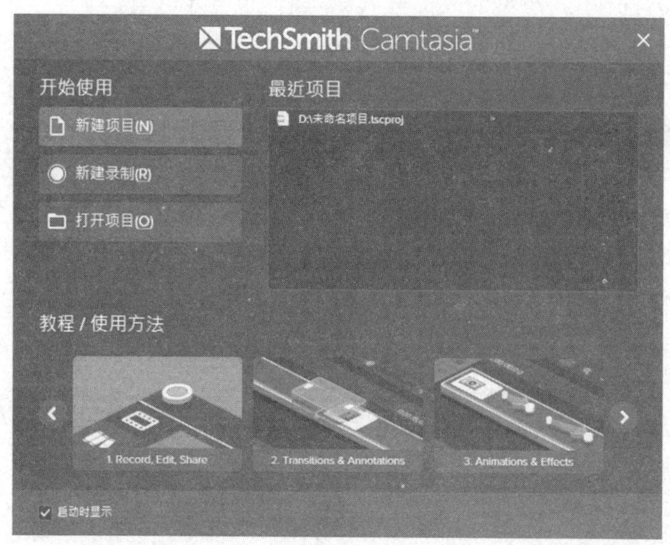

图 9.4

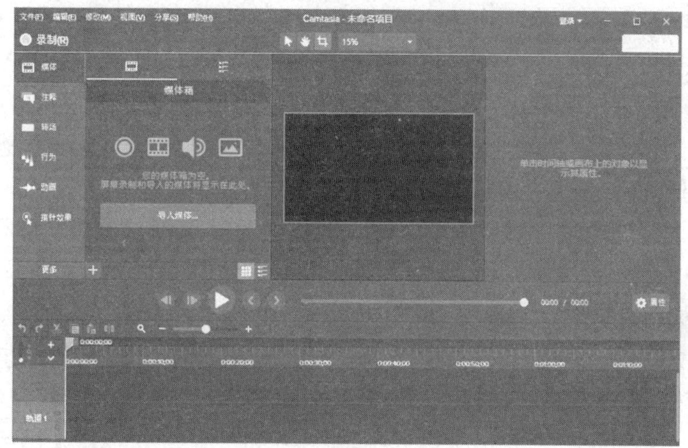

图 9.5

资源和效果窗口中有媒体(包含媒体箱、库两个选项卡)、注释(包含标注、箭头和线条、形状、特殊、草图运动标注、按键标注六个选项卡)、转场、行为、动画(包含缩放和平移、动画两个选项卡)、指针效果(包含指针效果、左键点击指针效果、右键点击指针效果三个选项卡)、语音旁白、音频效果、视频效果、交互式功能和字幕等内容。

媒体预览窗口主要用于对媒体进行预览,可以通过媒体周边的 8 个控制手柄来调整大小和裁剪,也可以通过上方工具栏中的编辑、平移和裁剪按钮对窗口内的媒体进行简单操作,比如调整大小、移动位置、旋转、裁剪大小等。

属性窗口不仅可以显示选中的媒体属性,还能显示效果属性,更重要的是可以修改相应的属性。不同类型的媒体或效果,属性也会不一样。

素材编辑窗口也就是我们常说的时间轴,上方分别有撤消、重做、剪切、复制、粘贴、分割按钮以及放大和缩小时间轴按钮,在时间轴的左侧部分还能进行增加、删除轨道和关闭、锁定轨道等操作,此外还有时间游标,主要对媒体内容进行定位操作。

(3) 视频录制过程

① 单击软件主界面左上角的“录制”按钮(或按〈Ctrl〉+ R 键),弹出录制控制面板(图 9.6)。

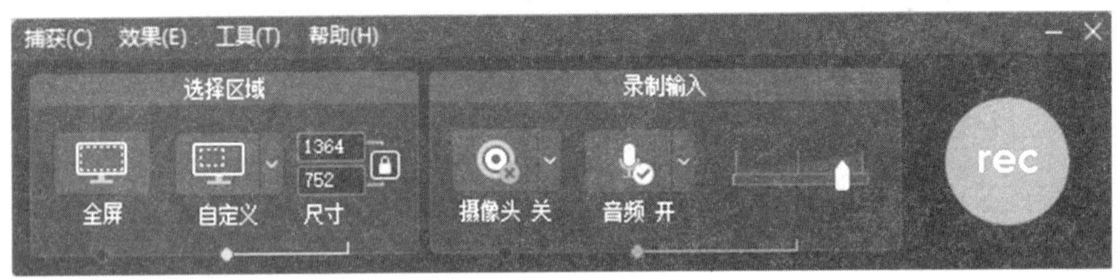

图 9.6

② 选择录制区域。如果想要进行全屏录制,可以点击控制面板中的“全屏”;如果想要录制的界面小于全屏,可以点击“自定义”,此时出现自定义扩展选项,在其中选择相应的录制区域大小(以像素为单位),为保持高宽比,需要点击锁图标,或者点击“自定义”右侧的小三角,会弹出自定义选项,自己选择控制录制区域。录制区域选择好后,屏幕上会自动出现绿色虚线框,这就是要录制的区域大小,然后选择所要录制的内容在虚线框内即可;也可以通过拖拽虚线框上的 8 个点来调整录制区域以适合所录制界面。

③ 录制输入设置。“摄像头”按钮可以用来录制讲解者,默认为关闭状态,只录制屏幕信息。如果想要录制讲解者,可以单击“摄像头”按钮。需要特别注意的是,录制摄像头视频信息时,必然会同步录制屏幕信息,这样可以在录制的内容界面上做出画中画的效果。在录制过程中,想要通过录制者的声音来讲解录制内容,可以设置音频。点击“音频”按钮后的小三角,打开声音选项,选择麦克风并把麦克风接入声频接口即可。一般麦克风和系统声音可以同时录制。如果只需要录制系统声音,在选择系统声音的时候选中不录制麦克风。

④ 录制控制。点击“REC”录制按钮即可开始录制。录制完成后,按〈F10〉停止录制,同时视频自动进入编辑主界面。

若只需要录制 PPT,可以在打开 PPT 后,在加载项中点击“录制”按钮(图 9.7),弹出录制界面,点击“单击开始录制”即可进行;结束时按〈Esc〉快捷键,弹出对话框即可停止录制,选择生成录制视频或者编辑录制内容即可。

(4) 视频剪切编辑

Camtasia Studio 软件视频剪辑功能强大,这里简要介绍常用操作内容。

图 9.7

① 媒体的导入。

在软件主界面中，资源和效果窗口区默认显示的是媒体资源，点击“导入媒体”按钮，可以将提前录制好的教员讲授视频、音频和收集的图片等素材内容全部导入媒体箱。若后期需要继续导入媒体，可在媒体箱空白区单击右键选择“导入媒体”，或者选择“文件”菜单，导入媒体。这里大家需要注意，若导入的是 PPT 文件，软件会自动将 PPT 转化成若干张图片，这样会使 PPT 动画效果丢失，所以我们通常将 PPT 转化为视频格式之后再导入。此外，软件在库中还自带了一些媒体资源可直接利用。媒体箱导入媒体后的界面及库界面如图 9.8 所示。

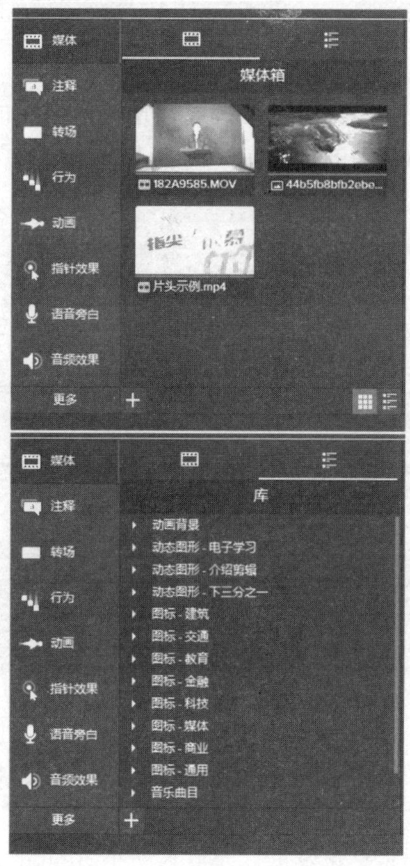

图 9.8

② 媒体剪辑与效果。

选中导入的视频媒体，按住鼠标左键不放，将选中的媒体文件拖拽到软件时间轴上，如图 9.9 所示。

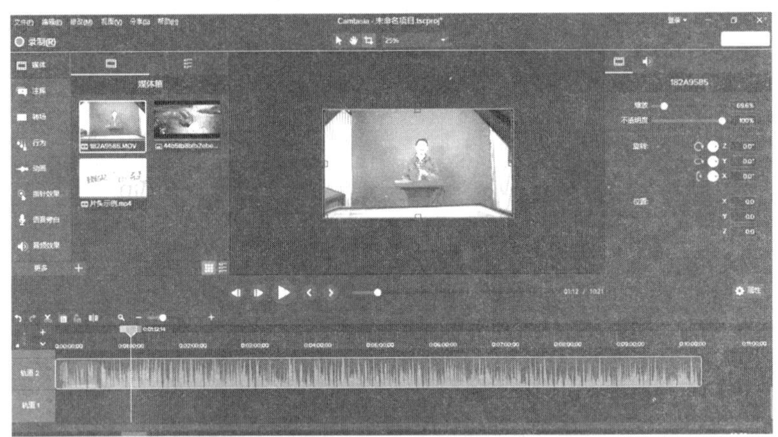

图 9.9

若对视频画面大小不满意，可以通过媒体预览窗口中的 8 个控制手柄来调整画面大小和裁剪，拉大后裁剪的画面如图 9.10 所示。

图 9.10

通过预览，对于不满意的视频和音频部分，可采取修剪的方式进行处理。在时间轴上用鼠标拖动左上角的控制三角滑块（时间游标上方左、右两侧的两个色块），将不需要的部分选中（通过标记辅助以及放大缩小时间轴，使时间更加准确），然后点击时间轴左上方的“剪切”按钮（或按〈Ctrl〉+ X 键），即可将这些不需要的部分删除，同时剪切部分的前后视频会自动吸附在一起，变成一整段视频，如图 9.11 所示。这种剪辑方法快捷，但中间剪切部分可能会出现“跳帧”现象，难以弥补。

图 9.11

当然也可以点击选中时间轴上的视频，通过时间游标进行定位，找到不需要部分的开始点，然后点击时间轴左上方的“分割”按钮（或按 S 键），将视频分割成两段，再选中分割后的后一段视频，找到不需要部分的结束点，点击“分割”按钮（或按 S 键），将视频再次分割变成三段视频，选中不需要的中间的一段视频，然后按〈Delete〉快捷键删除，将第三段视频选中，按住左键不放向前拖拽，即可将分割开的前、后两段视频衔接起来。如图 9.12 所示。

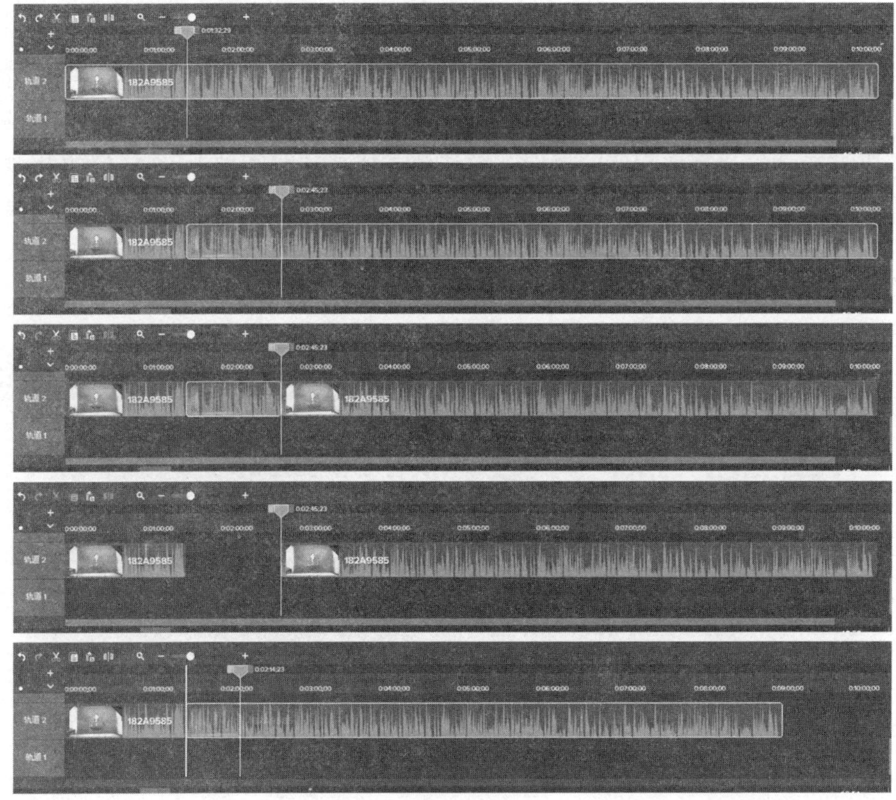

图 9.12

这时如果两段视频之间衔接得不够自然，也就是突然切掉中间的镜头出现了“跳帧”现象，那么可以在资源和效果窗口中选中合适的转场效果，直接拖拽到两段视频中间即可。如图 9.13 所示。

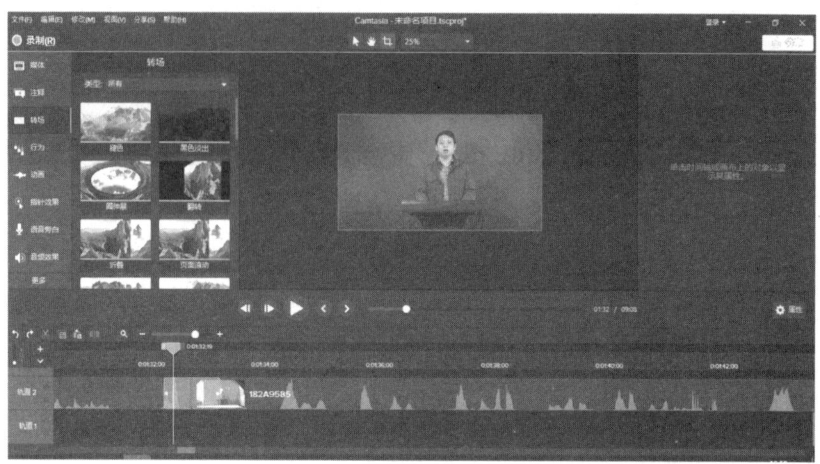

图 9.13

③ 抠像以及画中画。

这是视频编辑中大家常常使用的形式。如果拍摄的授课视频背景是单一色,比如蓝色或绿色(专业的演播室称之为蓝箱或绿箱),前景内容与背景色不同时,可使用抠像技术。将需要抠像的授课视频选中并拖拽到时间轴上,选择资源和效果窗口中视觉效果下的"删除颜色",将其拖拽到时间轴中的授课视频上,在右侧属性窗口中点击"颜色"后的小三角,使用吸管工具选择背景色即可删除背景完成视频抠像。如图 9.14、图 9.15、图 9.16 所示。

图 9.14

此时,我们还要为抠像后的视频添加一个背景内容,同时也是实现画中画功能,这就需要时间轴上至少要有两个轨道存放画面视频,假设两个轨道分别为轨道

图 9.15

图 9.16

1 和轨道 2。这里大家要记住一个原理，前景画面所在的轨道值大，背景画面所在的轨道值小。所以我们要把抠像后的视频放置到轨道 2 中作为前景画面，在轨道 1 中添加背景画面内容。背景内容可以是静态图片，比如一个美观的书架图片，也可以是动态视频。最后适当调整背景和前景画面的大小和位置，并将时间轨道长度调整一致，即可完成画中画效果。时间轨道长度调整的方法是：选中背景内容，背景内容长于视频内容时，直接将多余部分剪切掉；若背景内容短于视频内容，将鼠标放置在其末尾，当鼠标指针变成双向箭头时，按住鼠标左键不放，向后拖拽拉长背景内容的时间长度至与视频内容长度一致为止。如图 9.17、图 9.18 所示。

需要注意的是，轨道 2 为前景画面，调整背景画面时，需要点击轨道 2 左侧的锁和眼睛按钮，将前景画面锁定和隐藏，调整完毕后再解锁和显示。

当然我们还可以继续增加轨道，比如将幻灯图片或者录制的幻灯视频内容拖

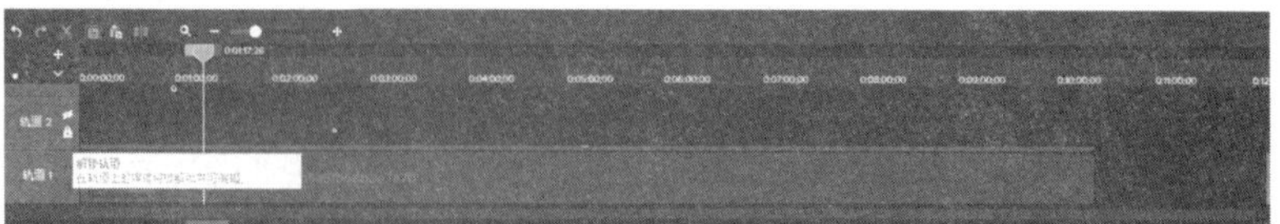

图 9.17

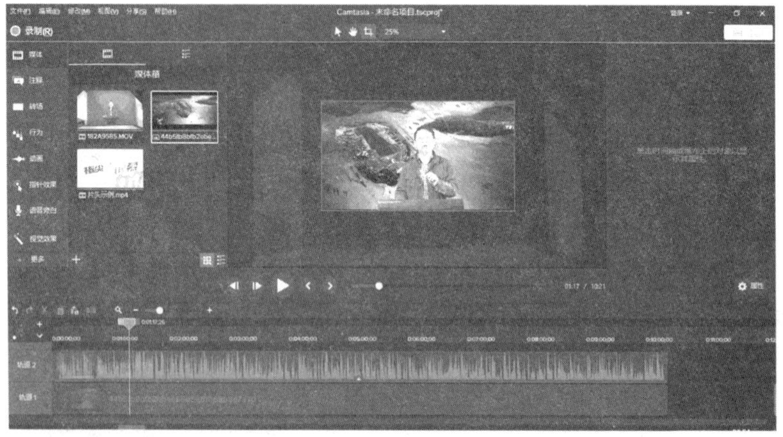

图 9.18

拽到轨道 3 上，适当调整幻灯内容的大小与位置，使其与轨道 2 中的抠像后授课视频一并组成前景画面；或者完全覆盖轨道 2 画面，单独展示 PPT 内容。单独授课老师画面、单独 PPT 画面、授课老师与 PPT 同在一个画面，三种画面交叉出现是目前许多优秀慕课课程广泛采用的一种视频形式。如图 9.19 所示。

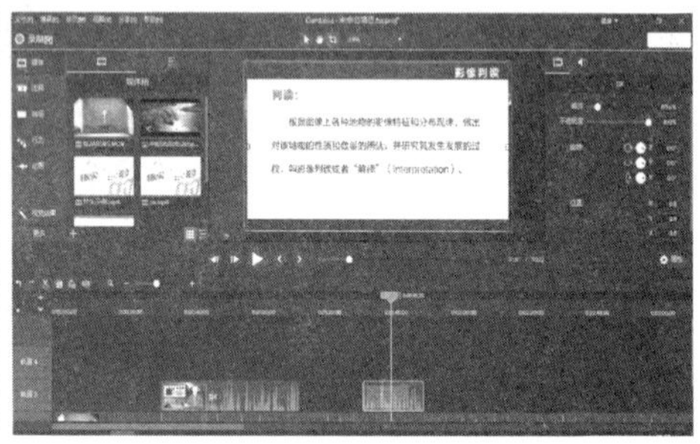

图 9.19

值得注意的是，如果录制屏幕时开启了摄像头，则录制的内容本身就有画中画效果，将录制内容拖拽到时间轴上，录制的屏幕与摄像头视频会自动分离在两个轨道上。授课教员对出镜时的部分画面不满意需要删除，而声音没有问题又必须要保留的时候，可以用鼠标右键单击要删除的视频，在弹出的快捷菜单中选择“分离音频和视频”将音、视频进行分离，选择视频轨道将多余的视频剪切掉即可，此时画面全屏展示 PPT。如图 9.20、图 9.21 所示。

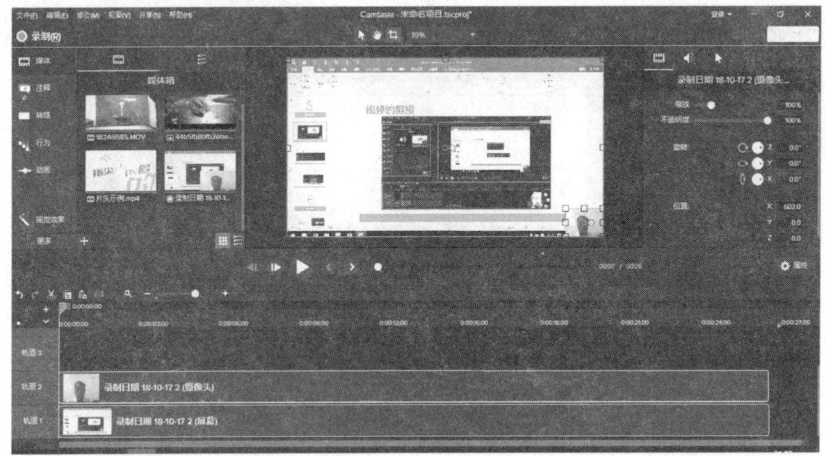

图 9.20

图 9.21

若想对选中的媒体添加效果，可选择资源和效果窗口中的注释、行为或动画等内容，将其拖拽到时间轴对应的媒体上，通过属性窗口适当调整属性。比如我们的素材中可能出现一些私密信息，例如家庭地址等，在此教大家一个给这些私密信息打上马赛克的方法。

首先将含有私密信息的媒体素材拖拽到时间轴上，选择资源和效果窗口中的“注释”，找到“特殊”选项卡(即“模糊 & 高亮”)，选择“像素化”(“模糊”也可)，将其拖拽到时间轴上(注意：“像素化”应放置在轨道值大的轨道上)，在媒体预览窗口拖拽和调整“像素化”到合适位置及大小，以完全覆盖住私密信息为宜，通过右侧的属性窗口调整相应属性，通过时间轴调整其时间长度使其保持时刻覆盖即可。如

图 9.22、图 9.23 所示。

图 9.22

图 9.23

④ 生成视频。

经过录制、剪辑，文件制作好了，下面要做的就是生成视频文件。点击工具栏上的“生成并共享”，弹出“生成向导”，点击下拉箭头，选择自定义生成设置；点击“下一步”，选择保存视频的格式，通常选择推荐格式即可；点击“下一步”，输入作品名，选择保存视频文件的路径；点击“下一步”，计算机开始对视频文件进行渲染；最后点击“完成”。

这里提出的大众化视频制作方法可以让教员在办公室或家里制作教学视频，不仅给教员带来了方便，也让学习者感到更加亲切自然。此外，这种不需要在演播室环境下录制视频的思路，也让慕课视频的呈现形式更加灵活多样。

总而言之，制作慕课视频简单易行，不仅不会占用教员太多时间，反而能提高教学工作的效率，这就为新的教学模式的普及提供了希望和可能，视频也将成为主流教学活动的重要素材，进而为教学质量和效益的提高提供一个新的视角和维度。

9.3 人工智能与未来教育

互联网之所以伟大，在于它颠覆了传统，所以才会有互联网教育逐渐颠覆传统教育。互联网教育除了以内容、人(教员)为核心的竞争外，还加入了模式、产品等维度的竞争。火热的互联网教育在模式及内容探索上呈现出百家争鸣之态。传统教育与互联网融合，我们已看到了互联网带来的教育变革，随着信息化建设、人工智能的发展，“互联网+教育”模式与人工智能产品将是今后的发展重点。目前人工智能在自动化辅导和答疑子领域已有初步应用，这也成为了教员面授之外的有益补充。从大数据进化到人工智能，语音识别、图像识别、手写识别、语音分析等技术的发展，让机器模拟人来答疑、做服务成为可能，这类应用会越来越多。美国佐治亚理工学院某个课程整个学期结束后，学员才被老师告知此前一直互动的某个助教(吉尔·沃森)只是一个聊天机器人，同学们都震惊了，这其中人机交互(HCI)技术起到了非常重要的作用。

未来的人们或许只需要一个机器人或者一款智能头盔就可以完成所有的学习。现在人类的教学场景还非常简单，互联网教育也仅仅是通过图像、视频等多媒体的方式来表现教学知识点。在未来的人工智能教育时代，将实现虚拟现实立体型的沉浸式、情景式的综合教学模式，如模拟操作、虚拟现实等。虚拟现实(VR)技术是划时代的、革命性的新一代媒体呈现技术，是一种高沉浸式、情景式、游戏式的媒体形态，它的特征是能够带来高品质的学习体验，对于人类学习技术来说它是一种革命性的进展。

第10章 展　　望

新时代的科学文化课程教学必将：以新时代党的强军思想为指导，聚焦建设全军一流兵种特色名校这个目标，坚持政治建院、改革强院、科技兴院、依法治院，瞄准炮兵防空兵"人才培养的摇篮、理论创新的基地、部队建设的智库、开放融合的窗口"这一办学定位，贯彻"培养目标向岗位看齐、质量标准向打仗标定、教学内容向需求聚焦、教学中心向学员转移、教学手段与时代俱进"的教学改革思路，突出科学、人文、创新，注重科学导向，强化体系论证，形成科学合理的科学文化课程标准，促进教学质量的全面提高。

新时代的科学文化课程教学必将：教育观念更加领先，树立破"五旧"的观念，包括旧模式、旧标准、旧体系、旧认识、旧方式，扭转合训分流的观念。通过院本部与校区一体设计人才培养体系，实施本科高等教育与首次任职培训融合培养，必将扭转以本科专业标准代表高等教育标准的观念，把本科专业作为保持大学教育水准的必要不充分条件，突出通识教育和工程技术、装备技术背景教育，建立本科专业与首次任职专业对应关系，前后形成递进梯次，避免相互割裂，实现平行招生、叠加培养。

新时代的科学文化课程教学必将：坚持走以提高质量为核心的内涵式发展道路，坚持把师资队伍建设作为最重要的基础工作来抓，推动军民融合开放办学和课程建设，扭转片面强调科学文化课程知识传授的观念，增强实践创新能力，针对问题要害，培养目标向岗位看齐，质量标准向打赢标定，全面实施素质教育模式，围绕培养指技复合型、岗位应用型、能力导向型、卓越创新型军事人才，实现知识"瘦身"、能力"增容"、发展"自主"，突出价值塑造和能力培养，提高人才培养质量。

新时代的科学文化课程教学必将：积极探索国际视野与文化素养、军事素质和创新思维相融合，研究推进"三边"教学方法规范化，即以"高等数学"课程为代表的理工类课程探索"边讲边推，边推边练，边练边研"的教学方法，以"大学语文"为代表的人文类课程探索"边讲边诵，边诵边演，边演边论"的教学方法，并逐渐将"三边"教学法规范化、系统化。推行课程首席教授和主讲教员制度，首席教授负责课程改革创新、资源建设和团队协作，主讲教员负责课程的教学准备、实施和反馈等具体工作。

新时代的科学文化课程教学必将:从依法治校高度出发,从政策规定层面突出科学文化课程建设,优化师资队伍结构,打造若干由课程首席教授、教学骨干、主讲教员和青年教员组成的教学创新团队。完善教学激励机制,使优秀青年教员脱颖而出,以落实新文职人员条例为契机,强化文职人员在基础教学中的主体地位,使文职人员的职业荣誉感和归属感大幅提升。

参 考 文 献

[1] 唐德海.课程·教学·管理:基于高等学校教育质量保障的视域[M].广州:广东高等教育出版社,2014.

[2] 查尔斯·M.赖格卢斯.教学设计的理论与模型:教学理论的新范式:第2卷[M].裴新宁,郑太年,赵健,译.北京:教育科学出版社,2011.

[3] 朱永新,张荣伟.新课程改革[M]//朱永新.中国教育改革大系:教育实验卷.武汉:湖北教育出版社,2015.

[4] 朱小平,逯玉荣,闫磊.深化大学英语课程教学改革的思考[J].陆军航空兵学院学报,2013,12(1):31-32.

[5] 姚广涛,刘伍权,胡顺堂.面向"能力生成"的军车发动机课程教学改革[J].军事交通学院学报,2015,17(3):77-79.

[6] 马燕,王玫.美军研究生教育与职业军事教育的关系及启示[J].海军院校教育,2011,21(4):85-87.

[7] 马力,等.我军高层次中级指挥军官培养改革路径选择[J].学位与研究生教育,2010(2):40-43.

[8] 徐宏建,徐国荣,石军涛.军硕教育与中级培训"融合式"培养模式的创新发展[J].空军院校教育,2012,24(4):18-20.

[9] 高克义,刘大为,胡建强.准确把握形势任务需求,积极推进任职教育创新发展[J].徐州空军学院学报,2011,22(1):61-63.

[10] 李晓峰,许建世,唐文辉,等.面向任职需求的士官机电课程实验体系建设[J].空军雷达学院学报,2012,26(2):153-155.

[11] 胡碧茹,吴文健."物理化学"课程教学改革的相关探索与实践[J].高等教育研究学报,2013,36(2):113-115.

[12] 雍成纲,耿辉,赵云峰,等.军队学历教育院校指技融合培养模式研究[J].高等教育研究学报,2014,37(3):61-66.

[13] 崔倩,蒙丹丹,吴诚.军队院校管理类课程案例教学方法优化探析[J].海军院校教育,2012,22(3):65-66.

[14] 张玫欣.成人高等教育精品课程评价指标体系构建的思考[J].继续教育,2013,217(12):10-11.

[15] 石小刚.初级任职教育中的融合式教学模式研究[J].继续教育,2014,219

(2):71－72.

[16] 童志国.船舰专业人才融合培养模式的构建[J].工作研究,2012,28(6):1－4.

[17] 刘雄伟,李建平,朱健民.高等数学现代化教学改革的研究与实践[J].高等教育研究学报,2011,34(3):75－77.

[18] 张楚廷.教学论纲[M].北京:高等教育出版社,1999.

[19] 张楚廷.高等教育哲学[M].长沙:湖南教育出版社,2004.

[20] 连中国.语文课[M].北京:中国人民大学出版社,2015.

[21] 叶圣陶.叶圣陶教育论文集[M].北京:教育科学出版社,2015.

[22] 习近平总书记系列重要讲话读本[M].北京:学习出版社,人民出版社,2016.

[23] 罗晓辉.方法与案例:语文经典篇目文本解读[M].上海:华东师范大学出版社,2017.

[24] 董一菲.寻找语文的诗意与远方[M].北京:清华大学出版社,2017.

[25] 邓艳萍.发现语文课堂之美[M].武汉:长江文艺出版社,2017.

[26] 马秀麟.信息化时代教师的专业发展[M].北京:北京师范大学出版社,2017.

[27] 吴桐祯.老师没讲过的语文课[M].北京:人民日报出版社,2017.

[28] 谭帆,杨建波.大学语文论坛[M].上海:华东师范大学出版社,2017.

[29] 王丽.我们的语文课[M].上海:上海教育出版社,2018.

[30] 李明哲.敲开语文的果壳[M].福州:福建教育出版社,2018.

[31] 顾秉林.人文教育与一流大学的人才培养[J].清华大学学报(哲学社会科学版),2001(2).

[32] 杨国君,张秋爽.关于加强军队院校人文课程建设的思考[J].现代教育科学,2009(1):86－87.

[33] 李燕,宋素珍.浅谈军校人文课程教学中的“教”[J].文学教育,2010(10):128－130.

[34] 肖伟,刘冬梅,刘霜.努力加强以爱国主义为核心的军校人文教育[J].语文教学通讯,2011(7－8):7－10.

[35] 张景兰.“以学为主”的“慕课”理念对高校人文课程教学的启示[J].淮海工学院学报(人文社会科学版),2014(9):127－130.

[36] 张凡,张天雨.博院瑰宝展徽韵,历史文化传精神[EB/OL].[2018－10－22].陆军炮兵防空兵学院.

[37] 张强,周俊.学好语文,提干学员有方法[EB/OL].[2018－10－17].陆军炮兵防空兵学院.

[38] 朱宏志,徐远瑜.中国语言文学专业开展语文教学实践活动研究[EB/OL].[2018－10－19].陆军炮兵防空兵学院.

[39] 程海燕，等.从文物"走出来"的现代汉语[EB/OL].[2018-10-30].陆军炮兵防空兵学院.
[40] 庄金鑫.互联网教育定义与现状[J].互联网经济，2016(8).
[41] 吕森林.中国互联网教育行业研究[J].互联网天地，2016(4).
[42] 董博，张银玲.慕课的发展与应用[J].科技资讯，2016(36)：174-175.
[43] 丁超超，许伊娜，李璇，等.互联网时代新型高等教育形式效用对比研究：以慕课、视频公开课、微课为例[J].江苏科技信息，2017(13)：1-3.
[44] 李晓明，于青青.一种低门槛慕课视频制作方法[J].中国大学教学，2015(1)：68-71.
[45] 孙武.最近人工智能正在这些白领岗位悄悄代替人类[EB/OL].https://www.guancha.cn/Science/2016_05_12_360025.shtml，2016-05-12.